El Horóscopo: Novela Histórica...

Alexandre Dumas

EL

HORÓSCOPO.

NOVELA HISTÓRICA

.POR

ALEJANDRO DUMAS (PADRE),

traducida libremente del manuscrito original.

———— o ————

MADRID:

ESTABLECIMIENTO TIPOGRÁFICO DE J. CASAS Y DIAZ,

calle del Lobo, núm. 12.

—

1859.

PRÓLOGO.

I.

La feria de Landit.

A mediados del mes de Junio de 1559, en una hermosa mañana de primavera, una muchedumbre que aproximadamente podria calcularse en treinta ó cuarenta mil almas, llenaba la plaza de Santa Genoveva.

Cualquiera, al desembocar al medio de la calle de San Jacobo, desde cuyo punto hubiera podido apercibir esta muchedumbre, se hubiera visto muy embarazado y confuso para indicar el fin ó la causa de aquella aglomeracion en este punto de la capital.

El tiempo era magnífico; no era, por lo tanto, la rogativa á Santa Genoveva, á la cual se habia llevado procesionalmente en 1551 para que cesáran las lluvias.

Habia llovido la víspera; por lo tanto, no podia ser una procesion como la de 1556, en la cual se sacó á Santa Genoveva para pedir lluvias.

Tampoco se deploraba el desastre de una batalla como la famosa de San Quintin, y no habia, por lo tanto, necesidad de sacar en procesion á Santa Genoveva, como en 1557, para alcanzar la proteccion de Dios.

Y era, sin embargo, evidente que aquella inmensa reunion agolpada en la plaza de la antigua abadía, venía á celebrar una gran solemnidad.

Pero ¿qué solemnidad?

No era solemnidad religiosa, segun indicaban los trages, y en vista de la falta de hábitos de monjes; y sin embargo, no faltaban, aunque estos hábitos respetables no pululaban con la profusion necesaria para dar un carácter religioso á la fiesta.

Tampoco era militar, porque soldados eran pocos en número los que habia, y se encontraban confundidos entre la muchedumbre, sin llevar ni partesanas ni mosquetes.

Tampoco era aristocrática, porque no se veian por encima de las cabezas escudos ni banderas, ni tampoco se divisaban los cascos y penachos de los señores.

Lo que dominaba en esta multitud, donde estaban confundidos nobles, monjes, ladrones, clase media, prostitutas, rameras, vendedores, hechiceros, gitanos, artesanos, los unos á caballo, los otros en mulas, aquellos en asnos, éstos á pié, con sus trages de mil colores, y no pocos en coche, porque justamente en este año acababan de inventarse estos carruajes, y habia número bastante crecido de ellos que iban y venian gritando que les abriesen paso entre la multitud que, como ellos, se afanaba á llegar al centro de la plaza; lo que dominaba en esta muchedumbre, eran los estudiantes.

Estudiantes de las cuatro naciones: ingleses, escoceses, franceses é italianos.

Y era así, porque se estaba en el primer landit despues de San Bernabé, y para ir á la feria de Landit era para lo que se habia reunido esta multitud; pero quizá estas tres palabras, pertenecientes á la lengua del siglo XVI, no sean comprendidas por mis lectores: espliquemos, pues, lo que era la feria de Landit.

Atendedme, queridos lectores, porque voy á buscar la etimología, como hacen los académicos, de las inscripciones y bellas letras.

La palabra latina *indictum* significa un dia ó un sitio señalado para alguna reunion ó asamblea del pueblo.

La *i* cambióse primero en *e*, y despues en *a*; díjose sucesivamente *indic*, *endic*, y al fin *landit*: resulta, queridos lectores, que la palabra *landit* significa punto ó dia indicado para una reunion.

En los dias de Carlo-Magno, el rey teutónico que llevaba su capital una vez por año á Aix-la-Chapelle, en aquel dia se enseñaban á los peregrinos las santas reliquias de Aix-la-Chapelle. Cárlos el *Calvo* trasportó estas reliquias de Aix-la-Chapelle á Paris, y se enseñaban anualmente al pueblo en la feria que se celebraba en las calles de San Dionisio.

El obispo de Paris conoció que, atendida la piedad creciente de los fieles, el sitio de la feria era campo estrecho para el inmenso número que se agolpaba á adorar las reliquias, y trasladó la feria de Landit á la llanura de San Dionisio.

El clero de Paris llevaba allí las reliquias procesionalmente. El obispo venía, predicaba, y al concluir su predicacion bendecia al pueblo. Sucede con las bendiciones lo que con otras muchas cosas; que no puede distribuirlas el que quiere. Los abades de San Dionisio representaron, diciendo que nadie tenia derecho de bendecir en sus tierras más que ellos, y acusaron por lo tanto ante el Parlamento, como usurpador, al obispo.

La cuestion se discutió con violencia; se alegó por una y otra parte con tal elocuencia, que el Parlamento no supo á quién reconocer el derecho, y por lo tanto lo reconoció en los dos, prohibiéndoles, sin embargo, en vista de las turbulencias que ocasionaba esta controversia entre los obispos y los abades, que lo ejercitase ninguno de ellos en la feria de Landit.

El rector de la Universidad heredó las prerogativas, causa del litigio: tenia el derecho de ir todos los años á la feria de Landit, y escoger el pergamino preciso á todos sus subordinados, y les estaba prohibido á todos los comerciantes de Lieja el ocultar una sola hoja ántes de que el rector hubiese hecho el acopio necesario.

Esta espedicion del rector, que duraba muchos dias, sugirió á los escolares la idea de acompañarle: pidiéronle permiso, que les fué otorgado, y desde este momento el viaje se hizo anualmente con pompa y magnificencia.

Los profesores y los estudiantes se reunian á caballo en la plaza de Santa Genoveva, y en formacion marchaban hácia los campos donde la feria se celebraba.

La cabalgata llegaba tranquilamente á su destino; pero una vez llegados, el cortejo encontraba, ó se reunian á él, una multitud de bohemios ó gitanos, que se contaban en el pais más de treinta mil en esta época. Uníanse tambien á los estudiantes todas las mujeres de conducta equívoca y de virtud problemática que en Paris existian, de las que nunca se ha podido, ni creo que se podrá, formar una estadística exacta, todas ellas en trage de pilluelo, y ademas todas las señoritas del baile *Amor de mozos* de la calle Mantel, formando así un verdadero ejército, ó una cosa parecida á aquellas grandes emigraciones del siglo IV, con la única diferencia que estas señoras, en vez de ser bárbaras, estaban refinadamente civilizadas.

Llegados á la llanura de San Dionisio, hacíase alto, y cada uno descendia de su caballo ó de su mula, sacudiéndose cuidadosamente el polvo de sus botas, de sus zapatos ó de sus polainas, si habian venido á pié, uniéndose á la honrosa compañía, á la cual se obligaba á levantar el diapason, y se sentaban, y comian morcillas y pastas; se bebia para que se prolongase la juventud de aquellas señoras, consumiendo en estos brindis cantidad considerable de frascos de vino blanco de todas las comarcas del rededor, de San Dionisio, la Brieche, Epinay, los dos Argenteuil; y las cabezas se acaloraban hablando del amor y con el espíritu de aquellas bebidas, y entónces habia aquello de botellas por el alto; *dame más vino; te adoro más que á mi copa; siéntate junto á mí; la lengua se te pudra; ¡ánimo, compañero! sería preciso tener cien brazos para daros de beber; te veo cuatro ojos en la cara; ¡alma mia, dame vino! eres un cobarde, etc., etc., etc.* Es decir, que se ponia en escena el quinto capítulo de *Gargantúa*.

Dias felices, ó mejor dicho, dias de alegría, porque convendréis en que lo son aquellos en que el satírico Rabelais escribia su *Gargantúa*, y en los que Brantome, abate de Bourdeill, escribia *Las damas galantes*.

Una vez ya el vino en posesion de aquellas cabezas, se cantaba, se abrazaba ó disputaba, ó bien decíanse mil injurias á los transeuntes, hablando locuras é impertinencias.

Era preciso divertirse.

Con el primero que la casualidad les deparaba, movíanse discusiones; concluian, segun el carácter de los interlocutores, por risas y aplausos, ó por injurias y golpes.

El temido uniforme de la ronda de Paris no era más respetado que el más humilde trage de cualquiera de los paisanos. Asediábase á la ronda, que era una institucion grave, que pocas veces se reia, y se procuraba hacerla perder su gravedad: el dependiente procuraba guardarla; los estudiantes, entónces, mofábanse de él, y él se enojaba. La ronda y los escolares llegaban á las manos, y era caso nunca visto que la fiesta de Landit concluyese sin que un centenar de estudiantes pasáran á reanudar antiguas relaciones con las negras paredes de los calabozos del Chatelet.

Fueron precisos más de veinte decretos del Parlamento

para remediar estos desórdenes, y áun se ensayó el trasladar la feria desde la llanura de San Dionisio á la ciudad misma.

Por último, en 1550 se decretó que los escolares no asistieran á la feria de Landit. Se concluyó por suprimir la fiesta; pero esta supresion no disminuyó en nada los desórdenes. Habíase decretado, repetimos, que los escolares no asistieran á la feria de Landit sino por diputaciones de doce por cada uno de los cuatro colegios ó naciones, como entónces se les llamaba, y esto comprendiendo á los profesores.

Pero entónces sucedió que los escolares rechazados abandonaban el trage talar, y con capas cortas y con sombreros de color, añadian, en gracia de estas especies de saturnales, la espada que se les habia prohibido, á la daga que de tiempo inmemorial se habian abrogado el derecho de llevar. Iban á San Dionisio por diferentes caminos, en virtud del proverbio «por todas partes se va á Roma,» escapando así á la vigilancia de los encargados de detenerlos; y eran, por lo tanto, mucho más graves los desórdenes que ántes de adoptarse aquella medida, que debia haberlos remediado.

Estamos, pues, en 1559, en la hora en que el cortejo se ponia en marcha, muy ageno de sospechar las circunstancias de que iba á verse rodeado á su llegada. Esta vez, como de costumbre, la cabalgata se puso en marcha con suma regularidad: entró en la gran calle de Santiago, sin causar gran tumulto; pero al desembocar frente al Chatelet, resonó uno de esos hurras de maldicion, como únicamente sabe proferirlos la muchedúmbre de Paris, porque la mitad de los miembros que componian esta muchedumbre, conocian indudablemente los calabozos subterráneos de este monumento, y no de oidas; y despues de haber hecho aquella manifestacion, que era un desahogo inocente, la comitiva entró en la calle de San Dionisio.

Adelantémonos á ella, querido lector, y vamos á tomar puesto en la ciudad abacial de San Dionisio, á fin de asistir á alguno de los episodios de la fiesta, que se relacionan íntimamente con la historia que nos hemos propuesto referir.

En la fiesta oficial que se celebraba en las calles de la ciudad de San Dionisio, sobre todo en la calle Mayor, reinaba el órden; pero no se veian más que barberos, zapateros, lenceros, silleros, cordoneros, carpinteros, sastres, comerciantes de cueros, curtidores, tundidores, plateros, y, sobre todo, taberneros y bodegoneros, que estaban encerrados en tiendecillas de madera construidas con dos meses de anticipacion.

Los que han asistido á la feria Beaucarie hace unos veinte años, ó más sencillamente, los que han podido hace diez años ver en Saint Germain la fiesta de las chozas, podrán, estendiendo á proporciones gigantescas el cuadro que vieron en aquellas dos localidades, formarse una idea de lo que era la feria de Landit.

Pero los que asisten regularmente á esta misma feria de Landit, que áun hoy se celebra en la vice-prefectura del Sena, no podrán de ninguna manera formarse idea de lo que aquello era, viendo lo que hoy es.

En efecto, en lugar de estos sombríos trages negros, que en medio de todas estas fiestas entristecen, á pesar suyo, á los propensos á la melancolía, como un recuerdo de luto ó como una protesta de la tristeza, la reina de este pobre mundo, contra la alegría, que parece no es siempre más que una usurpadora, toda aquella muchedumbre llevaba trages de colores chillones, tisús de oro y plata, bordados, terciopelos, plumas, cordoncillos, encajes, tafetanes, rasos listados de plata y oro, y toda esta muchedumbre brillaba al sol y parecia devolverle en vivísimos reflejos sus más ardientes rayos. Nunca lujo parecido hábiase desplegado, tanto en las altas como en las bajas clases de la sociedad, á pesar de que desde el año 1543, primero por el rey Francisco, despues por el rey Enrique II, se habian publicado más de veinte leyes suntuarias; pero estas leyes nunca se habian cumplido ni obedecido.

La esplicacion de este lujo inaudito es sin embargo sencillísima. El descubrimiento del Nuevo Mundo por Cristóbal Colon; las espediciones de Hernan Cortés y de Pizarro; aquel famoso reino de *Catai*, indicado por Marco Polo, habian arrojado tal cantidad de numerario sobre la Europa, que un escritor de aquel siglo se queja del desbordamiento del lujo y de la alza del valor de las cosas, que se habia cuadruplicado en ménos de ochenta años.

Pero no era San Dionisio. el punto más pintoresco de la fiesta: el decreto del Parlamento habia trasladado la fiesta á la ciudad; pero el decreto del pueblo, poderoso, aunque de distinta manera que el del Parlamento, la habia trasladado á orillas del rio.

En San Dionisio, en efecto, estaba la feria; pero á orillas del agua estaba la fiesta.

No teniendo nada que comprar nosotros, nos trasladarémos á orillas del agua, por bajo de la isla de San Dionisio; y una vez allí, mirarémos y escucharémos lo que va á pasar.

La cabalgata que hemos visto partir de la plaza de Santa Genoveva, seguir la calle de Santiago, saludar con un hurra el Chatelet y enfilar la calle de San Dionisio, habia hecho su entrada en la Necrópolis real entre once y once y media : despues, como un rebaño que entra en el redil y queda en libertad, los escolares, escapándose de la vigilancia de sus superiores, se dispersaron por los campos, por la ciudad y por las orillas del rio.

Es preciso confesar que para los corazones exentos de cuidado — raros corazones, pero que existen sin embargo — era un placer singular el ver aquí y allá, al sol, sobre la yerba, bajo la sombra de los árboles, en una legua á la redonda, robustos y gallardos escolares de veinte años, tendidos á los piés de jóvenes hermosas, con jubones de raso encarnado, con mejillas de raso de púrpura y cuellos de blanco raso.

Los ojos de Bocaccio debieron atravesar los azulados velos del cielo y mirar amorosamente este gigantesco Decameron.

La primera parte del dia pasó tranquilamente.

Se tenia calor, y se bebia; se tenia hambre, y se comia; habia cansancio, y se descansaba.

Despues las conversaciones comenzaron á animarse; los ojos chispeaban.

Dios sabe el número de frascos llenos, vacíos, vueltos á llenar y otra vez vacíos, definitivamente rotos, que volaban por los aires, arrojados de unos á otros.

Si se los hubiera arrojado al Sena, en lugar de arrojarlos á su orilla, hubiera habido bastantes indudablemente para formar una isla como aquella de la antigüedad, formada, segun se dice, con restos de cántaros y de ánforas.

A las tres de la tarde, las orillas del rio, cubiertas de frascos, los unos intactos, los otros rotos, aquellos llenos, éstos vacíos; de parejas que se abrazaban rodando sobre el césped; de maridos que equivocaban á sus mujeres con otras estrañas; de mujeres que tomaban á sus amantes por sus maridos; la orilla del rio, repetimos, verde, fresca, olorosa, como uña aldea de las orillas del Arno, parecia un paisaje de Teniers pintando una bacanal flamenca.

De súbito se oyó un grito espantoso:

— ¡Al agua, al agua! gritaban de todas partes.

Todo el mundo se levantó.

Los gritos crecian.

— ¡Al agua el hereje! ¡al agua el protestante! ¡al agua el hugonote! ¡al agua el impío! ¡al agua, al agua!

Y así gritaban veinte, ciento, mil, diez mil voces.

— ¿Qué sucede? preguntaban otras tantas.

— ¿Que hay quien ha blasfemado?

— ¿Quien ha dudado de la Providencia?

— ¡Uno que ha dicho que iba á llover!

De todas estas acusaciones, la más inocente, esta última, fué sin embargo la que causó más honda sensacion en la muchedumbre.

La muchedumbre se divertia; y al ver la posibilidad de que se turbarse su diversion por una tempestad, se puso furiosa.

Todos llevaban sus vestidos domingueros, y era para ellos la mayor de las desgracias verlos deslucidos y manchados por la lluvia.

Dada, por lo tanto, la esplicacion del tumulto, las vociferaciones, en lugar de disminuirse, aumentaban.

Se acercaban al sitio de donde partieron los primeros gritos, y poco despues la gente llegó á estar tan compacta en aquel punto, que el mismo aire hubiera intentado en vano atravesar por allí.

En medio del grupo, casi ahogado por la muchedumbre, luchando con ella, veíase un jóven, y conocíase desde luego ser un escolar disfrazado, pálido, los labios amoratados, con los puños contraidos, y que esperaba, sin duda, á que los más atrevidos de los que le rodeaban pusieran mano en él, para herir y derribar cuanto encontrase con las dos armas que formaban sus cerrados y contraidos puños.

Era un jóven rubio, alto, pero de delicadas formas, que parecia más una de aquellas galantes señoritas de las cuales hablábamos hace poco, que un jóven estudiante : sus ojos, cuando estaban bajos, indicaban un candor estraordinario; y cuando se humedecian por alguna impresion, no hubieran escogido ellas otro tipo que el que les ofrecia el rostro de este jóven.

¿Qué crímen podia haber cometido, para que toda esta multitud le acosára? ¿para que todas estas voces ensordecieran los aires, para que todos aquellos brazos se estendieran hácia él, con intencion de arrojarlo al agua?

II.

En el cual se esplica por qué, si llueve el dia de San Medardo, llueve despues cuarenta dias consecutivos.

A hemos dicho en el capítulo precedente, era hugonote el que habia anunciado la proximidad de la lluvia.

La multitud que celebraba con tanto júbilo la fiesta de Landit, no podia cometer un atentado semejante, por fanática que fuese, por más que la víspera su muy amado rey Enrique II le hubiera dado el ejemplo mandando arrestar al consejero Anna Dubourg; pero, repetimos, aquella multitud, tan alegre poco ántes, ahora tan furiosa, necesitaba un pretesto para abandonar el lecho de césped donde dormitaba vencida por el cansancio, aletargada por los rayos del sol, que calentando la atmósfera convidaban al descanso, y vencida, sobre todo, por la mágica influencia del vino.

¿Y qué mejor pretesto podia alegarse para arrojar al agua á un hombre en este dia de júbilo y de locura?

Ya lo hemos dicho: la razon que se alegaba era que aquel hombre era hugonote y habia dicho que iba á llover.

¡Llover el dia de San Medardo, uno de los dias más hermosos del año!

Hé aquí cómo habia nacido aquel tumulto; y como se comprende, el castigo elegido por la multitud era el más fácil de ejecutar.

Veamos lo que habia sucedido.

El jóven rubio, que parecia esperar á un amigo ó una amiga, paseábase á lo largo de la orilla, tan desarmado, que ni siquiera un baston llevaba en sus manos.

De cuando en cuando se detenia y miraba el agua; y cuando habia mirado el agua bastante rato, miraba el césped; y cuando habia mirado el césped por largo tiempo, levantaba los ojos y miraba al cielo.

Inútil es decir que, cuando este último espectáculo le parecia ya enojoso, bajaba los ojos, miraba de nuevo el agua, y volvia á contemplar el césped.

Este exámen pecaria sin duda de monótono, é indicaba que el examinador era muy inofensivo, y nadie en nuestros dias acriminaria á un jóven, porque se entregára con paciente tranquilidad á la contemplacion del agua, del cielo y del césped.

Pero algunas de las personas que celebraban entónces la fiesta de San Medardo á su manera, vieron con disgusto, despues con enojo, y por último con ira, que aquel jóven celebrára la fiesta de un modo que, en su sentir, era un modo muy singular.

En efecto, hacía ya media hora que muchos artesanos, estudiantes y otras gentes, se sentian impresionados por la tranquila contemplacion de aquel jóven.

Y subió de punto aquella escitacion nerviosa, al ver que el jóven se curaba muy poco del exámen de que era objeto.

Entónces les fué preciso interrogarle sobre el solitario y singular placer que encontraba en la contemplacion de los elementos.

— ¡Eh! esclamó una voz femenina; yo no soy curiosa; pero quisiera saber por qué ese jóven se extasía mirando sucesivamente el agua, la tierra y el cielo.

— ¿Tú quieres saberlo, chiquita mia? le preguntó un jóven que bebia galantemente vino en la copa de la curiosa, y amor en sus ojos.

— Sí, Landryt; y prometo un dulcísimo beso al que me lo diga.

— ¡Oh! hermosa mia, por tal recompensa haria yo cosas mucho más difíciles que la que pides.

— Y sin embargo, me contento con eso.

— Prométemelo.

— Toma mi mano.

Y el jóven, levantándose, besó la mano de la curiosa, esclamando:

— Vas á saberlo.

Y el que la jóven habia designado con el nombre de Landryt, dirigiéndose al contemplador, le dijo:

— ¡Eh, jóven! ¿por qué mirais así al suelo? ¿se os ha perdido alguna cosa?

El solitario, viendo era á él á quien se dirigia la pregunta, se volvió, saludó políticamente, respondiendo con la mayor cortesía á su interlocutor:

— Os equivocais, caballero; no miraba la tierra; miraba el rio.

Y pronunciadas estas palabras, se volvió, y tranquilamente continuó su paseo.

Maese Landryt quedó desconcertado; no esperaba una contestacion tan cortés, y aquella cortesanía le impresionó.

Volvió hácia el corro de donde habia salido, rascándose el entrecejo.

— ¿Y bien? le preguntó la curiosa.

— Nos engañábamos, dijo con voz humilde Landryt; no miraba el suelo.

— ¿Pues qué miraba?

— Miraba el rio.

Una carcajada acogió la contestacion del mensajero, que sintió subir al rostro el carmin de la vergüenza.

— ¿Y no le habeis preguntado por qué miraba el rio? replicó la curiosa.

— No, contestó Landryt; me ha contestado con tanta cortesía, que he temido ser indiscreto preguntándole de nuevo.

— Dos besos al que le pregunte por qué mira el rio, esclamó despechada aquella señorita.

Tres ó cuatro galanes se levantaron; pero Landryt se opuso, alegando que él debia terminar el asunto, puesto que él lo habia iniciado.

Los demas convinieron en que era justa su reclamacion.

Landryt se dirigió al jóven solitario, y por segunda vez le preguntó por qué miraba el rio.

Se repitió la escena anterior.

El jóven se volvió, se quitó el sombrero, y saludó cortesmente, contestando:

—Os equivocais, caballero; no miraba el rio; miraba el cielo.

Y diciendo estas palabras, el jóven se volvió, y continuó tranquilamente su paseo.

Pero Landryt, desconcertado esta vez, como la primera, por la cortesanía de su interlocutor, y oyendo las carcajadas de sus compañeros, creyó estaba comprometido su honor, y volviendo en sí, se dirigió al jóven, y deteniéndolo por la capa, le dijo:

— Pero bien; ¿tendréis la bondad de decirme por qué mirais el cielo?

—¿Y vos, caballero, me diréis á mí por qué me haceis semejante pregunta?

— Os lo diré con la mayor franqueza.

— Lo cual os lo agradeceré mucho.

— Os lo pregunto, porque las personas que están conmigo sienten curiosidad al veros, hace una hora, inmóvil como un poste, repetir con tanta regularidad vuestras miradas al cielo, al agua y á la tierra.

— Caballero, contestó el estudiante, estoy inmóvil, porque espero á un amigo; estoy de pié, porque así me es más fácil verle de léjos; y despues, como no viene, y me fastidia esperarle, miro á la tierra para no destrozarme el calzado y para ver las florecillas que esmaltan el césped; despues miro el agua para descansar de haber mirado tanto tiempo á la tierra; y miro despues al cielo, para distraerme por haber tanto tiempo contemplado el agua.

El paisano, en vez de aceptar esta esplicacion por lo que era, es decir, por la verdad pura y sencilla, se creyó burlado; púsose encendido y más rojo que la amapola que se levanta entre los trigos.

— ¿Y cuánto tiempo pensais, jóven, insistió el paisano, poniéndose en jarras con aire provocador; cuánto tiempo pensais continuar en esa enojosa ocupacion?

— Espero continuar hasta que mi amigo venga.

Y el jóven miró al cielo, y continuó:

— Aunque temo no poder esperar por mucho tiempo á mi amigo.

— ¿Y por qué?

— Porque va á caer tal aguacero, que ni vos, ni yo, ni nadie, podrémos dentro de un cuarto de hora permanecer en campo raso.

— ¡Decís que va á llover! dijo el paisano, con el acento de un hombre que cree se mofan de él.

— Lo repito, caballero, contestó el estudiante tranquilamente.

— ¿Os bromeais?

— Os juro que no es tal mi intento, contestó el estudiante con reposada voz.

— Entónces, ¿quereis burlaros de mí? preguntó el paisano exasperado.

— Os aseguro bajo mi palabra que no es tal mi intencion.

— Entónces, ¿por qué me decís que va á llover, cuando hace un tiempo magnífico?

— Digo que va á llover, por tres razones.

— ¿Podríais darme esas tres razones?

— Indudablemente, si os es grato.

— Me sería muy agradable el conocerlas.

El estudiante saludó políticamente, como quien dice : sóis tan amable, que nada os puedo rehusar.

— Espero vuestras tres razones, dijo Landryt con los puños crispados y rechinando los dientes.

— La primera, caballero, dijo el estudiante, es que, como ayer no llovió, es una razon para que llueva hoy.

— Caballero, ¿os estais chanceando?

— De ninguna manera.

— Veamos la segunda.

— La segunda es, que el cielo ha estado nublado toda la noche pasada, toda esta mañana, y hay nubarrones en este momento.

— Esta no es una razon; porque el cielo esté nublado, no se infiere que ha de llover precisamente; ¿lo oís?

— Pero es, por lo ménos, una probabilidad.

— Veamos la tercera; y desde luego os advierto, que si no es mejor que las dos anteriores, me irrito, y...

— Si os irritais, caballero, será porque tengais un mal carácter.

— ¡Ah! ¿conque decís que yo tengo mal carácter?

— Caballero, hablo en condicional ; no hablo en presente.

— ¡La tercera razon de por qué va á llover! La tercera razon ¿cuál es?

— ¡La tercera razon de por qué va á llover! caballero, dijo el estudiante estendiendo la mano, es porque ya llueve.

— ¿Pretendeis que ya llueve?

— No lo pretendo, sino que lo afirmo.

— ¡Oh! esto es inaguantable, replicó furioso Landryt.

— Lo será mucho más dentro de poco, caballero.

—¿Y vos creeis que sufriré esto? gritó el paisano, rojo de ira.

— Creo que no lo sufriréis, como no lo sufriré yo; y si quereis seguir mi consejo, debeis hacer lo que yo voy á hacer, y es, buscar un abrigo.

— ¡Ah! ¡ya es demasiado! gritó el paisano.

Y volviéndose hácia los suyos y á cuantos estaban al alcance de su voz, les gritó:

— ¡Llegad, llegad todos aquí!

El buen hombre estaba tan furioso y fuera de sí, y era tan angustiosa su voz, que todos acudieron á su llamamiento.

—¿Qué sucede? preguntaban las mujeres con aguda voz.

—¿Qué pasa? decian los hombres con voz avinada.

— Sucede, dijo Landryt, reanimado al verse ya sostenido por tantos auxiliares, — sucede una cosa increible.

—¿Cuál, cuál?

— Sucede que este caballero quiere hacerme ver estrellas en medio del dia.

— Perdonadme, caballero, dijo el jóven con la mayor dulzura; cabalmente os decia todo lo contrario, pues os aseguraba que el tiempo estaba muy nublado.

— Es una figura, señor estudiante, es una figura la que yo he empleado, dijo Landryt.

— En este caso, es una mala figura retórica.

— ¡Cómo qué! ¿decís que tengo yo mala figura? balbuceó el paisano, que, aturdido por los latidos de sus sienes y por la sangre que se le habia subido á la cabeza, ó entendia mal, ó queria entenderlo. — Esto es demasiado, caballero. Bien veis, continuó el paisano volviéndose á los circunstantes, bien veis que se burla de todos nosotros.

— Que se burla de vos, eso sí, dijo una voz.

— De mí y de vosotros; de todos nosotros: es un burlon que se divierte pensando mal y deseando que llueva para que todos nos mojemos.

— Caballero, os juro que yo no deseo que llueva, puesto

que si lloviera me mojaria como vos, y áun mucho más que vos, en atencion á que soy dos ó tres pulgadas más alto.

— ¡ Es decir, que soy un enano !

— No he dicho una palabra sobre esto, caballero.

— ¡ Un raquítico !

— Esto es una injuria gratuita, pues teneis muy cerca de los cinco piés, caballero.

— No sé quién me detiene y no te arrojo al agua, gritó Landryt.

— Sí, sí; ¡ al agua, al agua ! dijeron algunas voces.

— Aun cuando me arrojáseis, caballero, no por esto seríais más alto, ni os mojaríais ménos.

Como el jóven, por esta contestacion, acababa de demostrar que tenia más ingenio que los que le rodeaban, todos ellos se declararon furiosamente contra él.

Un moceton se acercó, y en tono amenazador le preguntó:

— Vamos á ver, tunante; ¿ por qué dices que llueve?

— Porque me han caido gotas.

— Caer gotas no es llover, dijo Landryt, y él ha dicho que nos íbamos á mojar todos.

— ¿ Estás de acuerdo con algun astrólogo? dijo el moceton.

— Yo no estoy de acuerdo con nadie, contestó el estudiante, que se iba ya amostazando; ni áun con vos, que así me tuteais.

— ¡ Al agua, al agua ! gritaron muchas voces.

Entónces fué cuando el estudiante, viendo crecer la tempestad, cerró los puños y se preparó á la defensa.

El círculo comenzaba á estrecharse en torno suyo.

— ¡ Toma ! dijo uno de los recien llegados; ¡ si es Medardo !

— ¿ Quién es Medardo? preguntaban muchas voces.

— El santo cuya fiesta se celebra hoy, dijo un gracioso.

— No por cierto, continuó el que habia reconocido al jóven; éste no puede ser santo, porque es un herege.

— ¡ Un herege ! esclamó la muchedumbre; ¡ al agua el herege ! ¡ al agua el hugonote !

Y todos repetian en coro:

— ¡Al agua! ¡al agua! ¡al agua!

Y estos eran los gritos que acababan de interrumpir la fiesta que estamos describiendo.

Pero en aquel momento, como si la Providencia quisiese enviar al jóven el socorro de que tenia necesidad, el amigo á quien esperaba, un gallardo caballero de veintidos á veintitres años, que por su apostura descubria su nobleza, y por su trage el ser estranjero; el amigo á quien esperaba, decíamos, llegó corriendo, y atravesando por medio de la muchedumbre, encontróse á veinte pasos de su amigo en el instante en que éste, cogido por los piés, por la cabeza, por delante y por detrás, hacía inútiles esfuerzos para libertarse de tantas manos.

— Defiéndete, Medardo, defiéndete, gritó el recien llegado.

— ¿Veis cómo se llamaba Medardo? esclamó el que le habia saludado con este nombre.

Y como si aquel nombre fuese un crímen, toda la muchedumbre gritaba:

— ¡Sí! ¡sí! ¡es Medardo! ¡sí! ¡es Medardo! ¡Al agua Medardo! ¡al agua el hereje! ¡al agua el hugonote!

— ¿Y cómo un hereje tiene valor de llevar el nombre de un tan gran santo? dijo la curiosa, causa de toda esta escena.

— ¡Al agua el sacrílego!

Y las gentes que se habian apoderado del pobre Medardo, lo arrastraron hácia el rio.

— ¡A mí, Roberto! gritó el jóven, conociendo que no podia resistir á aquella multitud, y que la muerte era el fin de las burlas pasadas.

— ¡Al agua el ladron! gritaban las mujeres, tan exaltadas en el ódio como en el amor.

— Defiéndete, Medardo, gritó por segunda vez el estranjero sacando su espada. Defiéndete, que aquí estoy yo.

É hiriendo á derecha é izquierda, de punta y de plano, cayó como un rayo sobre el grupo; pero llegó en un momento en que era tan compacta la muchedumbre, que, á pesar de **sus** esfuerzos, no pudo dispersarla.

La muchedumbre recibia los golpes, ahullaba de dolor, **pe-** ro no se dispersaba; y despues de haber ahullado de dolor, ahu- lló de rabia.

El recienvenido, cuyo acento estranjero daba á conocer **un** escocés, heria siempre, pero no adelantaba un paso, ó adelan- taba tan poco, que conoció que su amigo estaria en el **agua** ántes que él pudiese socorrerle.

Una veintena de labriegos y cinco ó seis bateleros toma**ron** parte en el tumulto.

El pobre Medardo pegaba con las manos, heria con los **piés**, mordia, gritaba; pero se iba acercando al agua.

El escocés no oia más que sus gritos, y aquellos gritos **re-** sonaban cada vez más cerca de la orilla. Y ya no gritaba, **sino** rugia; y á cada rugido, la hoja de su espada ó el pomo **caia** sobre una cabeza.

De pronto los gritos se redoblaron; despues hubo un silen- cio profundo, y despues se oyó el choque de un cuerpo en **el** agua.

— ¡Ah, bandidos, asesinos, cobardes! gritó el estran**jero**, haciendo los mayores esfuerzos para llegar á la orilla, dese**oso** de salvar á su amigo ó de morir con él; pero le fué imposible: tan difícil era atravesar aquella muralla viviente, como derri- bar un muro de granito.

Retrocedió sofocado, rechinando los dientes, echando espu- marajos por la boca, y con la frente bañada en sudor. Retroce- dió hasta buscar un alto, para ver si por encima de aquella muchedumbre podia distinguir la cabeza del pobre Medardo en la superficie de las aguas. Y allí, con los ojos fijos, apoya- do en su espada, permaneció inmóvil por algun tiempo; y viendo que nada aparecia, se volvió hácia aquel populacho furioso, mirándolo con ira. — En aquella posicion, solo, pálido, **con** **su trage negro, parecia el ángel esterminador descansando un** **instante con las alas plegadas. Al cabo de algunos instantes,**

Libro para uso de Carmencita de Torres, Carmencita, carmencin,

Libro para uso de

Monserrat Reboul de

Torres Pardo

Libro para uso de Albertazzie

C. Mugica ht°   Lit. Heraldica

Yo vengaré esa muerte en gente menos miserable...........

la rabia que ardia en su pecho como la ardiente lava de un volcan, ascendió y llegó á sus labios.

— ¡Sois todos unos bandidos! esclamó en alta voz: ¡asesinos infames! ¡Os habeis reunido más de cuarenta para arrojar al agua á un pobre jóven que ningun mal os habia hecho; yo os desafio á todos! ¡Sois cuarenta! ¡Venid, y os mataré á todos los cuarenta, unos despues de otros, como viles perros que sois!

Los paisanos, los estudiantes, á cuya mayor parte ya lo que acababa de suceder era odioso, callaron; y, al parecer, ninguno se sentia dispuesto á correr los riesgos de un combate de arma blanca con un hombre que manejaba la espada de la manera que lo habia demostrado.

Viendo aquel silencio, el escocés envainó desdeñosamente su espada, esclamando:

— Sois tan cobardes cómo traidores y asesinos.

Y despues, estendiendo la mano por encima de todas las cabezas, continuó:

— Pero yo vengaré esta muerte en gente ménos miserable que vosotros, porque vosotros no sois dignos de morir heridos por mi espada: ¡atrás, pues, canalla de villanos, y quiera Dios que el granizo y la lluvia destruya vuestras viñas y vuestras cosechas, y caiga sobre vuestras tierras en torrentes tantos dias cuantos hombres habeis sido para matar á un solo hombre! Y como no es justo que el asesinato quede impune, y porque la sangre quiere sangre...

Y entónces sacó una pistola de su cinto, y sin apuntar la disparó, esclamando:

— ¡A la voluntad de Dios!

El tiro salió; silbó la bala, y uno de los hombres que acababan de arrojar al agua á Medardo, lanzó un grito, llevóse la mano al pecho, tambaleó, y cayó muerto.

— Y ahora, ¡adios! Ya oiréis más de una vez hablar de mí: me llamo Roberto Stuard.

Al concluir estas palabras, las nubes amontonadas desde la víspera, como lo habia dicho el desgraciado Medardo, convirtiéronse en torrentes de agua, y llovió como no llueve nunca ni áun en las estaciones lluviosas. Era un diluvio.

El escocés se retiró lentamente.

Los paisanos hubieran indudablemente demostrado su encono y el efecto que producian sus maldiciones; pero el ruido del trueno, que parecia indicar el último dia de la creacion; el agua que caia á torrentes; los relámpagos que los deslumbraban, les preocupaban mucho más que el cuidado de su venganza, y desde aquel instante fué general la dispersion.

En pocos momentos, las orillas del rio, pobladas ántes por más de cinco á seis mil personas, quedaron más desiertas que las orillas de uno de los rios de aquel nuevo mundo que acababa de descubrir el navegante genovés.

La lluvia continuó por espacio de cuarenta dias, sin la menor interrupcion.

Hé aquí por qué (nosotros así lo creemos), carísimos lectores, cuando llueve el dia de San Medardo, llueve cuarenta dias consecutivos.

III.

La posada del Caballo rojo.

o intentarémos enumerar dónde se refugiaron las treinta ó cuarenta mil personas que asistian á la fiesta de Landit, y que se vieron sorprendidas por aquel nuevo diluvio: unos buscaban abrigo en las casas de las inmediaciones y en las tabernas; otros, en los puestos provisionales levantados para la venta en la feria; y muchos, por último, en la Basílica Real.

Existian apénas en esta época en la ciudad de San Dionisio cinco ó seis posadas, que se encontraron en un instante tan ocupadas, que muchas personas salian de sus habitaciones con mayor prisa que entraron, prefiriendo el ser ahogados por la lluvia á morir sofocados por el calor.

La única posada que continuaba casi vacía, y debia este favor — suponiendo que esto fuera un favor, que si tal es nuestra opinion, no era por cierto la opinion de su propietario, —

4

era la posada del *Caballo rojo*, situada en el camino real, á dos ó tres tiros de arcabuz de la ciudad de San Dionisio.

Así, el patron, despues de haber, como los directores de espectáculos en nuestros dias, implorado la lluvia desde la mañana, para que los viajeros, los paisanos y la gente que se distraia en el campo buscáran un refugio en su casa, lamentábase ahora de una manera tristísima al ver que aquella lluvia, objeto de tantos votos, caia con tal prodigalidad, que era imposible que un viajero, por intrépido que fuese, se atreviera á entrar por los caminos anegados de agua y fango que conducian á su casa.

Hemos dicho, hablando de la posada del *Caballo rojo*, que estaba casi vacía: espliquémonos.

Tres personas se encontraban momentáneamente en la gran habitacion ahumada que recibia el pomposo título de «sala de los viajeros,» y que, á escepcion de las cocinas y un granero colocado en el piso segundo, que servia de dormitorio á los arrieros, constituia por sí sola toda la posada.

La posada, en honor de la verdad, no se componia más que de una pieza; pero es preciso confesar que aquella habitacion era grande y espaciosa.

Era algo como una gigantesca cuadra iluminada por la puerta, que llegaba hasta el techo, y que estaba construido á manera de arca.

Y, como en el arca de Noé, cierto número de animales, que eran gatos, pollos, patos, mayaban y cacareaban; y á falta del cuervo que debia volver con el pico vacío, y de la paloma portadora de la oliva, veíanse revolotear en torno, durante el dia las golondrinas, y por la noche los murciélagos.

Los muebles de esta sala eran los utensilios indispensables en una posada; es decir, mesas cojas, sillas sin asiento y taburetes rotos.

Las tres personas que se encontraban en este salon, eran el posadero, su mujer y un viajero de treinta á treinta y cinco años. Digamos cómo estaban agrupadas estas tres personas, y en qué se ocupaban.

El posadero, que en su cualidad de dueño de la casa debe ser colocado en primer término, se ocupaba en no hacer nada. Sentado á caballo en una silla de paja, con la barba apoyada en las manos, refunfuñaba entre dientes contra el temporal, sin apartar los ojos de la puerta de la posada.

La posadera, colocada unos pasos atrás de su marido, pero no tan léjos que estuviera fuera del radio iluminado, hilaba, mojando sin cesar el cáñamo que iba arrancando de la rueca.

El viajero, por el contrario, sentado en el último ángulo, con la espalda vuelta á la puerta, parecia un consumidor, si se prestaba fé á la botella y al vaso que estaba junto á él en la mesa; y sin embargo, el viajero no bebia: con el codo apoyado en la mesa y la cabeza en la mano, meditaba profundamente.

— ¡Maldito tiempo! murmuró el posadero.

— ¿Te quejas? dijo la mujer.

— Ya se ve que me quejo; ¿y por qué no he de quejarme?

— Tú lo has pedido.

— Es cierto, dijo el posadero; pero no tanta agua.

— Entónces, no te quejes.

El posadero, á esta recriminacion poco consoladora, pero piadosamente lógica, bajó la cabeza, suspiró, y permaneció silencioso por espacio de unos diez minutos, despues de los cuales levantó la cabeza y repitió:

— ¡Maldito tiempo!

— Ya lo has dicho, dijo la mujer.

— Bueno; pues lo repito.

— Aunque lo estés diciendo hasta la noche, de nada te servirá.

— Es cierto; pero me desahoga el maldecir los truenos, la lluvia, los relámpagos y el granizo.

— ¿Por qué no maldices á la Providencia? dijo la mujer.

— Si yo creyera que ella enviaba semejante temporal...

El posadero se detuvo.

— ¿La maldecirias tambien? Acaba, dijo la mujer.

— No ; porque , porque...

— ¿Por qué? dijo la mujer.

— ¡Porque soy un buen cristiano! ¡No soy un maldecido herege!

Al oir estas últimas palabras, el único viajero que se encontraba en la posada del *Caballo rojo* salió de su meditacion, y dió tal golpe sobre la mesa con su vaso de hoja de lata, que el vaso se aplastó.

— ¡Allá va, allá va! gritó el posadero, levantándose precipitadamente y creyendo que el viajero le llamaba.

Y de un brinco se colocó á su lado, preguntándole qué queria.

El jóven dió una vuelta, apoyándose en los piés traseros de su silla, y sin levantarse, gracias á esta evolucion, quedó frente á frente del posadero. Despues, mirándole fijamente de piés á cabeza, dijo, sin levantar la voz, pero frunciendo las cejas:

— ¿No seréis vos el que ha pronunciado esas últimas palabras... las de maldecido herege?

— Yo he sido, balbuceó el posadero.

Y el rubor coloreó hasta su frente.

— Pues bien; si sois vos, maese, sois un asno, y mereceis que os corten las orejas.

— Perdon, replicó el posadero; pero yo ignoraba, señor caballero, que pertenecíais á la religion reformada.

Y el buen posadero temblaba como un azogado.

— Lo que os prueba, señor bergante, continuó el viajero sin levantar la voz, que un posadero que debe atender á toda clase de gente, debe cuidar mucho de la lengua; porque le puede suceder que, en vez de encontrarse con un católico, se encuentre con un discípulo de Lutero y Calvino.

Y al pronunciar estas palabras, el protestante, en señal de respeto, se quitó el sombrero; el posadero hizo otro tanto.

El viajero, despues de un gesto de desprecio,

— Vamos, le dijo; otra botella de vino, y que jamás os oiga

pronunciar la palabra *herege*, so pena de abriros como á un tonel. ¿Lo habeis oido, amigo mio?

El posadero retrocedió, y sin volver la espalda á su interlocutor, fué á buscar lo que el desconocido le habia pedido.

Durante este tiempo, el hidalgo, despues de haber hecho á su silla describir un semicírculo á la izquierda, como anteriormente se lo habia hecho describir á la derecha, volvió á encontrarse en la sombra, dando de nuevo la espalda á la puerta, en cuya posicion lo encontró el tabernero cuando silenciosamente dejó junto á él el vino pedido.

Entónces, sin desplegar los labios, el hidalgo le tendió su vaso para que se lo cambiase, por haber quedado inservible de resultas del golpe.

El posadero, sin decir palabra, hizo con los ojos y con la cabeza un gesto que significaba: «¡Caramba! éste, cuando pega, pega bien.» Y con la mayor docilidad trajo al consumidor un nuevo vaso.

— ¡Muy bien! dijo el protestante; así deben ser los posaderos.

El posadero sonrió al hidalgo de la manera más agradable que supo, y tornó á ocupar su puesto al lado de su mujer.

— ¿Y qué? le preguntó ésta, que en vista de la escasa elevacion de voz empleada por el protestante en su conversacion con el posadero, no habia podido oir una sola palabra del diálogo sostenido entre el huésped y su marido: — ¿qué te ha dicho?

— ¿Qué me ha dicho?

— Sí.

— ¡Ah! Una porcion de lisonjas: que el vino era escelente; que la posada ocupaba una ventajosa posicion; que se admiraba que concurriese á ella tan poca gente, etc., etc.

— Y tú ¿qué le has contestado?

— Que la culpa la tenia este maldito temporal, que será causa de nuestra ruina.

En el momento en que de una manera indirecta blasfemaba contra el temporal por la tercera vez, la Providencia, como para darle un mentís, le presentó al mismo tiempo, pero llegando por opuestos lados, dos nuevos consumidores, uno á pié, el otro á caballo.

El que llegaba á pié, y cuyo aspecto denunciaba un oficial aventurero, llegó por la via de la izquierda, es decir, por el camino de Paris; el que venía á caballo, que vestia de page, llegaba por la via de la derecha, es decir, por el camino de Flandes. El caballero fué el primero que llegó; es decir, si hemos de hablar con verdad, el caballero llegó despues del peon, pero al mismo tiempo que él llegaron las dos manos del caballo que el caballero montaba, y áun ántes que él; y de esta simultaneidad resultó que los piés del peon se encontraron bajo las manos del caballo.

El peon soltó un voto y palideció: uno solo fué el voto, pero sirvió para indicar el lugar de su nacimiento. — ¡Vive Dios!

El caballero, cual ginete consumado, hizo describir á su caballo una media vuelta, apoyándose en el cuarto trasero; y saltando á tierra ántes que las manos del caballo tocasen al suelo, se precipitó hácia el lastimado, y con un acento que revelaba vivísimo interes:

— ¡Oh, mi capitan! le dijo; os pido mil y mil perdones.

— ¿Sabeis, señor paje, dijo el gascon, que por poco me aplastais?

— Creed, capitan, que me causa un profundo disgusto lo sucedido.

— Pues bien; no os disgusteis, amiguito, contestó el capitan, haciendo al mismo tiempo un gesto que denotaba no era aún completamente dueño de sí para reprimir el dolor.—No os disgusteis; acabais de hacerme, sin saberlo, un gran servicio, que por cierto no sé de qué modo podré recompensaros.

— ¡Un servicio!...

— Grandísimo, contestó el gascon.

— ¿Pues cómo así? replicó el page, á quien el movimiento nervioso que contraia el rostro de su interlocutor le hacía comprender el gran dominio sobre sí que debia tener el capitan para no votar y blasfemar en aquel instante, en vez de sonreir.

— Es muy sencillo, contestó el capitan : no existen más que dos cosas en el mundo que me incomoden soberanamente : las mujeres viejas y las botas nuevas : pues bien, desde esta mañana estoy sufriendo con unas botas nuevas, con las que me ha sido preciso venir desde Paris : buscaba un medio espedito para romperlas, y vos acabais en un momento de realizar este milagro : os lo agradezco, por lo tanto, y os suplico que en toda ocasion dispongais de mí como de persona que os está muy reconocida.

— Caballero, dijo el page inclinándose, sois hombre ingeniosísimo, lo que no me maravilla, habiendo oido el voto con que me saludásteis; sois muy cortés, lo que no me sorprende, pues sois hidalgo; y acepto desde luego vuestras ofertas, obligándome por mi parte á serviros en todo cuanto me mandeis.

— Presumo que os detendréis en esta posada algunos instantes.

—Sí, aunque serán muy breves, respondió el page, atando su caballo á una anilla que para este efecto estaba en el muro; operacion que espiaba el posadero con ojos centelleantes de gozo.

— Yo tambien, dijo el capitan. ¡Tabernero de los diablos! ¡vino, y del mejor!

— Allá voy, caballero, allá voy, dijo el tabernero precipitándose hácia su cocina. Y cinco segundos despues colocaba sobre una mesa vecina á la ocupada por el primer hidalgo, dos frascos de vino y dos vasitos de hoja de lata.

— ¿Teneis en vuestra posada, le preguntó el page con una voz dulce como de mujer, una pieza donde una señorita pueda descansar algunas horas?

— No tenemos más que esta sala, contestó el tabernero.

— ¡Diablo! es un contratiempo, murmuró el page.

— ¿Esperais una mujer, caballerito? dijo misteriosamente el capitan, pasándose la lengua por los labios y cogiéndose la punta de su bigote con los dientes.

— ¡Oh! no es mujer para mí, capitan, dijo gravemente el

jóven ; es la hija de mi noble señor, el Mariscal de San Andrés.

— ¡Diablo! ¿conque vos servís al ilustre Mariscal de San Andrés?

— Tengo ese honor, caballero.

— ¿Y creeis que el Mariscal se detendrá en esta posada? ¿Lo creeis así, amigo mio? dijo el capitan.

— Es preciso : hace quince dias que el Mariscal está enfermo en su castillo de Villers-Coterets; y como le era imposible ir á Paris, donde va para asistir al torneo que debe celebrarse para festejar la boda del Rey Felipe II con la Princesa Isabel, y la de la Princesa Margarita con el Duque Manuel Filiberto de Saboya, Mr. de Guisa, cuyo castillo no está lejos del de Villers-Coterets...

— Mr. de Guisa tiene un castillo en las cercanías de Villers-Coterets, dijo el capitan, que queria probar conocia la corte. ¿Dónde está ese castillo?

— En Anteuil-Andoin, capitan. Es una adquisicion que acaba de hacer, para encontrarse en el camino del Rey cuando el Rey va y vuelve de Villers-Coterets.

— ¡Ah! ¡ah! Se me antoja buena jugada esa adquisicion.

— ¡Psit! dijo el page riéndose; no es por cierto la habilidad lo que le falta á ese jugador.

— Ni juego, replicó el capitan.

— Decia, continuó el page, que Mr. de Guisa ha enviado su coche al Mariscal, que viene en él al paso ; pero, por dulce que sea el movimiento del coche, y por lentamente que caminen los caballos, el Mariscal se ha sentido fatigado, y la Srta. Carlota de San Andrés me envia á buscar una posada donde pueda encontrar algun descanso.

Al escuchar estas palabras, el primer hidalgo, el defensor de los hugonotes, manifestó tomar vivísimo interes en la conversacion sostenida en la mesa próxima.

— ¡Por la cruz de Dios ! dijo el gascon, que si yo conociese á dos leguas á la redonda un aposento digno de recibir á esos ilustres personajes, no cederia á nadie, aunque fuera á mi padre, el honor de conducirlos; pero, por desgracia, no es así.

El hidalgo hugonote hizo un movimiento, que podia traducirse por signo de desprecio.

Este movimiento llamó la atencion del capitan.

— ¡Ah! ¡ah! dijo.

Y levantándose, saludó al hugonote con una cortesanía afectada; y cumplido este deber, volvió la cabeza hácia el page. El protestante se levantó, como habia hecho el gascon; saludó cortés, pero secamente, y volvió la cabeza hácia la pared.

El capitan le sirvió vino al page, que levantó el vaso ántes de que estuviese lleno; y despues, sirviéndose á sí mismo, continuó diciendo:

— ¿Conque decíais que estábais al servicio del ilustre Mariscal de San Andrés, del héroe afamado? Yo serví á sus órdenes en el sitio de Boulogne, y ví los esfuerzos que hizo para penetrar en la plaza. ¡Oh! ¡el Mariscal de San Andrés no ha robado su título de Mariscal!

Despues calló, y parecia que reflexionaba.

— ¡Vive Dios! continuó. ¡Pero es preciso! Yo llego de Gascuña; he abandonado el castillo de mi padre, deseoso de entrar al servicio de algun príncipe ó de algun capitan ilustre; en fin, jóven, decidme, ¿no habria en la casa del Mariscal de San Andrés un destino que decentemente pudiera desempeñarlo un bravo oficial como yo? Yo no sería muy exigente sobre el sueldo; y con tal que no se me obligase á entretener viejas ó á romper botas nuevas, estoy seguro que dejaria satisfecho á mi señor en el desempeño del cargo que me confiára.

— ¡Ah! capitan, dijo el page, yo estoy muy dispuesto á complaceros; pero, desgraciadamente, la servidumbre del Mariscal de San Andrés está completa, y dudo mucho que quiera ó pueda aceptar vuestros servicios.

— ¡Por vida de...! Tanto peor para él; porque puedo vanagloriarme de que soy una escelente adquisicion para las personas que me empleen. Conque, ténganse por no dichas mis palabras, y bebamos.

El jóven page levantaba ya su vaso para contestar á la invitacion del capitan, cuando lo soltó de pronto, y poniéndose á escuchar atentamente, esclamó:

— Perdonadme, capitan; pero oigo el ruido de un coche; y como los coches son muy raros, creo poder afirmar que el que escucho es el del Duque de Guisa; por lo que os pido permiso para abandonaros por algunos instantes.

— Id, id, amiguito, dijo enfáticamente el capitan; ¡el deber es ántes que todo!

El permiso que pedia el page, no pasaba de ser un acto de purísima urbanidad, puesto que, sin esperar la contestacion del capitan, se habia precipitado hácia la puerta, y desaparecido tras el ángulo que formaba el camino.

IV.

Los viajeros.

E capitan se aprovechó de esta ausencia para reflexionar, y para beberse, reflexionando, el frasco de vino que tenia delante. Vacío el primer frasco, pidió un segundo.

Despues, como si los asuntos para la reflexion le faltasen, ó como si esta operacion del espíritu no se cumpliese en él sino á costa de un gran esfuerzo, por la falta de costumbre, el capitan volvió la cabeza hácia el protestante; le saludó con aquella urbanidad afectada que ya le conocemos, y le dijo:

— Juraria, caballero, que estoy hablando con un compatriota.

— Os equivocais, capitan; porque, si no me engaño, vos sois gascon, y yo soy de Angulema.

— ¡Ah! ¡ah! ¡sois de Angulema! esclamó el capitan con un gesto de admiracion; ¡de Angulema! ¡toma, toma!

— Sí, capitan; ¿os agrada la noticia? preguntó el protestante.

— ¡Ya lo creo! ¡como que me permite el felicitaros! Es un pais magnífico, fértil, bañado por corrientes cristalinas: los hombres son valerosísimos, y buen testigo es S. M. Francisco I; las mujeres, de mucho ingenio, como atestigua Margarita de Navarra: en fin, os confieso, caballero, que, si no fuera gascon, quisiera ser de Angulema.

— ¡Mucho honor es ese, en verdad, para mi pobre provincia, dijo el hidalgo; y no sé cómo mostraros mi reconocimiento!

— ¡Oh! de una manera muy fácil podeis mostrarme el reconocimiento que os inspira mi brutal franqueza: ¡hacedme el honor de brindar conmigo por la gloria y prosperidad de vuestros compatriotas!

— Con el mayor placer, capitan, dijo el hidalgo.

Y levantándose, fué á colocarse con su frasco y con su vaso en un ángulo de la mesa ocupada por el gascon, y que la ausencia del page habia dejado libre: despues del brindis á la gloria y prosperidad de los de Angulema, el hidalgo protestante brindó por la gloria y prosperidad de los hijos de Gascuña; y como habiase pagado cortesía con cortesía, el de Angulema, cogiendo su frasco y su vaso, hizo ademan como para volver á su sitio.

— ¡Por Dios, caballero! dijo el gascon; eso sería interrumpir una amistad en el momento en que nace: hacedme el favor de concluir vuestro frasco de vino en mi mesa.

— Temia molestaros, caballero, dijo políticamente, pero con frialdad, el protestante.

— ¡Incomodarme á mí! ¡nunca! Por lo demas, yo tengo la conviccion de que las amistades más firmes y verdaderas nacen en la mesa. ¿No es cierto que es muy estraño que haya tres vasos de vino en uno de estos frascos?

— En efecto, es muy raro, contestó el protestante, que inquiria dónde iria á parar su interlocutor con semejante pregunta.

— Pues bien; consagremos un vaso á la salud de alguno. ¿Me concedeis un brindis por cada vaso?

— Os lo concedo, caballero.

— Cuando se ha convenido en brindar de todo corazon á la salud de tres hombres, es para brindar á despecho de opiniones y creencias.

— Algo hay de verdad en lo que decís, caballero.

— ¡Que hay algo de verdad! Es verdad purísima lo que yo digo.

Y con su sonrisa más encantadora,

— Para conservar vuestro conocimiento, añadió, y para hacer patente la igualdad de nuestras opiniones, permitidme que, como primer brindis, os proponga uno á la salud del insigne Condestable de Montmorency.

El hidalgo, que habia ya levantado su copa, y cuyo semblante habia perdido la tinta sombría que lo caracterizaba, descansó su vaso sobre la mesa, y permaneció silencioso. Despues de un momento de grave silencio, dijo:

— Caballero, me es completamente imposible brindar por la persona que habeis nombrado; Mr. de Montmorency es mi enemigo personal.

— ¡Vuestro enemigo personal!

— Sí, en cuanto puede serlo un hombre que se encuentra en su alta posicion, de otro que se encuentra en la mia; tan enemigo como es posible que lo sea el grande del pequeño.

— ¡Vuestro enemigo personal!... Pues desde este instante lo es tambien mio: lo que me es tanto más fácil, puesto que no le conocia, ni me inspiraba gran simpatía la reputacion de que goza. ¡Vaya! ¡el diablo me inspiró sin duda el proponeros un brindis á semejante personaje! permitidme que, en desquite, os ofrezca otro á la salud del ilustre Mariscal de San Andrés.

— ¡Por vida mia! contestó el hidalgo protestante, que sois desgraciado en la eleccion; capitan.

Y repitió lo que había hecho respecto al primer brindis; y colocando su vaso sobre la mesa, continuó diciendo:

— Yo no brindo á la salud de un hombre á quien no respeto; de un hombre pronto á acometer cualquiera empresa, si la empresa vale dignidades ó dinero; de un hombre que venderá su mujer y su hija, como vendió su conciencia, si se le da el mismo precio.

— ¡Oh! ¿qué me decís? ¡Por mi vida! dijo el gascon, que sólo el diablo pudo inspirarme para brindar á la salud de tal hombre. ¡Capitan! replicó el gascon, reprendiéndose á sí mismo; si quieres conseguir la estimacion de los hombres honrados, guárdate mucho de aplaudir semejantes hechos.

Y despues, cambiando de interlocutor, y dirigiéndose al protestante, le dijo:

— Caballero, desde este momento participo del desprecio que os inspira el Mariscal de San Andrés; y para reparar la impresion que pueden haberos causado los errores cometidos, voy á proponeros un tercer brindis, seguro de que esta vez nada tendréis que objetar.

— Hablad, capitan.

— ¡Á la salud del ilustre Francisco de Lorena, Duque de Guisa! ¡al defensor de Metz, al vencedor de Calais, al vengador de San Quintin y las Gravelinas, al reparador de las torpezas del Condestable de Montmorency y del Mariscal de San Andrés!... ¡Tampoco!...

— Capitan, dijo el jóven, estais en desgracia; porque yo he hecho un voto.

— ¿Cuál, caballero? decídmelo, si creeis que puedo yo contribuir á realizarlo.

— ¡He jurado que ese, á cuya salud me proponeis un brindis, ha de morir á mis manos!

— ¡Qué decís!

El protestante hizo un movimiento como para levantarse.

— ¡Cómo! dijo el gascon; ¿qué vais á hacer, caballero?

— Hemos concluido, dijo el protestante: habeis propuesto los tres brindis; y como veo que no hemos logrado entendernos respecto á la persona, creo que sucederá lo mismo, ó alguna cosá peor, respecto á los principios.

— ¡Bah! ¡por vida del diablo! no quiero que se diga, caballero, que dos hombres nacidos para ser amigos, se han indispuesto por personas á quienes no conocen; de mí sé decir que me son completamente desconocidos, tanto el Duque de Guisa, como el Condestable de Montmorency y el Mariscal de San Andrés. Figurémonos que os he propuesto brindar á la salud de tres diablos del infierno: de Satanás, Lucifer y Astarot. ¡Bah! me decís que pierdo el tiempo proponiendo brindis; y vuelvo, por lo tanto, piés atrás, y hétenos como cuando principiamos; y como nuestros vasos están llenos, si os place, los beberémos á nuestra salud respectiva, para que Dios nos conceda largos y gloriosos dias, que eso es lo que yo le pido de todo corazon.

—El deseo es tan cortés y galante, que nadie podrá negarse á lo que pedís, capitan.

Y por esta vez el hidalgo vació su vaso, siguiendo el ejemplo que le daba el capitan, que habia ya agotado el suyo.

— ¿Veis cómo las cuestiones se arreglan? dijo el gascon; ya nos entendemos á las mil maravillas, y desde este instante podréis disponer de mí como del más adicto de vuestros amigos.

— Á lo mismo me obligo, capitan, dijo el hidalgo protestante con su habitual cortesanía.

—En cuanto á mí, continuó el gascon, ya no deseo más que una ocasion para serviros.

—Igualmente, contestó el de Angulema.

— ¿Hablais con sinceridad?

— Con la mayor, capitan.

— Pues bien; esa ocasion que buscais para servirme, creo que la habeis encontrado.

— ¿Es posible que tenga tanta dicha?

— ¡Ya lo creo! ¡por vida de!... si no me engaño, la teneis en la mano.

— Hablad.

— Héla aquí: yo llego de Gascuña; he abandonado el castillo de mi padre, donde engordaba á ojos vistos de una manera
deplorable: mi barbero me recomendó el ejercicio, y yo vine á
Paris para entregarme á un ejercicio saludable: escuso deciros
que me dedico á la carrera de las armas. ¿No conoceríais en
vuestro pais alguna buena ocupacion que pudiese desempeñar
un capitan gascon, con tal que no se me obligue á entretener
viejas ni á romper botas nuevas? Y me lisonjeo, caballero, de
que llenaria muy cumplidamente el empleo que se me confiase.

— Bien lo quisiera, capitan; pero abandoné muy niño mi
pais, y no conozco á nadie.

— ¡Por las entrañas de Satanás! Sí, es una desgracia; pero
quizá conozcais, amigo mio, en algun otro pais — yo no tengo
empeño que sea en esta ni en aquella provincia — algun gran
señor de alto linaje, al cual podais recomendarme. Ni tampoco
es para mí condicion precisa que sea muy virtuoso, con tal que
Dios le haya concedido en valor lo que en virtud le negára.

— Siento en el alma, capitan, no poder servir á un hombre
tan acomodaticio; pero yo, como vos, soy un pobre hidalgo que
apénas puedo ofrecer lo supérfluo de mi crédito.

— ¡Por el Buen Ladron! esclamó el gascon, que todo eso es
muy triste; pero como la voluntad estaba conocida, os repito,
soy vuestro servidor y amigo.

Y esto diciendo, el capitan se levantó, saludó al hidalgo
protestante, que le devolvió su saludo, y que recogiendo su
frasco y su vaso, volvió á la mesa que primeramente ocupaba.

El hidalgo llevaba á cabo esta traslacion sin duda para poner
fin á una conversacion que habia sostenido más por urbanidad
que por simpatía, y quizás le determinó tambien á ello el ruido
del coche que se detenia en la puerta. Cuál de estas cosas fué
la que le indujo á buscar la oscuridad, dejamos al buen juicio
del lector el penetrarlo: lo cierto es que el de Angulema, colocado en su antiguo sitio, quedaba de espaldas á la puerta.

El capitan gascon permaneció de pié, como debia hacerlo
una persona de su clase delante de los altos y poderosos señores

que habia anunciado el page; y por su parte, el posadero y su mujer se precipitaron hácia la puerta, deseosos de servir á los viajeros que su buena fortuna les traia.

El page, que para no enlodarse permanecia de pié en el último peldaño del estribo del coche, saltó al suelo y abrió la portezuela.

Un hombre de alta estatura, con una larga cicatriz en la cara, descendió el primero. Era Francisco de Lorena, Duque de Guisa, conocido por *el Acuchillado*, de resultas de la terrible herida que recibió en el sitio de Calais: llevaba la banda blanca con flores de lis, que era la insignia que correspondia á su alto puesto de Teniente General del Ejército del Rey. Sus cabellos estaban cortados casi á tijera, y su gorra era de terciopelo negro con plumas blancas, segun la moda de la época: jubon gris perlado y plata, que eran sus colores favoritos; grandes botas, que en caso de necesidad podian subir hasta el muslo ó doblarse hasta más abajo de la rodilla, y un manto de terciopelo escarlata, completaban el trage ostentoso del Duque.

—¿Pero esto es el diluvio? dijo, saltando en medio de los charcos y barrizales que habia á la puerta de la posada.

Despues, volviéndose hácia el coche, é inclinándose á su interior, dijo:

—Vamos... pero vos no podeis, querida Carlota, colocar vuestros lindos piés en este sucio barrizal.

—Pues ¿qué hacemos? preguntó una voz dulcísima y armoniosa.

—Mi querido Mariscal, continuó el Duque, ¿quereis permitirme llevar en brazos á vuestra hija? Esto me quitará catorce años de encima, porque justamente hoy se cumplen catorce años que así os sacaba de vuestra cuna. Vamos, encantadora paloma, salid de vuestro nido.

Y cogiendo entre sus brazos á la jóven, la colocó en el interior de la sala.

El nombre de paloma, que el galante Duque de Guisa habia

dado á su ahijada, porque con tal carácter efectivamente perte̜necia á su familia la bella Carlota, no era una metáfora; porque, en efecto, era imposible ver una paloma más blanca, más amorosa ni más linda que la que el Duque de Guisa acababa de llevar entre sus brazos, dejándola sobre el húmedo suelo de la posada.

El tercer personaje que descendió, ó que intentó descender del coche, fué el Mariscal de San Andrés.

El Mariscal de San Andrés llamó á su page; pero aunque no distaba tres pasos, el page no lo oyó, amorosamente embebido, como buen page, en la contemplacion de la hija de su señor.

—¡Jacobo! ¡Jacobo!... ¿vendrás, tuñantuelo?

Y al pronunciar estas últimas palabras, sacó el Mariscal la cabeza por la portezuela, y dirigió su voz hácia el page, que no pudo ya escusarse de oirle.

—¡Aquí estoy! ¡aquí estoy! dijo el jóven page, volviéndose vivamente.

—¡Por Cristo! dijo el Mariscal, que ya veo que estás ahí; pero no es ahí donde debieras estar, sino aquí, al pié del estribo: ya sabes, bribonzuelo, que momentáneamente estoy impedido. ¡Vamos! ¡uff! ¡ay! ¡mil rayos!

—Perdone el Sr. Mariscal, dijo el page confuso, presentando á su señor la espalda para que se apoyase.

—Apoyáos en mí, Sr. Mariscal, dijo el Duque de Guisa, presentando su brazo.

El Mariscal se aprovechó de la oferta, y gracias á este doble apoyo, pudo entrar en la posada.

Contaba en esta época el Mariscal unos cincuenta años; pero sus mejillas se conservaban sonrosadas, aunque pálidas en este momento por la indisposicion que padecia; roja la barba, rubio el cabello, y con sus ojos azules. Á primera vista se conocia que diez ó doce años ántes de la época en que nos encontramos, debió ser el Mariscal uno de los más hermosos caballeros de la corte. No sin trabajo fué á sentarse en un sillon de paja colocado en un ángulo de la chimenea, que era el opuesto al en que se encontraban el capitan gascon y el hidalgo protestante. El Duque presentó á la Srta. Carlota de San Andrés la silla de paja en la que hemos visto en el precedente capítulo cabalgar al posadero, y él se acomodó en un taburete, indicándole al ventero que encendiese bien la chimenea, porque aunque la lluvia era lluvia de estío, la humedad era tanta, que el fuego era un accesorio indispensable.

En estos instantes la lluvia redoblaba, y caia con tal violencia, que comenzaba á entrar en la posada por la puerta abierta, como por un dique roto ó por una esclusa que no ha sido cerrada.

—¡Hola, tabernero! gritó el Mariscal; cerrad esa puerta: ¿ó queréis ahogarnos?

El posadero entregó el ramaje que llevaba á su mujer, encargándola, como á otra Vestal, el conservar el fuego, y corrió á la puerta para obedecer la órden del Mariscal; pero en el instante en que reunia todas sus fuerzas para hacer girar sobre sus goznes el macizo porton, se oyó sobre el camino el rápido galope de un caballo. Por lo tanto, el buen hombre, temeroso de que el viajero, viendo la puerta cerrada, creyese, ó que la posada estaba llena, ó que estaba desierta, y creyendo lo uno ó lo otro pasára de largo, se detuvo, esclamando:

—¡Perdon, señores! pero creo que me llega un viajero.

Y para cerciorarse, pasó la cabeza por el intersticio que dejaba la puerta entornada.

En efecto, un caballero se detuvo en la puerta de la posada, y arrojando la brida al posadero, entró gritando:

—Conduce ese caballo á la cuadra, y no le escasees ni avena ni cuidados.

Y como la llama no iluminaba aún la habitacion, el recien llegado, sin cuidar que pudiera haber gente, sacudió su sombrero empapado en agua, mojando á las personas colocadas en torno de la chimenea.

La primera víctima de esta imprudencia fué el Duque de

Guisa, que levantándose vivamente, de un salto se puso junto al recien llegado gritándole:

—¡Eh! ¡seor tunante! bien podíais mirar lo que haceis.

El apostrofado volvióse rápidamente hácia el que hablaba, y con un movimiento que sólo el pensamiento puede comprender, tiró de la espada.

Sin duda el Duque de Guisa hubiese pagado cara la palabra con que habia saludado al recien venido, si no hubiese retrocedido, más ante el rostro que ante la espada, esclamando:

—¡Cómo! Príncipe, ¿sois vos?

V.

El horóscopo.

L que el Duque de Guisa acababa de saludar con el dictado de Príncipe, no tuvo necesidad más que de mirar al ilustre capitan para reconocerle.

—Sin duda que soy yo, Sr. Duque, contestó con las mayores señales de admiracion de ver instalado en la posada del *Caballo Rojo* al Duque de Guisa, así como el Duque por su parte se admiraba de ver en posada tan humilde al Príncipe.

—Preciso es confesar, Príncipe, que es necesario que la lluvia le ciegue á uno, quitándole toda luz, para que yo creyese era V. A. un estudiante de Landit.

Despues, inclinándose, dijo con la mayor cortesanía:

—Y suplico á V. A. que acepte mis escusas respecto á mi conducta.

—No vale la pena, Duque, dijo el recien llegado, con un aire de superioridad que le era habitual. ¿Y por qué casualidad os encontrais aquí, cuando yo os juzgaba en vuestro condado de Nanteuil?

—De allí llego, en efecto.

—¿Por el camino de San Dionisio?

—Hemos dado un rodeo para ver, aunque nada más que de paso, la feria de Landit.

—¡Vos! me estraña... en cuanto á mí, cuya frivolidad es proverbial, gracias á mis amigos, ¡pase! ¡Pero el grande, el severo Duque de Guisa separarse de su camino para ver una fiesta de estudiantes!

—No he tenido yo ciertamente tal idea, Príncipe. Volvia á Paris con el Mariscal de San Andrés y su hija, mi ahijada Carlota, que es una caprichosilla, y que ha querido ver qué era la tan celebrada feria de Landit; pero, sorprendidos por la lluvia, hemos tenido que refugiarnos en esta posada.

—¿Está ahí el Mariscal? preguntó el Príncipe.

—Ahí lo teneis, dijo el Duque, separándose y dejando ver á las dos personas que él ocultaba, y cuyo grupo habia entrevisto el Príncipe, pero sin lograr reconocer las fisonomías.

El Mariscal hizo un esfuerzo para levantarse y saludar al Príncipe, apoyándose en los brazos de su sillon.

—Mariscal, dijo el Príncipe, dirigiéndose á él, creed que no os habia reconocido; lo cual no estrañaréis, atendido á que esta sala es oscura como una cueva: verdad es que toda la casa es sombría como una prision de Estado. Estoy de tal modo cegado por la lluvia, que hubiera sido capaz de confundir, lo mismo que el Duque, á un caballero con un villano. Dichosamente, señorita, continuó el Príncipe, dirigiéndose hácia la jóven y contemplándola admirado; dichosamente, dijo, la vista me vuelve poco á poco, y compadezco de todo corazon á los ciegos, porque no pueden admirar un semblante como el vuestro.

Esta galantería á boca de jarro hizo que se coloreasen con carmin muy subido las mejillas de la jóven. Sin embargo, levantó los ojos para mirar al que acababa de dirigirle la primera lisonja en su vida; pero los bajó muy luego, deslumbrada por los relámpagos que despedian los ojos del Príncipe.

Ignoramos cuáles fueron sus impresiones en este instante; pero debieron de ser dulcísimas y halagüeñas; porque era imposible que una niña de catorce años contemplase una fisonomía más espresiva y encantadora que la del caballero de veinte y nueve años, á quien todos llamaban Príncipe y saludaban con el título de Alteza.

Y era, en efecto, un cumplido caballero, Luis I de Borbon, Príncipe de Condé, que habiendo nacido en 7 de Mayo de 1530, acababa de cumplir su trigésimo año en la época en que sucedia lo que contamos. Era más bien bajo que alto, pero admirablemente formado; sus cabellos castaños, cortados á raiz, dejaban descubrir una frente en la cual los frenólogos de nuestros dias hubieran descubierto los signos de una inteligencia superior; sus ojos, de un azul de lápiz-lázuli, revelaban una dulzura y una ternura indecibles; unas cejas espesas daban, sin embargo, á su fisonomía alguna dureza, que dulcificaba su rubia barba. Se le hubiera tomado por un hermoso estudiante que acababa de abandonar el techo paterno. Y sin embargo, sus ojos, dulces y limpios como el azul del cielo, adquirian algunas veces una energía y un aspecto feroz, que era causa de que los ingenios de la época lo comparasen á un rio dulce segun las luces que lo iluminaban, pero espantoso y terrible cuando las tempestades lo agitaban. En una palabra, llevaba escritos en su semblante sus caractéres dominantes, que eran el valor físico y la necesidad del amor llevada á un alto grado.

En este momento, gracias á la puerta cerrada y al fuego que ardia en el hogar, el vasto salon de la posada se iluminaba con resplandores fugaces que prestaban un tinte fantástico y caprichoso á los dos grupos, que ocupaban, el uno el ángulo derecho, y el otro el izquierdo: ademas, los relámpagos que atravesaban por las ventanas superiores, prestaban de cuando en cuando á las fisonomías tintas azuladas que convertian el aspecto de los semblantes más jóvenes y hermosos en el de seres llegados del otro mundo.

Esta impresion era tan real, que se apoderó hasta del mismo posadero, el cual, viendo que, á pesar de no ser las siete, la oscuridad era tan completa como si ya estuviese muy entrada la noche, encendió una lámpara, que puso sobre el pié de la chimenea, por encima del grupo que formaban el Príncipe de Condé, el Duque de Guisa, el Mariscal de San Andrés y su hija.

En vez de disminuir la lluvia, aumentaba, y era locura pensar en salir de la posada, puesto que á la lluvia se unia un viento fuertísimo que hacía temblar hasta sus últimos cimientos al edificio, y era indudable que, puesto el coche en el camino, carruaje y caballos serian arrebatados por la tempestad: por lo que los viajeros resolvieron permanecer en la posada miéntras duraba aquel espantoso huracan.

De pronto, en medio del espantoso estruendo de los elementos, de la lluvia que azotaba con violencia los techos, del bramido de las aguas del rio, y de las tejas que, arrancadas por el viento, se estrellaban contra la tierra, se oyó llamar á la puerta, y una voz repitió dos veces con un acento que se debilitaba por segundos:

—¡En nombre de Nuestro Señor, abridme: abridme, en nombre de Dios!

Al oir llamar, el posadero, que creyó llegaba un nuevo viajero, se precipitó para abrir la puerta; pero al reconocer la voz, se detuvo en medio de la sala, meneando la cabeza.

—Te equivocas de puerta, bruja: no es aquí donde debes llamar, si quieres que te abran.

—¡Abridme, por Dios, posadero! dijo la voz: es pecado mortal dejar en una noche como esta á la intempérie á una pobre vieja!

—Vuelve á subir en tu caña de escoba, y dirígete á otro lado, vieja del diablo, contestó el posadero al través de la puerta: hay aquí muy ilustre compañía, para que tú puedas entrar.

—¿Y por qué? preguntó el Príncipe de Condé, irritado por la dureza del posadero. ¿Por qué no le abres la puerta á esa pobre mujer?

—Porque es una bruja; es la bruja Dandilly, una vieja miserable, que debian quemarla viva para escarmiento, en medio de la llanura de San Dionisio; que no sueña más que con plagas y epidemias; que no predice más que granizo y tempestades. Bien seguro estoy yo, que este temporal tan espantoso que hace, lo habrá traido la bruja para vengarse de algun labrador enemigo suyo.

—Bruja ó no, dijo el Príncipe, ábrele; no es justo dejar á una criatura humana á la puerta en una noche como esta.

—Puesto que V. A. lo desea, le abriré; pero Dios quiera que V. A. no tenga que arrepentirse; porque donde quiera que entra, entra con ella la desgracia.

El posadero, obligado á obedecer, á pesar de su repugnancia, abrió la puerta, y se vió entrar, ó mejor dicho, caer en el dintel á una vieja con los cabellos grises, sueltos y flotantes, con un vestido de lana encarnada hecho girones, y un gaban ó manto oscuro, en el mismo estado que el vestido, y que le caia hasta los piés.

El Príncipe de Condé, áun siendo príncipe, se adelantó para ayudar á la vieja á levantarse, porque era uno de los mejores corazones de su tiempo; pero el posadero se interpuso, y la ayudó á ponerse en pié.

— Da las gracias, bruja, al Príncipe de Condé; porque, si no hubiera sido por él, por el bien de la ciudad y de sus cercanías te hubiera dejado morir en la puerta.

La bruja, sin preguntar quién era ni dónde estaba el Príncipe de Condé, se dirigió á él, y arrodillándose, le besó el ribete de su capa.

El Príncipe miró á la pobre criatura con ojos de compasion.

—¡Posadero, dijo, un frasco de vino, y del mejor, para esta pobre mujer! Y despues le dijo á la bruja: vé á beber un poco, y así recobrarás las fuerzas.

La vieja fué á sentarse delante de una mesa colocada en el fondo de la sala, de manera que tenia la puerta de entrada enfrente, á la derecha el grupo del Príncipe, el Duque, el Maris-

7

cal y su hija, y á la izquierda el que componian el capitan gascon, el hidalgo protestante y el page.

El hidalgo habia caido en una meditacion profunda.

El page estaba sumido en la contemplacion de los encantos de su Srta. Carlota de San Andrés.

El capitan gascon conservaba toda su serenidad. Pensaba que, si la vieja era la mitad siquiera de lo bruja que decia el posadero, sería para él una luz muy segura y un guia cual ninguno, para conseguir por fin ese destino que era el norte de todos sus afanes.

Y con estos pensamientos, el gascon abandonó el banco donde habia permanecido sentado, y se colocó frente á frente de la bruja, que con una satisfaccion muy visible acababa de apurar el primer vaso de vino que debia á la munificencia del Príncipe. El gascon, en pié, con la cabeza inclinada sobre el pecho y la mano izquierda en el pomo de la espada, miraba fijamente á la vieja, con una insistencia de atencion que delataba desde luego el estado de su espíritu.

—¡Hola, hechicera! ¿conque leeis verdaderamente en el porvenir?

—Con la ayuda de Dios, caballero, algunas veces, contestó la vieja.

—¿Y podríais decirme mi horóscopo?

—Si lo deseais, lo haré.

—Pues bien; lo deseo.

—Entónces, mandad.

—Tomad mi mano; porque será en la mano donde vosotras leais lo futuro, ¿no es así?

—Sí.

La hechicera, con sus negras y descarnadas manos, cogió la que le tendia el capitan, casi tan negra y descarnada como la suya.

—¿Qué quereis que os diga primero? le preguntó.

—Lo primero que quiero que me digas, es, si haré fortuna.

La hechicera examinó atentamente la mano del gascon.

El capitan se impacientaba al ver que la vieja tardaba en pronunciar la buena ventura, y mohino y con acento irritado le dijo:

—Pero ¿cómo diablos puedes tú leer en la mano de un hombre, si hará ó no fortuna?

—¡Oh! muy fácilmente, caballero; pero ese es mi secreto.

—Díme tu secreto.

—Si os lo digo, capitan, ya no será mi secreto, que será el vuestro.

—Tienes razon; no lo digas: pero despacha; me estás haciendo cosquillas en la mano, y no me gusta que las viejas me manoseen.

—Haréis fortuna, capitan.

—¿De veras?

—Por la cruz.

—¡Oh! ¡oh! ¡por vida del diablo! ¡gran noticia! ¿Y crees tú que será pronto?

—Dentro de algunos años.

—¡Diablo! quisiera fuera más pronto; dentro de algunos dias, por ejemplo.

—Yo no puedo precipitar los acontecimientos; sólo puedo decir su resultado.

—¿Y me costará mucho el llegar á hacer fortuna?

—Á vos, no; pero á otro, sí.

—¿Qué quieres decir?

—Quiero decir, que sois ambicioso, capitan.

—¡Oh! es una verdad, gitana.

—Pues bien; para llegar á vuestro fin, os parecerán buenos todos los medios.

—Sí; pues indícame cuál es el que debo elegir, y verás cómo lo sigo.

—Sin necesidad de estímulo, lo seguiréis, por terrible que sea.

—Vamos á ver: ¿y qué llegaré á ser, siguiendo ese terrible camino?

—Llegaréis á ser asesino, capitan.

—¡Sangre de Judas! esclamó el gascon; eres una bruja, y puedes irte con tus horóscopos á contárselos á los que sean tan tontos que lo crean.

Y dirigiendo una mirada de indignacion á la vieja, volvió á su sitio, murmurando:

—¡Asesino yo!... sería preciso que me dieran grandes cantidades.

—¡Jacobo! dijo, dirigiéndose al pagecito, la Srta. de San Andrés, que habia seguido con curiosidad, y sin perder el menor incidente, toda la escena que acabamos de referir; ¡Jacobo! dijo, aguijoneada por la curiosidad propia de los catorce años: haced que os diga vuestro horóscopo.

El jóven interpelado por la segunda vez con el nombre de Jacobo, se levantó sin hacer la menor observacion, y con la espontaneidad de una obediencia absoluta se acercó á la hechicera.

—Hé aquí mi mano, buena mujer; leed en ella mi porvenir, como habeis hecho en la del capitan.

—Con mucho gusto, hermoso jóven, dijo la vieja.

Y cogiendo aquella mano, blanca como la de una mujer, la examinó, y meneó la cabeza.

—No leeis nada de bueno en esa mano... ¿no es así? preguntó el page.

—Seréis muy desgraciado.

—¡Ah! ¡pobre Jacobo! dijo la jóven, con una mezcla singular de ironía y de solicitud.

El jóven se sonrió melancólicamente, murmurando:

—Eso no sucederá, porque ya sucede.

—El amor causará vuestro infortunio, continuó la vieja.

—Al ménos, ¿moriré jóven? preguntó el page.

—¡Ay! sí, pobre niño; á los veinticuatro años.

—Tanto mejor.

—¿Cómo? Jacobo, ¿por qué decís: tanto mejor?

—Porque, si debo ser desgraciado, ¿para qué vivir? contestó el jóven. ¿Y moriré, á lo ménos, en el campo de batalla?

—No.

—¿En mi lecho?

—No.

—¿Por accidente?

—No.

—¡Pues cómo moriré, cielos!

—Yo no puedo deciros precisamente cómo moriréis; pero puedo indicaros la causa de vuestra muerte.

—¿Y cuál será esa causa?

La vieja en voz baja dijo:

—Moriréis por haber asesinado.

El jóven palideció, como si el acontecimiento que le profetizaba hubiese ya sucedido.

El page volvió silenciosamente y con la cabeza baja á su sitio, murmurando:

— ¡Gracias, vieja! ¡ que lo que está escrito se cumpla!

—Y bien, le preguntó el capitan: ¿ qué os ha dicho esa maldita vieja?

—Nada que os pueda repetir, capitan.

El capitan se volvió hácia el protestante.

—Y vos, mi valiente hidalgo, ¿no sois curioso? ¿No os decidís á interrogar lo futuro, verdadero ó falso? Buena ó mala, una prediccion hace siempre pasar bien un rato.

—Perdonadme, contestó el hidalgo, que parecia salir de un sueño; tengo, por el contrario, una cosa muy importante que preguntar á esa mujer.

Y levantándose, se dirigió á la vieja, con esa precision de movimientos que indica, en el que la posee, una voluntad fuerte y tenaz.

—Hechicera, le dijo con voz sombría, tendiéndola una mano nerviosa, ¿alcanzaré buen éxito en la empresa que voy á acometer?

La vieja tomó la mano al que se la presentaba; pero despues de haberla examinado un segundo, la dejó caer con espanto.

—¡Oh! sí; triunfaréis; pero ese triunfo causará vuestra desgracia.

—¿Pero yo alcanzaré lo que me propongo?

—¡Pero á qué precio, Dios mio!

—A precio de la muerte de mi enemigo, ¿no es así?

—Y vos tendréis una muerte cruel.

—Pero cuando él haya ya muerto, ¿no es verdad?

—Sí.

—Entónces, ¿qué me importa?

Y el hidalgo volvió á su sitio, lanzando al Duque de Guisa
una mirada de indecible odio.

—¡Cosa estraña! murmuró la vieja, ¡muy estraña! ¡los tres
asesinos!

Y con una especie de terror contempló el grupo formado
por el capitan gascon, por el hidalgo protestante y por el pagecito.

Esta escena de quiromancia habia sido contémplada con curiosidad por los ilustres huéspedes que formaban el grupo opuesto,
aunque no habian podido escuchar, á causa de la distancia que
los separaba, las conversaciones que habian mediado entre la
hechicera y los curiosos. Ademas, por poca que sea la confianza
que se tenga en las hechiceras, siempre nos sentimos dispuestos á interrogar á esa sombría ciencia que se llama la magia, ya
sea para que nos profetice mil felicidades, y entónces le presta-
mos alguna fé, ya para que nos anuncie infórtunios, en cuyo
caso la llamamos engañosa y embustera á boca llena.

Esto fué sin duda lo que impulsó al Mariscal de San Andrés
á interrogar á la vieja.

—Yo tengo muy poca fé en todas estas charlatanerías; pero
debo confesar que en mi niñez una gitana me predijo todo lo
que me sucederia hasta los cincuenta años; y puesto que ya
tengo cincuenta y uno, quiero que otra me diga todo lo que
me sucederá hasta mi muerte... Acércate, hija de Belcebú,
añadió, dirigiéndose á la vieja.

La vieja se levantó y se acercó al grupo.

—Toma mi mano, le dijo el **Mariscal**; díme en voz alta qué es lo que me anuncia de bueno.

—Nada, Sr. Mariscal.

—¡Nada!... ¡diablo! Pues no es mucho, que digamos. ¿Y de malo?

— No me pregunteis más, Sr. Mariscal.

—Sí, sí; ya lo creo que te interrogaré: ¿qué lees en mi mano?

—Interrupcion violenta de la línea de la vida, Sr. Mariscal.

— Lo que quiere decir que no viviré mucho tiempo... ¡Hum!

—¡Padre mio! murmuró la jóven, suplicándole con la mirada que no preguntase.

—Déjame, Carlota, le dijo el Mariscal.

—Haced lo que os pide esa hermosa niña.

— Vamos, vamos; acaba, gitana; ¿conque moriré pronto?

—Sí, Sr. Mariscal; pronto.

—¿Moriré de muerte violenta, ó de muerte natural?

—De muerte violenta: recibiréis la muerte en un campo de batalla; pero no de mano de un enemigo leal.

—¿De mano de un traidor?

—Sí.

—Es decir, que...

— Es decir, que seréis asesinado.

—¡Padre mio! repitió la jóven, estremeciéndose y abrazándose al Mariscal.

—Pero ¿tú crees en estas diabluras? dijo el Mariscal, abrazando á la cariñosa niña.

—No, padre mio; y sin embargo, mi corazon late como si fuera á suceder una desgracia.

—Niña, dijo el Mariscal con un gesto de desprecio: anda, dale tu mano, y que sus predicciones añadan á tu vida todos los dias que le quitan á la mia.

Pero la jóven se negó obstinadamente.

—Os voy á dar ejemplo, dijo el Duque de Guisa, estendiendo la mano á la gitana. Y despues añadió sonriéndose: te prevengo, gitana, que tres veces han leido ya mi horóscopo, y que las tres veces ha sido fúnebre la prediccion; por el honor de la magia, no lo desmientas tú en la cuarta.

—Monseñor, dijo la vieja, despues de haber examinado la mano del Duque; yo no sé lo que os han profetizado hasta ahora; pero hé aquí lo que yo os anuncio.

—Veamos.

—Moriréis como el Mariscal de San Andrés: asesinado.

—Exactamente, dijo el Duque; ya veo que no hay medio de escapar: toma eso, y véte al infierno.

Y arrojó una moneda de oro á la hechicera.

—Pero es una matanza de nobles lo que nos anuncia esta vieja: ya siento el haberla dejado entrar. Y para que no creais que pretendo escaparme del destino comun, ven acá, vieja: ahora á mí.

—Pero ¿creeis en las hechiceras, Príncipe? preguntó el Duque de Guisa.

—Por mi vida, Duque, que he visto tantas predicciones cumplidas, y tantas desmentidas, que os digo como Miguel Montaigne: ¡qué sé yo!

Toma, buena mujer: ahí tienes mi mano: sea bueno ó malo lo que veas, dímelo.

—Hé aquí lo que yo veo en vuestra mano: una vida llena de amores y de combates, de placeres y de peligros, terminada por una muerte sangrienta.

—¿Conque yo tambien seré asesinado?

—Sí, monseñor.

—¿Como el Mariscal de San Andrés y el Duque de Guisa?

—Justamente.

—Será verdad, ó mentira, buena mujer, lo que me dices; pero me anuncias que moriré en buena compañía. Toma por tu trabajo.

Y le dió, no una moneda de oro, como habia hecho el Duque de Guisa, sino un bolsillo.

—¡Quiera el cielo, monseñor, dijo la vieja, besando la mano del Príncipe, que sea la pobre gitana la que se engañe, y que la profecía no se cumpla!

—Y si se cumple, buena mujer, á pesar de tus deseos, te prometo creer en adelante en la magia; verdad es, añadió sonriéndose, que si se cumple, será un tonto quien tal no crea.

Siguió á esta conversacion un triste silencio, durante el cual se oia sólo caer el agua, pero no ya con la furia de ántes.

—La tempestad ya disminuye; conque os saludo, Sr. Mariscal y Sr. Duque, y me voy, porque á las nueve me esperan en el palacio Coligny.

—¿Con este aguacero, Príncipe? preguntó Carlota.

—Señorita , dijo el Príncipe, os agradezco sinceramente vuestro cuidado; pero ya veis que nada debo temer de la tempestad, puesto que debo ser asesinado.

Y saludando á sus dos compañeros, fijó por un instante en la Srta. de San Andrés una mirada que la obligó á bajar los ojos.

El Príncipe salió de la posada, y un instante despues se oyó el rápido galope de un caballo.

—¿Has acercado el coche, Jacobo? Si á las nueve esperan al Príncipe en el palacio Coligny, á las diez nos esperan á nosotros en el de Tournelles.

El coche se acercó.

El Mariscal de San Andrés, su hija y el Duque de Guisa ocuparon sus asientos. Dejémosles seguir, al Príncipe de Condé hácia el palacio Coligny, y á los otros el camino de Paris; que más tarde los encontrarémos.

Recordemos únicamente los nombres de los tres personajes á quienes la vieja habia anunciado que serian asesinos, y los nombres de los tres á los que habia asegurado que serian asesinados.

El Duque de Guisa, el Mariscal de San Andrés, el Príncipe de Condé.

Poltrot de Mercy, Ratelvigny de Mezéres y Mostesquiou.

Para darles, sin duda, un aviso, la Providencia los habia reunido á los unos y á los otros en la posada del *Caballo rojo*; pero á todos les fué inútil el aviso de la Providencia.

FIN DEL PRÓLOGO.

EL HORÓSCOPO.

—

CAPÍTULO PRIMERO.

Marcha triunfal del Presidente Mynard.

L mártes 18 de Diciembre de 1559, seis meses despues de la fiesta de Landit, y ya muy entrada la tarde, en una hermosa puesta del sol como no es permitido ni desearla en tal época del año, cabalgaba en la antigua calle del Temple, sobre una mula de tan miserable aspecto que denunciaba desde luego la avaricia de su propietario, maese Antonio Mynard, uno de los Consejeros del Parlamento de Paris.

Maese Antonio Mynard era un hombre como de unos 50 años, pequeño y muy rechoncho, y que dejaba flotar al viento los rubios bucles de su peluca.

Su rostro, en circunstancias ordinarias, debia espresar la más completa beatitud: nunca los cuidados habian oscurecido su frente pálida y sin arrugas; ninguna lágrima habia dejado huella en sus saltones ojos; y finalmente, la tranquilidad del egoista y la alegría propia del que vive sin cuidados, habian estendido su barniz sobre aquel rostro, si tal podia llamarse el bermellon que cubria sus mejillas, que descansaban magestuosamente sobre una triple barba.

Pero en el dia 18 de Diciembre del año 1559, el rostro del Presidente Mynard no resplandecia con su habitual aureola; porque si bien sólo distaba cien pasos de su casa, por más que no fuese gran distancia, el buen Presidente no estaba muy seguro de llegar á ella: así es que su figura, reflejando la emocion interior que le agitaba, espresaba la más dolorosa inquietud.

En efecto, el populacho que formaba el cortejo del digno Presidente, léjos de causarle la menor alegría, era la fuente de sus gravísimos temores. Desde que habia salido del palacio, se encontraba rodeado el Presidente de una multitud, que al parecer se componia de todo lo más harapiento, audaz y bajo de la capital del Reino Cristianísimo, y que se habia concertado para reunirse en la puerta del palacio á acompañar al Presidente hasta su casa.

— ¡Ah! ¡qué alta llevais la cresta, maese Mynard! decian los más políticos.

— ¿Conque por fin habeis triunfado?..... ¿conque lo habeis condenado, viejo zorro? le dijo una mujer.

— ¿Conque ya le habeis picado, víbora? decia otro.

— ¿Y cuándo es la hoguera? preguntaba un pilluelo.

— ¡Mucha gente habrá aquel dia en la plaza de Greve!

— Pero habrá mucha más el dia que os quemen á vos.

Y despues todos en coro esclamaban:

— ¡Ahí va el hipócrita, mal corazon, viejo gotoso, sanguijuela del pueblo, tripa andando, viejo zorro, serpiente de cascabel! y todos los epítetos injuriosos y difamatorios que existian en aquel tiempo, que por cierto eran muchos más de los que cuenta hoy el vocabulario del pueblo.

Verdad es que, en cambio, se oian algunas voces que gritaban; «No los escucheis, digno magistrado; despreciadlos, juez incorruptible; sois digno de elogio, y no de baldon. » Pero es preciso decir, para vergüenza del populacho de Paris, que estas voces eran las ménos.

Podrá formarse una idea de lo que debia sufrir Mr. Mynard, cuando se sepa que esta marcha triunfal duraba desde la una; porque la mula, que parecia comprender el escaso placer que le procuraba á su dueño este paseo, lo prolongaba con su tardo paso, del cual no salia á pesar del continuado taloneo con que la aguijoneaba.

¿Qué motivaba este desencadenamiento del populacho contra el digno Presidente Mynard?

Lo dirémos en pocas palabras.

Mr. Mynard acababa de hacer condenar á uno de los hombres más estimados de Paris; á su cólega en el Parlamento, al consejero Anna Dubourg.

¿Y qué crímen habia cometido? Un crímen político, que así puede llamarse al cometido por Anna Dubourg.

Hé aquí la causa ó proceso que duraba hacía seis meses, y que acababa de terminarse de una manera tan fatal para el probo magistrado:

En el mes de Junio del año 1559, Enrique II, influido por el Cardenal de Lorena y por su hermano Francisco de Guisa, á quienes el clero llamaba los enviados de Dios para la defensa de la Religion Católica, habia promulgado un edicto, mandando al Parlamento de Paris que condenase á muerte sin escepcion á todos los luteranos.

Á pesar de este rescripto, los magistrados habian puesto en libertad á un hugonote; de cuyas resultas, el Duque de Guisa y el Cardenal de Lorena, que justamente deseaban la unidad religiosa, instaron al Rey para que celebrase una sesion régia en el convento de los Agustinos, donde en aquel momento se encontraba el Tribunal, por estar ocupado el Palacio del Parlamento con los festejos que se celebraban por el casamiento del Rey Felipe II con Doña Isabel, y por el de la Princesa Margarita con Manuel Filiberto.

Tres ó cuatro veces por año se reunian todas las Salas del Parlamento en una, que se llamaba la Gran Sala.

El Rey se dirigió, pues, al Tribunal, y abrió la sesion preguntando por qué se habia atrevido á poner en libertad á un protestante, por más que aún no se hubiese recibido el edicto que los condenaba.

Cinco magistrados se levantaron, movidos por idéntico sentimiento, y en su nombre y en el de sus cuatro cólegas, el honorable Anna Dubourg con voz firme dijo:

— Porque aquel hombre era inocente, y el poner en libertad á un inocente, por más que sea hugonote, es muy conforme á las leyes divinas y humanas.

Estos cinco magistrados se llamaban: Faul, Fumée, De Foix, De Laporte, y Anna ó Antonio Dubourg.

Ya hemos dicho que este último fué el encargado de contestar.

Despues añadió:

— En cuanto al edicto, yo no puedo aconsejar al Rey que lo revoque; pero sí pedir que la sentencia que con arreglo á él se pronuncie, no se ejecute hasta tanto que las opiniones de los que de una manera tan ligera son conducidos al suplicio, sean examinadas y discutidas solemnemente en un Concilio.

En este momento intervino el Presidente Mynard, que pidió hablar particularmente al Rey.

Era el Presidente, dicen las Memorias de Condé, un hombre cauteloso, astuto, ignorante y voluble, pero que con sus contínuas genuflexiones y su eterno adular al Rey y á los principales de la corte, habia llegado á creer que era su única mision el realizar lo que á éstos les fuera grato; y por lo tanto, temiendo que la opinion de Dubourg prevaleciese, y fuese admitida su pretension, hizo notar al Rey que la mayor parte de los magistrados eran luteranos, que pretendian coartar las facultades de la Corona, que favorecian á los luteranos, que despreciaban los edictos y las leyes reales, y se vanagloriaban de ello en alta voz; que asistian con asiduidad á las reuniones de los protestantes, y nunca al santo sacrificio de la Misa; y que, si no se ponia coto á sus exigencias, si el mal no se cortaba de raiz, la Iglesia y el Estado quedaban completamente arruinados.

En una palabra, ayudado del Cardenal de Lorena, conmovió y exaltó de tal manera al Rey, que fuera de sí llamó al Conde de Montgommery, capitan de la Guardia Escocesa, y á Mr. de Chavigny, capitan de la Guardia Ordinaria, y les mandó prender *incontinenti* á los cinco magistrados y conducirlos á la Bastilla.

Todo el mundo comprendió las consecuencias de esta prision. Los Guisas querian aterrorizar á los protestantes con alguna ejecucion, y se creyó desde luego que los cinco magistrados, ó por lo ménos el más autorizado de ellos, Anna Dubourg, sería el castigado.

Desde el dia siguiente circulaban ya en Paris anuncios del triste fin que esperaba á los magistrados, y se conserva un dístico en el cual se anuncia desde luego cuál era la suerte reservada al jefe de la oposicion protestante. No es ménos cierto que este alarde de fuerza produjo honda impresion en Paris, y poco despues en todas las provincias, pero muy particularmente en las del Norte.

Se puede considerar la cuestion del hugonote Anna Dubourg, como la causa principal de la conjuracion de Amboisse y de todas las turbulencias y batallas que ensangrentaron el suelo de la Francia por espacio de cuarenta años.

Hé aquí ahora la causa por qué presentamos estos antecedentes históricos, que sirven de base á nuestra narracion. Quince dias despues de aquella prision, el viérnes 25 de Junio, y el tercer dia del torneo que el Rey daba en el castillo de Tournelles, cerca de la Bastilla, desde donde los magistrados oian los clarines y timbales de la fiesta, el Rey llamó al capitan de la Guardia Escocesa, y le comisionó para que pasára á algunas provincias á perseguir á los hugonotes.

Las instrucciones de esta comision eran severas respecto á

los hugonotes, y una vez convictos del delito de heregía, quedaban sujetos á las leyes promulgadas contra los conturbadores de la tranquilidad pública, que eran severas, pero hijas de la necesidad.

Cinco dias despues de haber dado el Rey Enrique II esta comision al capitan de su Guardia Escocesa, el capitan de su Guardia Escocesa, para justificar aquel adagio «El que con fuego anda, al fin se quema,» hirió y mató de un bote de lanza al Rey Enrique II en el torneo.

Fué considerado este accidente como un singular beneficio por todos aquellos á quienes comprendian las órdenes dadas por el Rey á su matador.

La impresion de esta muerte, considerada con espanto, fué tal, que salvó indudablemente á cuatro magistrados, é hizo que se suspendiese la ejecucion del quinto.

Uno de los cinco fué absuelto, y tres condenados á pagar una multa.

Anna Dubourg era el único que debia morir. ¿No habia sido él quien habia llevado la palabra?

Anna Dubourg fué declarado herege, condenado á ser degradado y entregado al brazo secular, por el Obispo de Paris. Apeló de la sentencia como abusiva; pero no le fué admitida la apelacion.

De la sentencia del Obispo de Paris apeló *ad superiorem*, es decir, al Arzobispo de Reims.

El Arzobispo de Reims confirmó la sentencia del Obispo de Paris, y el sentenciado apeló de nuevo; pero el Tribunal Real desestimó otra vez la apelacion, por lo que volvió á apelar *ad superiorem*, es decir, al Arzobispo y Primado de Lyon, el cual confirmó la sentencia por la que se condenaba al magistrado á la degradacion.

El 20 de Noviembre, el magistrado Anna Dubourg fué degradado en la Bastilla de sus órdenes de Subdiácono y Diácono por el Vicario del Obispo de Paris, asistido del abate de Saint Magloire y el verdugo de Paris.

Pero cuanto mayores eran las desgracias que llovian sobre el magistrado Anna Dubourg, cuanto mayor era el escándalo que producia su causa, tanto más crecia su prestigio en el pueblo, y más apasionados eran los elogios que se tributaban al perseguido, y se le presentaba ahora como víctima de la corte. Por esto, y porque, como dice un escritor de aquel tiempo, la poblacion de Paris comenzaba á estar infestada de la peste de la heregía, eran cada dia más numerosos los grupos que se reunian en la puerta del Tribunal para insultar á los magistrados y áun para apedrearlos. Añadamos que el Presidente Mynard, en atencion al elevado puesto que ocupaba, tenia mayor participacion que los demas en las injurias y en las pedradas.

Por lo demas, el pueblo de Paris no se preocupaba de la calidad de los proyectiles, porque á su juicio todos eran buenos para arrojárselos á sus enemigos.

Esta agitacion en los ánimos, que cada dia aumentaba en el seno del pueblo, era causa de reuniones en que se anatematizaba á los miembros del Tribunal, á los Jueces, á los Guisas, y áun al mismo Rey.

Pero el hombre más acriminado, el que todos señalaban con el dedo, era el gran inquisidor Antonio de Mouchy, que segun la costumbre de su tiempo, en que todo se latinizaba, se hacía llamar Demochus, como los Dubois se hacian llamar Silvios y la Ramée Ramus.

Francisco I habia establecido el Tribunal de la Inquisicion, y en el Parlamento una *Cámara ardiente*, llamada así porque condenaba siempre á la hoguera; y esta Cámara perseguia y castigaba á los hereges, que en aquel tiempo comenzaron á llamarse protestantes, á causa de las protestas de los príncipes alemanes que habian abrazado la reforma, contra las decisiones de las Asambleas de Ratisbona y de Praga.

Este Tribunal se componia de Jueces delegados por el Papa. Antonio de Mouchy, jefe de aquel terrible Tribunal, desempeñaba sus funciones con tanta severidad, que de su apellido se deriva el odioso calificativo de Mouchard ó soplon.

Antonio de Mouchy fué el que en 1543 hizo condenar al desgraciado Donecle, á quien no pudo salvar su título conocido de hijo bastardo del Rey. Él fué el que obligó á Calvino á abandonar la Francia. Era, en fin, el ejecutor de las terribles y apasionadas disposiciones de los Guisas. Cabíale tambien el honor de haber inventado ó imaginado un nuevo suplicio: el de *la cuerda*.

En los últimos dias del año 1559, reinando aquel niño alegre, infatuado y escrupuloso que se llamaba Francisco II, todos los medios de represion parecian insuficientes á los Guisas, y diariamente hacian publicar por las calles de Paris edictos cada vez más crueles, cuyo contenido asusta á la imaginacion.

Si los Guisas eran los ardientes promovedores de los edictos, uno de sus más ardientes aplicadores era el hipócrita Presidente Mynard, á quien hemos visto cabalgando por la antigua calle del Temple en una mula rebelde, y aturdido por el griterío, las injurias y las amenazas de una multitud indignada.

Y cuando decíamos que, á pesar de que no distaba más de quinientos pasos de su casa, no estaba seguro de que llegaria á ella vivo, no empeoramos, por cierto, la situacion en que se encontraba, en vista de que la víspera, en medio del dia y á boca de jarro, habia sido muerto de un pistoletazo un escribano del Tribunal, llamado Julian Freme, que se dirigia al palacio provisto de una carta del Duque de Guisa para su hermano el Cardenal de Lorena, en la cual le escitaba á que cuanto ántes tuviese lugar la ejecucion del magistrado Dubourg.

Este asesinato, cuyo autor no pudo ser habido, estaba de continuo presente en la memoria de Mynard. El espectro del escribano asesinado la víspera cabalgaba con él: el buen Presidente le veia en la grupa misma de su cabalgadura.

Llegó sin embargo sano y salvo á la puerta de su casa. Y por cierto que ya era tiempo de que llegara; porque la mu-

chedumbre, irritada por su silencio, que no era más que
efecto de su miedo, lo traducia como prueba de su maldad, y
se arremolinaba en torno suyo y amenazaba ahogarle.

Este espectáculo causó indecible espanto á la mujer é hijas, sobrinos y sobrinas del Presidente, que desde la ventana
de su casa contemplaban aquella escena, y comenzaban ya
á temer lo que desde la una de la tarde temia el buen Presidente Mynard, es decir, que no lograria llegar á la puerta de
la casa donde le esperaba su familia, y que era para él puerto
de salvacion.

Por amenazado que se viese por las olas de ese mar, el
más tempestuoso, variable y móvil de todos los mares, que se
llama el pueblo, consiguió sin embargo llegar á la puerta de
su casa, con gran satisfaccion de su familia, que se apresuró
á abrirla, cerrarla, atrancarla y casi tapiarla luego que hubo
entrado su deseado jefe.

Tal espanto le habia causado el peligro, que el buen Presidente se olvidó de su mula, que quedó abandonada en la
puerta; bien que, en honor de la verdad, debemos confesar
que con pocas monedas de cobre podia pagar el precio de ella.

Pero aquel olvido fué un accidente dichoso para él; porque el buen pueblo de Paris, que con tanta facilidad pasa de
las amenazas á las carcajadas y de lo terrible á lo grotesco,
viendo que se le dejaba algo, se contentó con lo que quedaba,
y se apoderó de la mula en vez de apoderarse del Presidente.

Lo que fué de la mula no lo dice la historia; por lo que la
abandonarémos á su suerte, y seguirémos al buen Presidente
al interior de su casa.

CAPÍTULO II.

El cumpleaños del Presidente Mynard.

oco nos importan las inquietudes, gritos y voces de la familia del Presidente, alarmada por la tardanza de su jefe; y por lo tanto, sólo nos ocuparémos de ella cuando rodeando al trémulo Consejero le seguia al comedor, donde la sopa humeaba ya sobre la mesa.

Examinemos un momento las fisonomías de los convidados, y oigamos despues su conversacion.

Ninguna de las personas que rodeaban la mesa escitaba á primera vista la simpatía de un observador inteligente.

Era una coleccion de rostros inanimados, insignificantes y vulgares, tales como se encuentran en todas las clases de la sociedad, pero muy particularmente entre la clase media de Paris.

Reflejábanse en la fisonomía de cada uno de los miem-

bros de la familia del buen Presidente los pensamientos inte-
riores que los agitaban, y todos aquellos vicios que se levantan entre la intensa niebla de la ignorancia y nacen á impulsos
de una moralidad dudosa. Claramente se divisaba en unos el
egoismo, en otros la codicia, en éstos el servilismo, y la avaricia en aquellos.

Así, por ejemplo, al contrario de la muchedumbre parecida al esclavo que seguia el carro del triunfador romano, que
acababa de seguir al Presidente como diciéndole «Acuérdate
de que eres mortal;» los miembros de su familia, reunidos
para celebrar el santo y el cumpleaños del Presidente, no esperaban más que una palabra del Consejero para felicitarle por
la parte que habia tenido en el proceso de su cólega y para
bendecir el dichoso resultado de este proceso, es decir, la
sentencia de muerte fulminada contra Dubourg; y cuando
Mynard, dejándose caer en su sillon y pasándose el pañuelo
por la frente, esclamó:

— ¡Ah! Os juro, amigos mios, que la escena de hoy ha
sido tempestuosa.

Todos, como si esta fuese la señal esperada, prorumpieron en mil esclamaciones.

— ¡Callad, grande hombre! esclamó un sobrino tomando
la palabra en nombre de todos. Descansad ántes de vuestras
fatigas, y permitídnos secar ese sudor de vuestra noble frente.
Hoy es el aniversario de vuestro natalicio: este gran dia, tan
glorioso para vuestra familia y para la magistratura, de la que
sois luminosa antorcha. Esta familia se ha reunido para cele-
brarlo: esperemos algunos instantes aún. Reponéos: bebed
un vaso de este escelente Borgoña: dentro de unos instantes,
todos brindarémos por la prolongacion de vuestra preciosa vida. En nombre del cielo, no la corteis por una imprudencia;
pues la familia os suplica que os acordeis de ella y que con-
serveis á la Francia uno de sus más ilustres hijos y á la Iglesia su más firme columna.

Este discursito, de forma anticuada áun en los antiguos

tiempos de que hablamos, impresionó vivamente al Presidente, que quiso responder; pero las secas manos de la Presidenta y las finas de sus hijas le taparon la boca y le impidieron que hablase.

—Descansad primero, dijo la señora Mynard enjugando la frente á su marido con el pañuelo que tenia en la mano.

— ¡Por Dios, padre mio! esclamaron las hijas; ¡callad, por piedad!...

Todos suplicaron al Presidente que no hablara, y Mynard accedió á las súplicas de sus parientes.

Por último, despues de algunos instantes de descanso, se le permitió el uso de la palabra.

Un profundo silencio reinó entre los circunstantes, á fin de que hasta los criados, que se habian agrupado á la puerta del comedor, pudiesen escuchar lo que iba á decir el elocuente Consejero.

M. Mynard empezó de esta manera:

— ¡Ah amigos, hermanos y parientes mios, mi virtuosa é idolatrada esposa, mis amantes hijas y mis fieles y leales criados! Os agradezco vuestros elogios y vuestros solícitos cuidados; pero no soy digno de ellos, no soy muy digno de ellos; aunque puedo decirlo sin orgullo, ó si quereis con noble orgullo, que sin mí, sin mi persistencia y encarnizamiento, á estas fechas el herege Anna Dubourg estaria absuelto, estaria libre, como lo están sus cuatro cómplices. Pero, gracias á mi enérgica voluntad y á mi rectitud, hemos alcanzado el triunfo, y acabo de conseguir — continuó, levantando los ojos al cielo y cruzando las manos — que se pronuncie la sentencia de ese miserable hugonote.

— ¡Viva! esclamó en coro y á gritos toda la familia.

Y levantando los brazos al cielo, continuaron gritando:

— ¡Viva nuestro ilustre pariente! ¡Viva el que jamás se ha desmentido! ¡Viva el que en todas las ocasiones confunde á los enemigos de la fe! ¡Viva por toda una eternidad el gran Presidente Mynard!

Los criados en las puertas, los cocineros en la cocina y los mozos de mulas en la cuadra repetian:

— ¡Viva el gran Presidente Mynard!

— ¡Viva el justiciero Mynard!

El Presidente, despues de elevar los ojos al cielo y menear la cabeza repetidas veces, se dispuso á continuar su discurso.

— ¡Silencio! esclamaron los parientes; que va á proseguir su discurso.

— ¡Silencio! repitieron los criados; ¡el gran Presidente va á proseguir!

— ¡Gracias, amigos mios, gracias! dijo el Presidente con voz melosa; ¡gracias! Pero dos hombres, dos grandes hombres, los Príncipes, tienen derecho á participar de esos elogios que me prodigais: sin ellos, sin su apoyo, sin su influencia, jamás hubiéramos llegado á alcanzar el lisonjero triunfo que celebramos. Esos dos hombres, amigos mios, son: Monseñor el Duque Francisco de Guisa y Su Eminencia el Cardenal de Lorena. Despues de haber brindado á mi salud, brindemos á la suya, amigos mios, para que Dios nos conserve por largos años la vida de estos dos eminentes hombres de Estado.

— ¡Bebamos, bebamos! esclamaron los parientes.

Se bebió á la salud del Duque y del Cardenal de Lorena; pero Madama Mynard notó que su glorioso esposo no hacía más que tocar con los labios la copa, y que algo parecido á un recuerdo doloroso se revelaba en su semblante, oscureciendo su frente.

— Decidme, amigo mio, ¿cuál es la causa de esa súbita tristeza?

— ¡Ah! dijo el Presidente; no hay triunfo completo, ni alegría sin pena. Es un recuerdo melancólico el que ha venido á angustiarme.

— ¿Qué triste recuerdo podeis tener, querido esposo, en el mejor momento de vuestro triunfo?

— ¡Qué recuerdo triste será el que aflige á nuestro padre! esclamaron las hijas de M. Mynard asustadas.

— ¡Nuestro respetable Presidente tiene un triste recuerdo!... murmuraron los parientes. ¿Cuál será?

— En el instante en que brindábais para que Dios conservase los dias del Duque de Guisa y de su hermano, he recordado que ayer murió asesinado un hombre que me dirigian con un mensaje.

— ¡Un hombre!... esclamaron la mujer y las hijas.

— ¡Un hombre asesinado!... repitieron los parientes. ¡Esto es grave!...

— ¡Ayer asesinaron á un hombre!... murmuraron los criados. ¡Qué horror!...

— Es decir, á un escribano, replicó Mynard.

— ¡Cómo! ¿Uno de vuestros escribanos fué asesinado ayer?

— ¡Oh! sí.

— ¡Ah!...

— ¿De veras?

— ¿Conocíais á Julian Freme? preguntó el Presidente.

— ¡Julian Freme! Ya lo creo que lo conocíamos.

— ¡Buen católico! dijo un pariente.

— ¡Un hombre muy honrado! añadió otro.

— ¡Muy laborioso!

— Yo lo encontré ayer, viniendo del palacio de Guisa y con direccion al Parlamento.

— Pues bien; al atravesar el puente de Nuestra Señora, llevando al Cardenal de Lorena un despacho de su hermano el Duque de Guisa, despacho que me debia ser comunicado, fué asesinado.

— ¡Oh! esclamó la Presidenta; ¡qué horror!

— ¡Asesinado!... repitió el magistrado con una espresion indefinible de terror, de indignacion y de tristeza, que se comunicó á toda la reunion.

— ¡Asesinado!... repitió en coro toda la familia. ¡Asesinado!... ¡Un mártir más!...

— ¡Una nueva víctima!...

— ¡Un católico ménos!...

— ¡Qué horror!...

Los criados repetian como un eco las palabras de sus amos.

— ¿Y ha sido preso el asesino?

— Nadie lo conoce; pero se tienen sospechas; mucho más que sospechas, evidencia.

— ¿Evidencia?

— Sí: ¿quién quereis que fuera, sino un amigo de Anna Dubourg?

— Indudablemente: ha sido un amigo de Anna Dubourg, esclamó la familia; ¿quién ha de ser, sino un amigo de Anna Dubourg?

— ¡Eso es tan claro como la luz del sol!

— ¿Se han hecho muchas prisiones? preguntó la Presidenta.

— Han sido detenidos más de ciento: por mi parte, he designado á cerca de cuarenta para que los prendiesen.

— Sería una desgracia que entre esos ciento no se encontrase el asesino.

— Si no se encuentra en esos ciento, se prenderán ciento, doscientas, trescientas personas más.

— ¡Bandidos! dijo una señorita de diez y ocho años; se los debia quemar á todos juntos.

— ¡Hereges! añadió otra de diez y seis; no habian de dejar á uno vivo.

— Ya se piensa en eso, contestó el Presidente. El dia en que se resuelva la muerte de todos los protestantes en masa, será un gran dia para mí.

— ¡Oh! ¡qué hombre tan honrado! ¡qué alma tan generosa! esclamó la Presidenta conmovida y fijando sus llorosos ojos en su digno consorte.

Las dos hijas de M. Mynard se levantaron y vinieron á abrazar á su padre.

Los parientes exhalaron profundos suspiros.

— ¿Y se sabe lo que contenia esa carta del Duque?

— No; y eso es lo que ha tenido preocupado al Tribunal

hoy. Pero lo sabrémos mañana, porque el Cardenal de Lorena debe avistarse hoy con su hermano el Duque de Guisa.

— ¿De manera que la carta ha desaparecido?

— Sin duda; y es probable que el desgraciado Julian Freme fuese asesinado porque llevaba esa carta; porque el asesino en cuanto se apoderó de ella huyó. Se ha mandado que le persigan cien arqueros, y todos los dependientes de M. Mouchy han sido lanzados en su persecucion; mas esta tarde á las cinco no se tenia ninguna noticia.

En este momento entró una criada, anunciando á M. Mynard que un desconocido, portador de la carta que habia sido robada á Julian Freme por su asesino, solicitaba hablarle en aquel instante.

Los ojos del Presidente brillaron de júbilo.

— ¡Hazle entrar! ¡hazle entrar! esclamó. Esta es la recompensa de mi celo por su santa causa que Dios me da, enviándome ese precioso despacho.

Un momento despues la criada introdujo al desconocido.

M. Mynard, viendo entrar á un jóven de veinticuatro ó veinticinco años, con la barba rubia, de rostro pálido y mirada viva y penetrante, le invitó á sentarse á la mesa frente á frente del sitio que él ocupaba.

El jóven obedeció.

Era el mismo que habia dicho, al castigar á los asesinos de Medardo, que algun dia se oiria hablar de él.

Era Roberto Stuard.

El jóven habia aceptado la distincion que le hacía el ilustre Consejero, que le recibia como un hombre que sabe apreciar el valor del documento de que era portador el recien venido, que con la mayor cortesía y la sonrisa en los labios saludó políticamente á toda la concurrencia, y despues se sentó como ya hemos dicho, teniendo delante de sí al Presidente y detrás la puerta del comedor.

Todos guardaron silencio durante algunos instantes.

— Caballero, dijo Roberto dirigiéndose al Presidente, ¿es

el Presidente Antonio Mynard al que tengo el honor de diri-
girme?

— Indudablemente, caballero, respondió el Presidente, ma-
ravillado de que el desconocido fuese tan mal fisonomista que
no comprendiera á primera vista que él, y sólo él, podia ser el
glorioso Presidente Mynard.

El jóven desconocido — que no sólo para el Presidente Mynard, sino tambien para toda la familia era Roberto Stuard
desconocido — se inclinó, y prosiguió:

— ¡Muy bien, caballero, muy bien! Y si os he hecho esa
pregunta, que á primera vista puede parecer indiscreta, veréis que era muy preciso que tomase yo precauciones para
evitar cualquiera equivocacion.

— ¿De qué se trata, caballero? preguntó el magistrado.
Se me ha dicho que queríais entregarme el despacho que llevaba el desgraciado Julian Freme cuando fué asesinado.

El jóven se sonrió.

— Adelantais un poco el discurso, caballero, dijo con gran
cortesanía. Al anunciaros que era portador de ese despacho,
yo no os he hecho ninguna promesa: yo os lo entregaré ó no,
segun sea la contestacion que deis á una peticion que os voy
á dirigir. Comprenderéis, caballero, que para llegar á ser po-
seedor de tan importante documento se necesita tener valor y
fuerza: un hombre no arriesga su vida sin un gran interés; y
esto bien lo sabeis vos, tan acostumbrado, como juez que
sois, á leer en el corazon de los hombres. Por tanto, tengo el
honor de repetiros que yo no os entregaré ese despacho á no
ser que accedais incondicionalmente á la peticion que voy á
haceros.

— ¿Y qué peticion es esa, caballero?

— Vos sabeis, Sr. Presidente, que en un sumario bien hecho cada cosa llega á su tiempo; y hasta que llegue el momento de la peticion, no puedo hacerla.

— Sin embargo, ¿teneis ese despacho?...

— Sí, señor.

— ¿Podeis enseñármelo?

— Vedlo, caballero.

Y el jóven sacó de su bolsillo un pliego sellado que enseñó al Presidente.

El Presidente, preciso es confesarlo, tuvo un pensamiento no muy hidalgo: tuvo intencion de hacer una seña á sus primos y sobrinos, que no sin sorpresa escuchaban esta conversacion, para que se precipitasen sobre el desconocido, le quitaran el pliego, y lo llevaran despues á los calabozos del Chatelet á que acompañase á los cien detenidos por sospechosos en la cuestion del asesinato del escribano Freme.

Pero ademas de que la enérgica fisonomía del jóven hizo comprender al Presidente que sería arriesgado recurrir á la fuerza para apoderarse del despacho, creyó que, gracias á su habilidad y estraordinario disimulo, le sería más fácil por medio de la astucia conseguir lo que deseaba, y se contuvo.

El elegante aspecto del jóven, su traje, aunque severo, muy esmerado, justificaba la invitacion que le dirigió para que les acompañase á comer.

El jóven le dió las gracias, pero rehusó.

El Presidente le ofreció entónces algunos refrescos, que rehusó tambien.

— Hablad, pues, caballero: y puesto que no quereis aceptar, os pido permiso para continuar la comida; porque, francamente, me muero de hambre.

— Continuad vuestra comida, contestó el jóven; y os deseo un buen apetito. La peticion que os he de dirigir es tan importante, que necesito ántes, para que sea bien comprendida, haceros algunas preguntas preliminares.

— Preguntad, dijo el Presidente.

Efectivamente, haciendo una señal al resto de su familia para que siguiese su ejemplo, comenzó á comer con tal apetito, que no quedó por cierto desmentida la confesion de que tenia hambre.

— Caballero, dijo el desconocido en medio del ruido de los

tenedores y de los cuchillos, por mi acento habréis conocido que soy estranjero.

— En efecto, dijo el Presidente con la boca llena, noto en vuestro acento algo de inglés.

— Habeis acertado con estraordinaria perspicacia. He nacido en Escocia, y estaria aún en sus montañas, si un acontecimiento que es inútil referir no me hubiese obligado á venir á Francia. Uno de mis compatriotas, discípulo exaltado de Juan Huss...

— Un herege, ¿no es eso, caballero? preguntó el Presidente Mynard bebiéndose un vaso lleno de vino de Borgoña.

— Mi respetado maestro, contestó el desconocido inclinándose.

M. Mynard miró á todos sus convidados con una espresion que queria decir:

— Escuchad, amigos mios; que vais á oir cosas buenas.

Los amigos miraron á su vez al Presidente como diciéndole:

— Ya hace tiempo que escuchamos.

Roberto Stuard continuó:

— Uno de mis compatriotas, discípulo exaltado de Juan Huss, se encontraba hace algunos dias en una casa á la cual voy tambien algunas veces, y la conversacion giraba sobre la sentencia de muerte del Consejero Anna Dubourg.

La voz del jóven temblaba al pronunciar estas últimas palabras, y su semblante, ya pálido, se tornó lívido.

Sin embargo, continuó sin que su voz participara al parecer de la alteracion de su semblante:

— Mi compatriota, digo, al oir pronunciar el nombre de Anna Dubourg, palideció visiblemente, como quizá me sucede á mí en este instante, y preguntó á las personas que hablaban de la sentencia, si era cierto que el Tribunal habia cometido semejante iniquidad.

— ¡Caballero! esclamó el Presidente al escuchar esta calificacion; ignorais quizá que estais hablando con un miembro del Tribunal.

— Perdonadme, caballero; pero era mi compatriota el que hablaba así, y hablaba, no delante de un miembro del Tribunal, sino delante de un simple escribano llamado Julian Freme, que fué ayer asesinado. Julian Freme cometió entónces la imprudencia de decir delante de mi compatriota:

— Yo tengo en mi bolsillo una carta de Monseñor el Duque de Guisa, en la cual intima al Parlamento del Rey que cuanto ántes concluya con el llamado Anna Dubourg.

Al escuchar estas palabras, mi compatriota, cuya fisonomía de pálida se volvió lívida, se levantó, y dirigiéndose á Julian Freme, le suplicó por todos los medios imaginables que no llevase aquella carta; porque si Anna Dubourg era condenado, gran parte de la responsabilidad de su muerte caeria sobre él. Pero Julian Freme se mostró inexorable.

Mi compatriota le saludó, y fué á esperar al escribano á la salida de la casa; y habiéndole dejado dar algunos pasos, se acercó á él.

— Julian Freme, le dijo en voz baja y con la mayor dulzura, pero con firmeza; te concedo toda la noche para que reflexiones; pero si mañana á esta misma hora has cumplido tu designio, morirás.

— ¡Oh! ¡oh! esclamó el Presidente.

— Y así morirán, continuó el escocés, todos los que directa ó indirectamente hayan cooperado á la muerte de Anna Dubourg.

M. Mynard se estremeció; porque era imposible adivinar si las últimas palabras las habia dicho el compatriota del escocés, ó si eran palabras que el mismo desconocido dirigia á M. Mynard.

— ¡Pero es un bandido vuestro compatriota! murmuró el Presidente, viendo que su familia esperaba sólo una señal suya para dar rienda suelta á su indignacion.

— ¡Un bandido! ¡un miserable bandido! esclamó en coro toda la familia.

— ¡Un herege que merece la muerte!.

—Caballero, dijo el jóven sin inmutarse, soy escocés, y no comprendo toda la gravedad de las palabras que acabais de pronunciar y que repiten vuestros parientes; por lo tanto, continúo.

Y despues de haber saludado á la familia, que le devolvió el saludo á regañadientes, añadió:

— Mi compatriota se fué á su casa, y no pudiendo conciliar el sueño, se levantó y fué á pasearse delante de la casa de Julian Freme.

Se paseó durante la noche y toda la mañana del siguiente dia, y continuó paseándose hasta las tres de la tarde, sin comer ni beber, sostenido sólo por el deseo de cumplir la palabra que habia dado á Julian Freme; — porque mis compatriotas, dijo el escocés á manera de paréntesis, podrán ser bandidos... hereges, como dicen estos señores, añadió haciendo un movimiento de cabeza como señalando á los circunstantes; pero la palabra que dan... la cumplen.

Á las tres salió Julian Freme; mi compatriota le siguió, y viendo que se dirigia al Tribunal, se adelantó, aguardándole en un recodo del puente de Nuestra Señora.

— Julian Freme, le dijo, ¿has reflexionado?

El escribano palideció, porque parecia que el escocés se levantaba del centro de la tierra; es preciso hacerle esta justicia al digno escribano, que contestó diciendo:

— He reflexionado; pero he resuelto cumplir la órden que me dió el Duque de Guisa.

— ¿Lo habeis pensado bien, Julian Freme?

— Perfectamente.

— El Duque de Guisa no es vuestro amo, y no puede daros órdenes, le replicó el escocés.

— El Duque de Guisa no sólo es mi amo, sino que es el amo de la Francia.

— ¡De toda la Francia!

— Sí, señor.

— ¿Cómo es eso?

— ¿Ignorais, caballero, que el Duque de Guisa es el verdadero Rey?

— Mirad, dijo mi compatriota; una discusion política sobre este punto nos estraviaria mucho de lo que tratamos. ¿Continuais con la intencion de llevar esa carta al Parlamento?

— Á eso voy.

— ¿De manera que la llevaréis encima?

—Sí, contestó el escribano.

— En nombre de Dios vivo, no lleveis esa carta á los verdugos de Anna Dubourg.

— Dentro de cinco minutos estará en sus manos.

Y Julian Freme hizo con el brazo un movimiento para separar á mi compatriota.

— ¡Pues bien; ya que es así, esclamó mi compatriota, ni tú ni tu carta llegaréis al Parlamento!

Y sacando una pistola, la descargó contra el escribano, que cayó muerto; y quitándole la carta, causa de este homicidio, continuó su camino con la conciencia tranquila, porque acababa de matar á un miserable queriendo salvar á un inocente.

Entónces tocó al Presidente ponerse verde y amarillo: mil gotas de sudor caian por su frente, y el silencio más profundo reinaba en la reunion.

Su mujer, sus hijas y sus parièntes tambien sudaban y estaban lívidos.

— ¡Hace un calor sofocante! dijo el Presidente, mirando alternativamente á uno y á otro lado de la mesa; ¿no es verdad, amigos mios?

Algunos se levantaron para ir á abrir la ventana; pero el escocés hizo seña para que se sentaran y dijo:

— No os incomodeis; yo que no como, iré á abrir la ventana para que tenga aire el Sr. Presidente... Pero como una corriente de aire podria hacerle daño, voy á cerrar la puerta, dijo despues de haber abierto la ventana.

Y en efecto, dirigiéndose á la puerta, dió una vuelta á la llave, y volvió á su sitio frente al Presidente.

Los oficiosos parientes que se habian levantado volvieron á caer, más bien que á sentarse, sobre sus sillas.

En el movimiento que acababa de hacer el escocés, se habia entreabierto su capa, y se habia visto que iba provisto de armas ofensivas y defensivas, figurando entre las primeras dos pistolas y una espada, y entre las segundas una cota de malla.

El escocés no se inquietó por el espanto que revelaban todos los semblantes, y sentándose tranquilamente dijo:

— Y bien, Sr. Presidente, ¿cómo os encontrais?.

— Mejor, mejor, contestó.

— Lo celebro, dijo el desconocido.

Y continuó su narracion en medio de un profundo silencio que hubiera permitido oir el vuelo de una mosca, si hubiera moscas en Diciembre.

CAPÍTULO III.

El ramillete de cumpleaños del Presidente Mynard.

L jóven, como decíamos á la conclusion del capítulo precedente, reanudó la conversacion en el punto que la habia dejado.

— Mi compatriota se apoderó del pliego, y temiendo ser perseguido, torció á buen paso por la calle Ancha de Montmartre, y se dirigió á los barrios despoblados de la Battelliere, donde pudo leer la carta de Monseñor el Duque de Guisa.

Allí fué tambien donde pudo advertir, como á mí me sucedió al leerla, que la carta del Duque de Guisa era la cubierta ó sobre, y no más, de una Real órden, como vos vais á verlo cuando os dé conocimiento de ella; porque yendo como iba cerrada y sellada, mi amigo se creyó autorizado para saber á punto fijo de quién procedia y á quién iba dirigida, para llevarla él en persona á su destino, si lo requeria, con todos los miramientos debidos á la firma que la autorizaba.

Entónces por segunda vez sacó el escocés el pliego de su
pecho, lo desdobló, y leyó lo que sigue:

«Á nuestros amados y fieles Presidente, Fiscales y Pro-
curadores en el Tribunal del Parlamento de Paris.

»Yo el Rey.

»Amados y fieles señores: Es grande el disgusto con que
vemos las dilaciones y retardo que sufren el despacho y conclusion de la causa pendiente en nuestro Tribunal del Parlamento contra los magistrados detenidos y acusados por motivos de religion, y muy particularmente en la parte relativa
al llamado Anna Dubourg. Y por cuanto es nuestra voluntad
que la tal causa se termine pronto por el Tribunal; por tanto
os mandamos y prevenimos terminantemente que sin levantar
mano, y con esclusion de todo otro asunto, os dediqueis al
despacho y vista en juicio del dicho proceso y al nombramiento de los jueces que hayan de sentenciarlo, sin tolerar ni ménos consentir causa alguna de nuevas dilaciones, de manera
que no tengamos nuevos motivos de disgusto y desagrado,
sino que nuestra voluntad sea cumplida como lo deseamos.—
Está rubricado de la Real mano.— Francisco II. » — Y más
abajo: «Refrendado — Loubespin. »

—¡Cómo, caballero! esclamó el Presidente, sintiéndose
confortado con esta lectura de la Real órden que daba tan gran
autoridad á la condenacion en que tan principalmente habia
influido. ¿Teneis esa carta en vuestro poder desde esta mañana...?

— No, señor; la tengo desde ayer á las cuatro de la tarde:
permitidme en honor de la verdad que rectifique.

— ¿Conque teneis ese pliego desde ayer á las cuatro de la
tarde, repuso el Presidente con la misma entonacion, y habeis
retardado su entrega hasta ahora?

— Os repito, Sr. Presidente, replicó el jóven volviendo á
doblar el pliego como estaba, que ignorais aún con qué condiciones y de qué modo he adquirido esta carta, y á qué precio
tengo que darla.

— Veamos, pues, dijo el Presidente, qué es lo que quereis, qué es lo que pedís en recompensa de un servicio que en rigor no es más que el cumplimiento de un deber.

— No es un deber tan sencillo como os figurais, Sr. Presidente, repuso el jóven; porque la misma razon que ha hecho desear á mi compatriota que la carta no fuese entregada al Tribunal, subsiste aún. Sea que el magistrado Anna Dubourg le interese particularmente, ó que la injusticia del Parlamento le parezca un crímen repugnante, en cuyo caso su empeño de conservar la carta no tenga otro motivo que el deseo, muy natural en todo hombre justo, de impedir que se consume una iniquidad tan grande, y cuando más no sea, que se retarde todo lo posible, ya que no pueda impedirlo de ningun modo; es el caso que él ha jurado no entregar esta carta sino cuando haya adquirido la certidumbre de que Anna Dubourg ha de ser absuelto y puesto en libertad, y ademas se ha propuesto matar á cuantos se opongan á la libertad de ese magistrado. Hé ahí por qué ha dado muerte á Julian Freme; no porque tuviese por personalmente culpable á un funcionario tan subalterno como un escribano, sino porque con este acto queria dar á entender á otros colocados en más alto puesto, que quien no tenia escrúpulo en quitar la vida á los pequeños, no le habia de tener mucho mayor en herir á los grandes.

Al llegar á este punto, el Presidente estuvo de nuevo tentado á mandar abrir la otra ventana.

De cada pelo de su peluca rubia caia una gota de sudor, como de las hojas de un sáuce lloron ó luctuoso caen las de lluvia durante un chubasco.

Pero como pensase que esto no podia ser un remedio muy eficaz contra su emocion, se contentó con echar en torno de la mesa una mirada llena de espanto y terror, pidiendo auxilio á los circunstantes, ó siquiera algun consuelo.

¡Habia que hacer frente á un escocés que tenia un amigo tan feroz!...

Mas los convidados, sin comprender la pantomima del

Presidente Mynard, ó más bien aparentando no haberla comprendido, temerosos de ver caer sobre ellos á toda una legion de escoceses; los convidados, decimos, bajaron los ojos y continuaron en el más profundo silencio.

Sin embargo, un Presidente del Parlamento de Paris, un hombre á quien se acababa de proclamar el baluarte más firme de la fe y el más benemérito ciudadano de la Francia, un hombre tan ilustre no podia dejar pasar cobardemente semejante amenaza sin una respuesta conveniente.

El verdadero punto de la dificultad estaba ahora en escoger oportunamente el tono de la contestacion. Si se levantaba, y dando una vuelta en torno de la mesa iba contra sus hábitos pacíficos á coger y sujetar al imponente escocés, se esponia á que, sospechando éste su intento, desenvainase la espada ó desenganchara las pistolas del cinturon, lo que no podia ménos de suceder á juzgar por la espresion enérgica de la fisonomía del jóven y por sus palabras y maneras resueltas.

Mas si este pensamiento de atacar á su huésped, huésped tan molesto y tan grave como se ve, atravesó un instante por la imaginacion del valeroso Presidente, este instante fué tan rápido como una niebla arrebatada por el viento; y aquel talento, despejado como el que más, comprendió desde luego que habia muchos riesgos que correr al ponerlo en ejecucion, muy poco que ganar, y todo que perder.

Entre las cosas que perder habia que contar la vida, que era muy dulce para el buen Presidente Mynard, que se habia propuesto guardarla por el más largo tiempo que le fuera posible. ¿Qué hubiera sido de la Francia sin el Presidente Mynard en aquellas circunstancias críticas?

Buscó, pues, otro arbitrio para salir de tan apurado trance, en que su instinto le decia habia tanto que temer, que áun siendo tan avaro como era, hubiera dado de muy buena gana cien escudos de oro por ver al condenado escocés del lado de allá de la puerta en vez de tenerle al otro lado de la mesa.

Pero como el escocés estaba á la parte adentro de la puer-

la, y no á la parte de afuera, el Presidente tuvo que pensar en
otra cosa.

El arbitrio á que recurrió fué el de hacer con su huésped
forzado lo que hacen ciertas personas con los perros feroces,
es decir, halagarlos y calmarlos.

Una vez tomado este partido, interpeló al jóven, dando á
su voz el tono é inflexiones más amables que le fué posible.

—Entendámonos, caballero: por vuestro modo de esplica-
ros, por vuestras maneras distinguidas y vuestro aspecto lleno
de inteligencia, me atrevo á asegurar, sin temor de equivo-
carme, que no sois un hombre vulgar; y áun diré más, que
sois un caballero de distinguido nacimiento...

Al Presidente le costó algun trabajo pronunciar estas palabras.

El escocés contestó con una inclinacion llena de cortesía,
mas sin proferir una palabra.

—Pues bien, continuó el Presidente; ya que tengo que di-
rigirme á un hombre tan distinguido, y no á un ciudadano
fanático — él hubiera dicho de muy buena gana, y no á un
asesino como vuestro compatriota; mas la prudencia habitual
á las gentes de letras le contuvo — y no á un ciudadano fanático como vuestro compatriota, permitidme que os diga que
un hombre solo no tiene derecho, guiado por su propio juicio,
á constituirse juez de la conducta de ninguno de sus semejantes. Muchas causas pueden contribuir á alucinarle é inducirle
á error, y es cabalmente para que nadie se constituya juez en
causa própia por lo que se han instituido los tribunales. Quiero conceder pues, jóven, que vuestro compatriota haya obrado en lo que ha hecho á impulsos de su conciencia y con todo
exámen; pero convendréis conmigo en que, si cada uno se
creyese en el deber de hacer justicia, ¿no habria razon, por
ejemplo, suponiendo — y esta es una mera suposicion — que
fuéseis de la misma opinion que vuestro compatriota, no habria razon para que vos, hombre honrado y bien nacido, vi-
niéseis á sangre fria á quitarme la vida en el seno de mi fami-

lia, bajo el pretesto de que no mereciera vuestra aprobacion la sentencia que hubiese dado contra el Consejero Anna Dubourg?

El escocés, que al través de este discurso veia la pusilanimidad y cobardía del Presidente Mynard, dijo con gravedad:

— Sr. Presidente, permitidme que os llame á la cuestion, como se dice en el Parlamento, ni más ni ménos que si en vez de ser todo un Presidente fuéseis un simple abogado.

— Voy á la cuestion, y creo estar en ella, señor mio, sin haber salido un punto siquiera, repuso Mynard, que iba recuperando la serenidad y aplomo convenientes á medida que el diálogo iba entrando bajo las formas que le eran habituales.

— Evitémonos rodeos, Sr. Presidente, repuso el escocés; porque es á mí á quien interpelais, y no es de mí de quien se trata, sino de mi amigo, pues que es de su parte, y no de la mia, el venir á pediros que respondais á la pregunta siguiente: Sr. Presidente Mynard, ¿pensais vos que el señor magistrado Anna Dubourg ha de ser condenado á muerte?

La respuesta era muy sencilla, pues que el Consejero Dubourg habia sido condenado á muerte una hora ántes, y que el Presidente Mynard habia sido felicitado con este motivo por todos los circunstantes.

Pero como el Presidente creyó que sería peligroso anunciar francamente que la sentencia estaba pronunciada, y que ademas no debia hacerse notoria hasta el dia siguiente á quien pudiera darle por ello otra cosa muy poco parecida á felicitaciones, tuvo por más conveniente seguir el sistema que la prudencia habia aconsejado adoptar.

— ¿Qué quereis, dijo, que yo os responda? No puedo deciros cuál sea la opinion que mis cólegas hayan formado sobre el particular, y yo sólo puedo responder por mí.

— Sr. Presidente, tengo en tanto vuestra opinion, que no es, bien podeis figurároslo, á saber la opinion de vuestros cólegas á lo que he venido, sino á que me digais la vuestra.

— ¿Y de qué os puede servir eso? repuso el Presidente siguiendo su sistema de subterfugios.

— Me servirá para conocerla, contestó el escocés, que parecia decidido á hacer con el Presidente Mynard lo que el galgo hace con la liebre, es decir, á seguirle en todas sus vueltas y salirle á los alcances hasta rendirle.

— Mi opinion, señor mio, dijo el Presidente ya obligado á esplicarse, mi opinion acerca de la causa á que os referís, está formada ya desde mucho tiempo.

El jóven clavó sus ojos con arrogancia en el Presidente Mynard, que se vió forzado á bajar los suyos y á continuar lentamente, como si hubiese comprendido la necesidad de pesar y medir el valor de cada una de sus palabras.

— En verdad, dijo, es muy sensible haber de condenar á muerte á un hombre que aparte de esa causa tiene muchos títulos al aprecio público; á un compañero, y áun casi podria decir, á un amigo. Pero ya lo veis vos mismo por esa carta autógrafa del Rey, por esa Real órden: el Tribunal no espera más que el fin de ese malhadado proceso para descansar y para dedicarse á los demas asuntos. Es, pues, de toda necesidad terminarlo, y yo no dudo que si el Parlamento hubiera recibido ese despacho de S. M., el pobre y desventurado Consejero á quien me veo obligado á condenar como herege, mas á quien compadezco muy de veras y con toda sinceridad como hombre, habria sufrido ya la pena ó estaria muy próximo á sufrirla.

— ¡Conque ya ha servido de algo que mi amigo haya matado ayer á Julian Freme! esclamó el escocés.

— No ha sido gran cosa, contestó el Presidente; un ligero retraso: hé aquí todo.

— Mas en fin, el retraso de un dia siempre supone veinticuatro horas de esperanza concedidas á un inocente, y en veinticuatro horas pueden suceder muchas cosas.

— Advierto, señor mio, dijo el Presidente Mynard, que como antiguo abogado iba recobrando fuerzas en la discusion,

que hablais siempre del magistrado Dubourg como de un inocente.

— Hablo de él así bajo el punto de vista de Dios, contestó
el escocés señalando gravemente al cielo con el índice de la
mano derecha.

— Está bien, dijo el Presidente; pero bajo el punto de vista
de los hombres...

— ¡Pues qué! ¿os parece, Sr. Presidente Mynard, que aún
bajo el punto de vista de los hombres, el procedimiento sea intachable y la condenacion enteramente justa?

— Tres Obispos le han juzgado y condenado; tres Obispos
han dictado la misma sentencia. *Tres sententiæ conformes!*

— Y esos Obispos ¿no podrian ser recusados como interesa-
dos, como jueces y partes en la causa?

— No diré que no. Pero entónces ¿por qué un hugonote ha
apelado á Obispos católicos?

— ¿Y á quién queríais, si no, que apelase?

— Cuestion es esa muy grave y muy difícil de resolverse
acertadamente, dijo M. Mynard.

— Pues es la que el Parlamento tiene que resolver, ¿no es
así?

— No hay duda, replicó M. Mynard.

— Pues bien, señor mio; mi compatriota tiene entendido
que sobre vos recae la gloria de la acusacion del magistrado
Anna Dubourg.

Al oir semejante interpelacion, se despertó en el ánimo del
Presidente un sentimiento de dignidad que le impidió desde-
cirse vergonzosamente ante aquella reunion de quien acababa
de recibir tantas felicitaciones con tal motivo, y á quien habia
hecho entender muy esplícitamente que se gloriaba de haber
conseguido un gran triunfo en la cuestion sobre que se le in-
terpelaba.

Despues de haber consultado con la vista á sus parientes
y de haber adquirido cierta fuerza y confianza, á lo que parecia, en la mirada de los circunstantes, dijo:

—La verdad me obliga, señor mio, á confesar que en esta ocasion he sacrificado á mis deberes la amistad muy sincera y muy positiva que profesaba á mi cólega Dubourg.

——¡Ah! esclamó el escocés con una inflexion de voz imposible de definir.

—Pero, señor mio, dijo el Presidente con cierto tono que indicaba que su paciencia se iba ya agotando; ¿podré saber á qué conduce todo esto?

——Al fin; y os digo que ya nos vamos acercando, contestó el escocés.

——Veamos, pues; ¿qué importa á vuestro compatriota que yo haya influido ó dejado de influir en la decision del Tribunal?

——Le importa mucho.

——¿En qué?

——Voy á decíroslo. Mi compatriota quiere, que pues sois vos quien ha enredado este negocio, seais vos quien lo desenrede.

El Presidente sudaba cada vez más.

——No comprendo... balbuceó.

——Pues no es muy difícil de entender, repuso el escocés. En vez de emplear vuestra influencia para que se le condene, que la empeñeis para que se le absuelva.

——Mas si vuestro magistrado Anna Dubourg, dijo uno de los sobrinos impacientado tambien, ha sido ya condenado, ¿cómo quereis que mi tio pueda hacer que se le absuelva?

——¡Condenado!! eselamó el escocés. ¿Habeis dicho que el magistrado Anna Dubourg ha sido condenado?

El Presidente lanzó sobre el indiscreto sobrino una mirada llena de terror. Mas ó el sobrino no se apercibió de aquella mirada, ó hizo como que no la habia apercibido, y contestó:

——Sí, señor; ha sido condenado, sentenciado, hoy á las dos de la tarde. ¿No es esto, querido tio, lo que V. nos acaba de decir? ¿Ó es que yo he entendido mal?

M. Mynard estaba como en un potro, y guardaba un silencio profundo.

— No habeis entendido mal, dijo el escocés dirigiéndose al interlocutor oficioso, esplicándose de este modo el silencio del Presidente, que tampoco tenia otra esplicacion.

Y luégo, volviéndose al Presidente Mynard, dijo:

— ¿Conque hoy á las dos ha sido sentenciado el Consejero Anna Dubourg?

El Presidente hizo un esfuerzo heróico para responder.

— Sí, señor, balbuceó.

— Mas ¿á qué? ¿á retractacion?

M. Mynard no respondió.

— ¿Á prision?

El mismo silencio de parte del Presidente.

Á cada pregunta del escocés, el Presidente mudaba de color; mas á la última, sus labios se pusieron cárdenos.

— ¿Á muerte? preguntó por fin.

M. Mynard permaneció inmóvil.

— ¿Á muerte? repitió.

El Presidente hizo un movimiento de cabeza, y aunque indicando vacilacion, el signo era afirmativo.

— Sea, pues, á muerte, añadió el escocés. Miéntras el hombre viva, no hay que perder la esperanza; y como decia mi amigo, puesto que vos lo habeis enredado, á vos es á quien toca y vos sois quien puede desenredarlo.

— ¡Yo!...

— Vos.

— Pero ¿cómo puede ser eso?

— Pidiendo al Rey la anulacion del juicio.

M. Mynard, que á cada punto que adelantaba la escena parecia salvar un precipicio para encontrarse abocado á otro, y que á cada precipicio salvado se reponia, bien que momentáneamente, dijo:

— Atended, os ruego, á que áun cuando mi deseo fuera salvar á Anna Dubourg, el Rey jamás consentirá en perdonarle.

— ¿Y por qué no?

—Bien se ve por el pliego que hace poco habeis leido, cuál es su voluntad.

—Así parece á primera vista.

—¿Cómo que parece á primera vista?

—Vais á saberlo: ese pliego venía envuelto, como ya he tenido el honor de decíroslo, en una carta del Duque de Guisa. Y esa carta, cuyo contenido os es todavía desconocido, dice lo que vais á oir.

Esto diciendo, el jóven sacó de nuevo el pliego de su pecho: mas esta vez, en lugar de leer el despacho real, leyó la carta de Francisco de Lorena, concebida en los términos siguientes:

« Mi señor hermano:

»Adjunta es la carta de S. M.: se la he arrancado muy á duras penas, y casi me he visto precisado á llevarle la mano para hacerle escribir esas malhadadas ocho letras de que se compone su nombre. Por fuerza hay al lado de S. M. algun amigo desconocido de ese maldito herege. Aprovechad los instantes, no sea que el Rey revoque sus órdenes relativas al Consejero condenado y le perdone. — Vuestro respetuoso hermano — Francisco de Lorena.

»Hoy 17 de Diciembre del año de gracia 1559. »

El escocés levantó la cabeza.

M. Mynard parecia un cadáver.

—¿Habeis oido bien el contenido de la carta? preguntó el escocés.

—Sin perder una tilde.

—¿Quereis que la vuelva á leer, no sea que se os haya escapado alguna palabra?

—Es escusado: no he perdido ni siquiera una sílaba.

—¿Quereis ver bien si es esta la letra y este el sello del Príncipe de Lorena?

—Bástame que vos lo digais.

—Pues bien; ¿qué deducís del contenido de esa carta?

—Que el Rey ha titubeado para firmar, pero que al fin ha firmado.

— Pero que lo ha hecho contra su voluntad, ó de muy mala gana; y que si hubiera un hombre, vos por ejemplo, señor Presidente, que se presentase y dijese á ese niño coronado que se llama el Rey: «Señor: nosotros hemos condenado al magistrado Anna Dubourg por satisfacer la vindicta pública; pero es preciso que V. M. le perdone para satisfacer á la justicia,» el Rey, á quien M. de Guisa ha tenido que llevar la mano para hacerle escribir esas ocho letras, el Rey le perdonaria.

— ¿Y si mi conciencia se opusiera á que yo hiciese lo que me pedís? repuso el Presidente, con ánimo sin duda de ir esplorando el terreno.

— En ese caso, os rogaria que recordáseis, Sr. Presidente, el juramento que ha hecho mi amigo el escocés al matar á Julian Freme, de matar como á él á todos los que directa ó indirectamente hubiesen contribuido á la condenacion del magistrado Anna Dubourg.

En este momento, á no dudarlo, el espectro del escribano, igual á una sombra de altura mágica, pasó por las paredes de aquel comedor; mas el Presidente volvió la cabeza para no verlo.

— Lo que me decís, caballero, es de un insensato, contestó el Presidente, mirando de hito en hito á su interlocutor con cierto aire de resolucion y al propio tiempo de horror.

— ¿Vos lo creeis así?...

— Sí, señor... ¡de un insensato!...

— ¿Y por qué han de ser esas palabras de un insensato, Sr. Presidente? replicó el escocés.

— ¿Por qué?...

— Sí; ¿por qué?

— Porque me estais haciendo amenazas horribles, á mí, á un magistrado, y esto en mi propia casa, á presencia de toda mi familia.

— Es, Sr. Presidente, para que os inspireis, en medio de todas esas consideraciones de la casa y de la familia, de un sentimiento de piedad y de lástima hácia vos mismo, ya que

Dios no haya querido ponerlo en vuestro corazon hácia los demas.

— Mas en esas palabras me parece ver, señor mio, que en vez de escusaros y de mostraros arrepentido, continuais amenazándome.

— Ya os he dicho, Sr. Presidente, que quien habia dado muerte á Julian Freme ha jurado quitar la vida á todos los que se opusieran á que se dé libertad y se salve la vida á Anna Dubourg, y que receloso de que se dudase de su resolucion, habia empezado por matar al escribano, no tanto porque tuviese á aquel miserable por delincuente, como porque queria dar un saludable aviso con este hecho á todos sus enemigos, por encumbrados que estuviesen. ¿Pediréis pues, sí ó no, al Rey el perdon de Anna Dubourg? Os intimo formalmente de parte de mi amigo que respondais.

— ¡Ah! ¿Me intimais que os responda de parte de un asesino, de parte de un salteador, de parte de un bandido? esclamó el Presidente ya exasperado.

— Reflexionad bien, Sr. Presidente. Ya veis que nadie os fuerza á contestar afirmativa ó negativamente.

— ¿Conque soy libre para responder sí ó no?

— Sí, señor.

— ¿Enteramente libre?

— Sí, señor.

El Presidente vaciló algun tiempo; pero despues dijo fuera de sí al ver la sangre fria del que le interrogaba:

— Pues en ese caso, decid á vuestro compatriota que hay un hombre que se llama Antonio Mynard, uno de los Presidentes del Parlamento, que ha jurado hacer morir á Anna Dubourg, y que ese Presidente no tiene tampoco más que una palabra que mañana ha de ver cumplida.

— ¿Es esa vuestra última resolucion?

— Sí, señor.

— ¿Lo habeis pensado bien?

— Sí, señor.

—Está bien, Sr. Presidente, prosiguió sin hacer un gesto y sin dar la más insignificante señal de emocion.

Y en seguida, repitiendo casi las mismas palabras que acababa de oir, añadió:

— Sabed que hay un escocés que ha jurado hacer morir á M. Antonio Mynard, uno de los Presidentes del Parlamento, y que este escocés no tiene más que una palabra, como os lo probará hoy mismo.

Y al decir esto, Roberto Stuard, que habia recogido la mano derecha bajo la capilla, desenganchó una de las pistolas que llevaba en el cinturon, la amartilló sin hacer ruido, y ántes de que pudieran pensar siquiera los circunstantes en impedirlo — tanto habia sido pronto su movimiento — la asestó contra M. Mynard por cima de la mesa, y casi á boca de jarro la disparó.

El Presidente Mynard cayó de espaldas, arrastrando tras sí la silla en que se encontraba.

Estaba muerto.

Otra familia que la del Presidente, hubiera procurado sin duda apoderarse del asesino. Mas léjos de eso, todos los allegados presentes del difunto sólo pensaron en su propia seguridad. Huyeron los unos hácia la cocina gritando como desesperados; ocultáronse otros bajo la mesa, todos asustados, sin articular una palabra; fué aquello una dispersion completa.

Roberto Stuard, encontrándose en cierto modo solo en medio de aquella sala, de donde parecia que hubiesen desaparecido todos como por ensalmo, se retiró pausadamente como un leon, segun el espresivo dicho de Dantés, sin que nadie pensase en inquietarle.

FIN DEL LIBRO PRIMERO.

LIBRO SEGUNDO.

CAPÍTULO PRIMERO.

En casa de los montañeses de Escocia.

ERIAN las ocho de la noche próximamente cuando Roberto Stuard salió de la casa de M. Mynard; y encontrándose solo, alumbrado por la luna, en la antigua calle del Temple, más desierta desde el anochecer en aquella época que lo está hoy, pronunció las dos palabras siguientes, muy significativas, aludiendo á los dos hombres que habia asesinado ya:

— ¡Son dos!

Despues añadió:

— Es preciso continuar mi obra.

No contaba con el de la ribera del Sena, que consideraba como un pago hecho á la vista á su amigo Medardo.

Al llegar al frente del Hotel de Ville, Palacio de la Municipalidad, es decir, al sitio de las ejecuciones, dirigió maquinalmente la vista al punto en que se acostumbraba á levantar el patíbulo, y acercándose á él esclamó:

— ¡Ahí es donde Anna Dubourg habrá de sufrir la pena de su gran mérito, si el Rey no le indulta!... Pero es preciso que el Rey le indulte... ¿Y cómo obligar al Rey?... Habria para ello un medio... murmuró.

Y al cabo de un instante con mucha lentitud añadió:

— Hacer con él lo que he hecho con Julian Freme y con el Sr. Antonio Mynard.

Roberto se quedó pensativo.

Permaneció otro rato todavía silencioso é inmóvil como quien está absorbido por una idea grave, y luégo dijo:

— Pero ¿cómo podré yo entrar en el Louvre... y cómo llégar hasta el Rey?... ¡Esto es difícil... muy difícil!...

De repente volvió en sí como quien ha encontrado la solucion de una gran dificultad, y dijo:

— ¡Ah! ¡si pudiera arreglarlo así!... ¿Y por qué no?... Es muy posible...

Y en seguida, contemplando melancólicamente el sitio en que se encontraba, dijo con acento de profunda tristeza:

— ¡Quién sabe!... ¡Aquí tal vez será donde acabe mi existencia!... Pero ¡qué más da acabarla aquí que en otra parte!... ¡Todo es morir!...

Y cuando hubo dicho esto, echó á andar: tomó por la calle Tanniere, y se detuvo ante una puerta sobre la que campaba una muestra con la inscripcion siguiente: *A la espada del Rey Francisco I.*

Al pronto se hubiera dicho que iba á entrar allí; mas al cabo de un instante esclamó:

— Sería una locura entrar en esta posada, á donde ántes de diez minutos habrán venido los arqueros... No... vayamos á casa de Patrick.

Cruzó á paso largo la calle Tanniere, el puente de Notre Dame; miró al soslayo el sitio donde el dia precedente habia dejado muerto á Julian Freme, y despues de cruzar al mismo paso redoblado los barrios del centro llamados la *Cité* y el puente de San Miguel, llegó por fin á la calle de San Andrés.

Allí, como habia hecho en la calle de la Tanniere, se detuvo ante una casa que tambien tenia muestra como la otra, sólo que la inscripcion era: *Al cardo de Escocia.*

— Aquí es donde vivia Patrick Mac-Pherson, dijo levantando la cabeza para reconocer la fachada. Habia allá en las boardillas una habitacioncita donde se recogia los dias que no estaba de guardia en el Louvre.

Hizo cuanto pudo para llegar á distinguir el boardillon; mas se lo impedia el alero del tejado.

En consecuencia, iba á empujar la puerta, y caso que estuviese cerrada, á llamar con la empuñadura de la espada ó la culata de una de sus pistolas, cuando la puerta se entreabrió, dando paso á un jóven vestido con el uniforme de arquero de la Guardia Escocesa.

— ¿Quién está ahí? preguntó el arquero, que casi fué á tropezar con nuestro jóven.

— Un compatriota, respondió éste en idioma escocés.

— ¡Oh!... ¡Roberto Stuard!... esclamó el arquero.

— El mismo, mi querido Patrick.

— ¿Y qué te trae á estas horas por mis barrios y á la puerta de mi casa? preguntó el arquero tendiendo ambas manos á su amigo.

— Venía á pedirte un favor, mi querido Patrick.

— Habla... pero que sea pronto.

— ¡Qué! ¿estás muy de prisa?

— Sí; y lo siento. Sabes que á las nueve y media pasamos lista en el Louvre, y acaban de dar las nueve en el reloj de San Andrés: conque así, habla.

— Pues escucha. El último edicto me ha obligado á dejar mi posada.

— Ya entiendo... Como que eres de la nueva secta, necesitas dos fiadores católicos...

— Que no me he entretenido en buscar, ni encontraria tampoco aunque los buscase... Pero es el caso que esta noche me prenderian si me encontraran rodando por esas calles de Dios.

Conque á ver si puedes alojarme en tu habitacion durante dos
ó tres noches.

— Por dos ó tres noches, y si quieres por todas las del año,
en hora buena... Mas de dia, ya es otra cosa... no puede ser.

— ¿Y por qué no puede ser, Patrick? preguntó Roberto.

— Porque desde que no nos hemos visto, respondió el arquero con cierto aire de petulante vanidad, he hecho una gran
conquista, mi querido Roberto.

— ¡Tú, Patrick!

— ¿Y eso te admira? preguntó el arquero chanceándose.

— No por cierto; sino que ahora me hace muy mal tercio.

Roberto no parecia muy dispuesto á seguir esta conversacion; pero el amor propio de su compatriota podria encontrar
su satisfaccion en ella.

— Pues sí, mi querido amigo, volvió á decir el arquero; la
esposa de un magistrado del Parlamento me ha hecho buenamente el honor de enamorarse de mí, y estoy viendo que á la
hora ménos pensada me va á dar pruebas de este amor; ó lo
que es lo mismo, espero de un dia á otro el honor de recibir
una visita de ella en mi propia habitacion.

— ¡Hola! ¿Conque tenemos esas? dijo Roberto.

— Como lo oyes. Y ya puedes figurarte, continuó diciendo
Patrick, que tanto como es de grata la compañía de un amigo
cuando se está solo, tanto es de importuna cuando están dos,
y sobre todo si son de diferente sexo.

— Pues entónces, figúrate que no he dicho nada, contestó
Roberto.

— ¿Por qué? ¿Acaso serías capaz de tomar mi confianza
por una negativa? Yo supongo que uno ú otro dia esta buena
señora, como diria Brantome, consienta en subir á mi pobre
vivienda — y advierte que esto no pasa de ser una suposicion; — tú te marchas; y en el caso contrario, tú sigues en
mi casa hasta que te plazca. Me parece, pues, que no hay más
que hablar sobre el particular. ¿Qué dices?

— Que tienes razon, mi querido Patrick, contestó Roberto,

que parecia renunciar muy á disgusto á su plan. Acepto tu oferta, y te doy las gracias, miéntras se me proporciona ocasion oportuna de mostrarte que soy agradecido.

— ¿De cuándo acá, dijo Patrick, se estila hablar de agradecimiento entre amigos, entre compatriotas y escoceses? Es como si... Mas una cosa me ocurre...

— ¿Cuál? preguntó Roberto.

— ¡Oh! ¡una idea séria... muy séria! esclamó Patrick.

— Vamos... ya te escucho.

— Amigo mio, dijo Patrick, puedes prestarme un servicio, un gran servicio al cual te quedaré agradecido eternamente.

— ¡Un gran servicio!

— Sí, un servicio inmenso.

— Estoy á tu disposicion.

— ¡Temo abusar de tu bondad!

— ¡Patrick!

— Sí, amigo mio.

— ¡Entre compatriotas, entre buenos escoceses hablar de esa manera!...

— Sí, Roberto; tal vez el favor que voy á pedirte te parezca demasiado exigente...

— Vamos... habla, y déjate de tonterías... Ya te he dicho que estoy á tu disposicion.

— ¿Ahora mismo?

— Cuando quieras.

— Pues bien... ¿te parece que tenemos los dos la misma estatura?

— Poco más ó ménos.

— ¿Que somos tan gruesos el uno como el otro?

— Sí.

— Vén á que te mire bien á la claridad de la luna.

— Vamos.

Y Roberto siguió á su amigo.

— ¿Sabes que el jubon que llevas es magnífico? continuó Patrick.

— ¡Bah!...

— Sí, magnífico.

— Magnífico no es la palabra, amigo mio.

— Quiero decir... nuevo, enteramente nuevo.

— Eso es otra cosa; porque sólo hace tres dias que lo he comprado.

— Un poco sombrío, es verdad, continuó Patrick; pero así es mejor.

Roberto Stuard miraba atentamente á su amigo como intentando descubrir su pensamiento.

Patrick prosiguió, sin dejar de contemplar con interés el jubon de Roberto:

— Así podré disfrazarme mejor.

— ¡Cómo! ¡disfrazarte!

— Sí, Roberto.

— ¡Tú tambien tienes que ocultarte!

— Yo te diré, querido Roberto... Todo lo que la señora de mis pensamientos me mira con buenos ojos, me mira con muy malos, con malísimos, su marido...

— Eso se comprende muy bien, querido Patrick, dijo Roberto sonriendo.

— Cada vez que el marido ve pasar á cierto soldado de la Guardia, arroja sobre él unas miradas terribles, y ya comprenderás qué miradas arrojaria sobre él si lo encontrase en su escalera...

— ¡Oh!... lo comprendo perfectamente.

Patrick continuó muy satisfecho:

— La mujer, ó por mejor decir, la señora Consejera, me habia aconsejado muchas veces que me presentara en su casa con el traje de mi pais; pero por circunstancias que tú adivinarás perfectamente, no he podido encontrar ningun medio honroso de conseguir un traje que pueda igualar al de mi pais... El tuyo, aunque un poco sombrío, y quizás á causa de su color, me parece el más á propósito para el fin que me propongo.

Roberto empezó á reflexionar.

Patrick, sin apartar sus miradas del jubon de su amigo, continuó:

— Sólo me falta tu consentimiento.

— ¡Mi consentimiento!

— Sí, querido Roberto.

— ¿Y para qué?

— ¡Para qué!...

— Sí...

— Para presentarme mañana con tu traje en...

— Vamos... ¿dónde?...

— En casa de mi Consejera.

— ¿Y para eso necesitas mi consentimiento?

— Sí.

— Pero ¿cómo puedo yo impedir que vayas á casa de tu Consejera?...

— Entónces, es que no me has comprendido.

— Pues bien, esplícate con más claridad.

— Necesito que me prestes tu traje para mañana.

— ¿Nada más que eso?...

— Los dias siguientes ya me arreglaré de manera que en vez de ir yo á su casa venga ella á la mia, dijo Patrick con tono pedantesco.

Roberto se sonrió al escuchar las últimas palabras de su amigo y al ver la fatuidad con que las habia pronunciado.

— Mi traje, mi bolsillo y mi persona están á tu disposicion.

— ¡Oh!... ¡gracias, querido Roberto!

— Sin embargo, continuó éste, tengo que advertirte una cosa.

— ¿Cuál, amigo mio?...

— Que probablemente tendré que salir mañana...

— ¡Ya!...

— Y que en ese caso, debes comprender muy bien, queri-do Patrick, que me es absolutamente indispensable mi traje.

— Es verdad.

— Como los antiguos filósofos, querido Patrick, llevo encima todo lo que poseo.

— ¡Por San Dustan!... Hé ahí una cosa que me desespera.

— Y á mí tambien.

Patrick se quedó pensativo.

Roberto lo observaba silencioso.

— Sin embargo, continuó Patrick, cuanto más miro tu jubon, más se me figura que está hecho para mí.

— Yo lo creo así tambien.

Patrick volvió á guardar silencio por algun tiempo.

— ¡Si pudiéramos remediar de alguna manera este contratiempo!... dijo por último.

— Yo no veo ningun medio.

— ¡Qué desgracia!...

— Sin embargo, dijo Roberto, me parece que...

— ¿Qué?...

— Que deberás encontrar alguno, porque eres hombre de grandes recursos.

Patrick reflexionó.

— ¡Ya he encontrado uno! esclamó.

— ¿Cuál?

— Á ménos que el marido de la dueña de tus pensamientos no aborrezca tanto como el marido de la mia los uniformes de la Guardia Escocesa.

— Yo no tengo ninguna dueña de mis pensamientos, querido Patrick, respondió Roberto.

— Bien; no nos incomodemos por eso, amigo mio.

— Vamos... prosigue.

— Puesto que no tienes á quién agradar con tu traje, me parece que te será absolutamente indiferente llevar uno cualquiera.

— Absolutamente indiferente, amigo mio.

— Entónces, ponte el mio.

— ¡El tuyo!

— Sí.

Roberto hizo un esfuerzo para reprimir su sonrisa.

— ¿Tu traje de guardia? volvió á preguntar Roberto, como si no hubiera comprendido bien.

— Sí, hombre, sí...

— ¡Ah!...

— ¿Es que tienes repugnancia?

— ¡Bah!... No por cierto.

— Pues bien... si tuvieras forzosamente que salir, te pones mi traje de guardia escocesa.

— Tienes razon.

— De esa manera podrás entrar en el Louvre.

Roberto tembló de placer.

— Eso es lo que más ambiciono, dijo sonriendo.

— Entónces, no hay que hablar más.

— Justamente.

— Pues hasta mañana.

— Hasta mañana, dijo Roberto Stuard estrechando entre las suyas las manos de Patrick.

Éste lo detuvo, y esclamó riendo:

— ¿No te se olvida nada?

— Creo que no...

— Míralo bien...

— No sé...

— Una cosa muy útil...

— ¿Cuál?...

— La llave de la puerta de mi habitacion.

— ¡Ah!... Es verdad... ¡Qué cabeza tengo!...

Patrick se la dió.

— Hasta mañana, Roberto.

— Buenas noches, Patrick.

Y despues de estrecharse las manos por segunda vez, cada uno se fué por su camino: Patrick hácia la puerta del Louvre; Roberto hácia la de su amigo Patrick.

Dejemos á éste último entrar en el Louvre medio muerto de fatiga, porque habia andado muy ligero para llegar ántes de que pasaran lista, y sigamos á Roberto Stuard, el cual despues de muchas dificultades logró abrir la puerta de la habitacion de Patrick.

El resplandor de la poca lumbre que habia en la chimenea iluminaba el cuchitril de nuestro jóven guardia.

Era un cuarto sumamente reducido, semejante á los chiribitiles de los estudiantes de nuestros dias.

Su mobiliario consistia en una mesa de pino, dos sillas de paja y un catre.

Roberto encendió un cabo de vela de sebo que encontró en un candelero de barro, y lo colocó sobre la mesa.

Despues se sentó, ocultó el rostro en las manos y se puso á reflexionar.

— Esto es hecho, murmuró pasando sus manos por los cabellos como para arrojar léjos de sí alguna idea terrible; esto es hecho... yo voy á escribir al Rey.

Y se levantó.

Sobre la chimenea encontró una jícara con tinta y una pluma; pero necesitaba papel.

Registró el cajon de la mesa y todos los rincones de la habitacion; pero no encontró ni áun sombra de papel ó pergamino.

Volvió á buscar de nuevo por todas partes; pero su segundo registro fué tan infructuoso como el primero.

Sin duda su amigo el guardia escocés habia empleado su última hoja de papel en escribir á su Consejera.

Roberto estaba desesperado.

— ¡Oh! esclamó; ¡yo necesito papel para escribir al Rey... lo necesito!... No quiero dejar de tentar este último recurso.

En aquel instante sonaron las diez.

— ¡Las diez!... prosiguió; ¡las diez!... ¡Ah!... ¡por falta de un pedazo de papel he de dejar asesinar á un hombre!... ¡Dónde podré encontrar á estas horas papel!...

En aquella época los mercaderes no velaban como en nuestros dias.

— No sé qué hacer, murmuró.

De repente una idea acudió á su imaginacion.

Se acordó de que llevaba consigo la carta del Rey.

— ¡Ah! yo escribiré al Rey en su papel, dijo sonriendo.

Tomó la jícara de la tinta y la pluma, se sentó delante de la mesa y escribió lo siguiente:

« Señor:

» La sentencia del Consejero Anna Dubourg es inicua é impia: revóquela V. M., y de esa manera no se derramará la sangre más pura de su reino.

» Señor:

» Un hombre os grita de entre la multitud.

» Abrid los ojos y mirad.

» La llama de la hoguera que se enciende para Anna Dubourg devora toda la Francia.

» Señor, aplicad el oido, escuchad.

» Los gemidos horribles que se lanzan en la plaza de la Greve llegarán hasta el Louvre.

» Señor, mirad y escuchad.

» Cuando hayais oido y visto, estoy seguro que perdonaréis.

» Señor:

» En nombre de vuestro reino irritado contra vos os digo:

» Perdonad.

» Perdonad, señor.

» Porque si no, la mano que ha muerto al escribano Julian Freme y al Presidente Mynard, esa mano descorrerá las cortinas de vuestro lecho y arrancará el corazon empedernido del Rey de Francia.

» El papel sobre el cual os escribo estas palabras:

» Perdonad;

» Tened cuidado;

» Es una prueba que el que os habla en nombre de los oprimidos es tambien el que los venga.

» No lo olvideis, señor. »

Concluida la carta, volvió á leerla.

Despues la plegó de manera que la carta autógrafa del Rey quedó de sobre de la suya.

En seguida murmuró :.

— Ahora hay que pensar en otra cosa... ¿Cómo hago llegar esta carta al Rey?... Mañana será demasiado tarde... ha de ser esta noche... Esperar á Patrick es imposible... Ademas... ¡pobre Patrick! lo prenderian como cómplice mio... Bastante comprometido está ya con darme hospitalidad en su casa... ¡Yo no sé lo que he de hacer!...

Abrió la ventana, quizás para buscar una idea.

En los casos desesperados se consulta á las estrellas y á los objetos esteriores.

Ya hemos dicho que hacía frio.

Roberto Stuard preguntó al frio, al cielo, á las estrellas, á la calle silenciosa, lo que debia de hacer.

Desde la ventana de la boardilla de Patrick, que era de las más elevadas, se descubrian las torrecillas del palacio del Rey.

La torre del Rey, situada en un estremo del palacio, enfrente de la Torre Nueva, le pareció prodigiosamente baja, gracias á la claridad fantástica de la luna.

Á la vista de esta torre, Roberto Stuard creyó encontrar el medio que buscaba de hacer llegar su mensaje al Rey.

Cerró la ventana, se guardó la carta en el pecho, se puso el sombrero, se envolvió en su capa, apagó la luz y bajó rápidamente la escalera.

Hacía pocos dias que se habian publicado unos edictos prohibiendo á los bateleros pasar á nadie en sus barcos desde las cinco de la tarde hasta otro dia despues de salir el sol.

Y eran las diez dadas, y por consiguiente Roberto Stuard no podia pensar siquiera el pasar el rio en un barco.

Tampoco hubiera encontrado ningun batelero á aquella hora que hubiera tenido el atrevimiento de pasarlo.

El único camino que le quedaba era volver hácia atrás, desandar lo andado y seguir por la orilla del muelle.

Subió hácia el puente de San Marcial, cruzó la calle la Battelliere, tuvo cuidado de ocultarse á los centinelas del palacio, y por el puénte de Nuestra Señora entró en ese laberinto de calles que circundan al Louvre.

El Louvre, rodeado de piedras de sillería, de grandes montones de cal y yeso y madera desde el reinado de Francisco I, ofrecia en aquella época el espectáculo que ofrece ahora.

El Rey Francisco II lo habitaba desde la muerte de su padre.

Pero aquella lúgubre mansion más bien parecia un castillo medio arruinado que el palacio de un Rey de Francia.

Por lo tanto, era muy fácil ocultarse á la vista de todos detrás de aquellas montañas de piedra y madera.

De piedra en piedra, de foso en foso, Roberto Stuard, saltando y escurriéndose como una liebre, llegó á unos cien pasos delante de la gran puerta del Louvre que está enfrente del Sena.

Allí se detuvo delante de la Torre Nueva.

Roberto Stuard permaneció algunos instantes inmóvil.

Cualquiera lo habria tomado por una estátua de mármol ó por la sombra de algun rey que venía á espiar á sus descendientes.

Roberto, despues de haber contemplado la Torre Nueva, ó por mejor decir, dos ventanas que estaban iluminadas, se ocultó en un foso.

Cogió una piedra redonda y lisa, sacó el papel que llevaba en el pecho, y lo envolvió en la piedra.

Despues desató el cordon que rodeaba su gorra, y ató con él el papel sobre la piedra.

Hecho esto, midió la distancia, tomó brio, apuntó á una ventana del piso principal con el mismo cuidado que si fuera á disparar un tiro, y despidió la piedra con toda su fuerza.

El ruido que hicieron los cristales rotos al caer al suelo, y el movimiento que se advirtió en la habitacion á consecuencia de este ruido, le dieron á entender que su mensaje habìa llegado á su destino, y que si el Rey no lo leia, no era por falta de mensajero.

— Bien, murmuró, muy bien: ahora verémos el efecto de mi carta.

Despues miró á todas partes por asegurarse de que nadie lo habia visto.

— Bien, repitió; nadie me ha visto.

Por aquellos alrededores sólo estaban los centinelas, que se paseaban con ese paso lento y mesurado propio de ellos.

Pero era evidente que éstos no habian notado nada.

Despues emprendió su camino por donde habia venido, muy tranquilo, porque creyó que nadie lo habia visto ni oido.

Pero se engañaba.

Habia sido visto y oido por dos hombres que á unos cincuenta pasos de él estaban escondidos en un ángulo del palacio.

Estos dos hombres eran el Príncipe de Condé y el Almirante Coligny.

Digamos qué asunto podia preocupar á estos dos misteriosos personajes hasta el punto de estar escondidos entre aquellas piedras á semejante hora.

———————

CAPÍTULO II.

IGAMOS algunas palabras acerca de Gaspar de Coligny, Señor de Chatillon.

En dos de nuestros libros hemos hablado ya con bastante detenimiento del ilustre defensor de San Quintin; pero quizás nuestros lectores habrán olvidado *La Reina Margarita*, ó no habrán leido *El Page del Duque de Saboya*, y por lo tanto nos parece muy urgente y necesario decir algunas palabras del nacimiento, de la familia y de los *antecedentes*, como se dice en el dia enfáticamente, del ALMIRANTE.

Subrayamos esta palabra, porque era el título con que se conocia aquel de quien hablamos, y porque áun cuando se le designaba con el nombre de Gaspar de Coligny ó con el de Señor de Chatillon, el título de Almirante era el que prevalecia.

Gaspar de Coligny nació el 17 de Febrero de 1517 en Chatillon, residencia señorial de su familia.

Su padre, noble breton, se habia establecido en Francia despues de la reunion de su provincia al reino.

Ocupaba un rango distinguido en el ejército del Rey, y tomó el nombre Chatillon cuando se hizo dueño de esta propiedad señorial.

Se habia casado con Luisa de Montmorency, hermana del Condestable, de quien hemos tenido ocasion de hablar con mucha frecuencia, particularmente en nuestros libros titulados *Ascanio*, *Dos Dianas* y *El Page del Duque de Saboya*.

Es del Condestable, y no de su hermana, de quien decimos que hemos tenido más de una ocasion de hablar.

El Señor de Chatillon tuvo cuatro hijos.

Estos se llamaron: Pedro, Odet, Gaspar y Dandelot; y eran, como se comprenderá muy bien, sobrinos del Condestable.

El mayor, Pedro, murió á los cinco años.

El segundo, Odet, se encontró por esta muerte destinado á ser el jefe de la familia ó á sostener el nombre de su casa.

Veinte años despues de la muerte de Pedro, el Condestable tuvo á su disposicion un capelo.

Los hijos del Condestable no quisieron, por más esfuerzos que hizo su padre, ser Cardenales.

Entónces ofreció el capelo á los hijos de su hermana Luisa.

Gaspar tenia un temperamento guerrero, y rehusó.

Dandelot tampoco quiso ser Cardenal.

Odet tenia un temperamento más tranquilo y contemplativo que sus hermanos y primos, y aceptó.

Gaspar se encontró entónces jefe de la familia, y jefe verdadero, porque su padre habia muerto ya.

Ya hemos dicho en otro lugar que Gaspar de Coligny y Francisco de Guisa estuvieron unidos por estrechos lazos de amistad hasta el momento en que á propósito de la batalla de Renty, donde los dos hicieron prodigios de valor, se empezó á enfriar su amistad.

El Duque Claudio de Lorena habia muerto, y el Duque

Francisco y el Cardenal su hermano se pusieron de parte del partido católico y se apoderaron de las riendas del Estado.

Entre los Guisas y Gaspar de Coligny se interpuso una montaña inaccesible, pero una montaña de ira y odio.

Durante este tiempo, á pesar de las oposiciones de los Guisas, el jóven Gaspar de Coligny, Señor de Chatillon, habia llegado á ser uno de los hombres más distinguidos de su época.

Fué armado caballero, al mismo tiempo que su hermano Dandelot, por el Duque de Enghien en el campo de batalla de Cerisolls, donde habian cogido una bandera.

En 1544 fué nombrado Coronel, y tres años despues Coronel General de Infantería.

Por último, obtuvo el empleo de Almirante.

Entónces cedió á su hermano Dandelot, á quien amaba en estremo y de quien era amado con el mismo cariño, su título de Coronel General de Infantería.

Hácia el año 1555 se casaron los dos hermanos con dos hijas de la noble casa bretona de Laval.

En nuestro libro titulado *El Page del Duque de Saboya* se encontrará al Almirante en el sitio de San Quintin, y se verá con qué admirable constancia defendió la antigua piedra donde fué cogido con las armas en la mano en el último asalto.

Durante su cautividad en Amberes tuvo muchas veces ocasion de leer la Biblia. Gaspar de Coligny cambió de religion.

Su hermano Dandelot hacía ya seis años que era calvinista.

La importancia del Almirante lo designó desgraciadamente para jefe de la religion reformada.

Sin embargo, como todavía no habia entre los dos partidos graves persecuciones y los dos disfrutaban de las consideraciones del Estado, Dandelot y Gaspar ocupaban en la corte los puestos debidos á su rango.

Uno de los historiadores de aquella época dice que la corte no tenia enemigos más poderosos que los dos hermanos.

Gaspar de Coligny, dotado de una sangre fria á toda prueba, de un valor y de una habilidad estraordinarios, parecia creado para ocupar el puesto que ocupaba.

En efecto, el verdadero jefe del partido calvinista era él.

Él tenia una persistencia y una energía indomables.

Su sangre no le importaba nada; su vida, muy poco.

Él estaba siempre dispuesto á defender su patria y el triunfo de su religion.

Gaspar de Coligny, Señor de Chatillon, poseia el genio de la guerra y las sólidas virtudes de los más grandes y buenos ciudadanos.

En medio de estos tiempos borrascosos la cabeza serena del Almirante reposaba tranquilamente.

Era como esas grandes encinas que permanecen siempre derechas en medio de violentas tempestades.

Era como esos grandes montes cuyas cimas permanecen tranquilas en medio de terribles huracanes, porque estas cimas dominan el rayo y el huracan.

¡Encina!... la lluvia no podrirá la fuerte corteza de su tronco, ni el viento encorvará su frente altiva. Para destrozarla se necesitará uno de esos huracanes que aterran al mundo entero.

¡Monte!... abrirá un volcan en cada una de sus esplosiones, y para destruir su lava se necesitará uno de esos cataclismos que cambian la faz del mundo.

Amigo del Príncipe de Condé, genio activo, emprendedor y ambicioso, ganó á su lado más de diez batallas.

El Príncipe de Condé era, como ya lo hemos dicho, el interlocutor del Almirante.

Tambien hemos dicho ya que estamos en la noche del 18 al 19 de Diciembre.

Todos conocemos físicamente al Príncipe de Condé, por haberlo visto en la hostería del *Caballo rojo*.

Como tambien lo hemos oido hablar, habrémos podido formarnos una idea de su carácter.

Ahora nos permitirán nuestros lectores que les demos algunos detalles que son absolutamente indispensables, acerca de la posicion que ocupaba el Príncipe de Condé en la corte del Rey de Francia.

El Sr. de Condé no era todavía en aquella época lo que debia ser despues, pero se adivinaba ya y se presentia.

Este presentimiento daba gran importancia al jóven Príncipe, conocido entónces por sus locuras y calaveradas amorosas, que semejantes á las de su contemporáneo D. Juan, formaban una lista colosal.

Tenia veintinueve años.

Era hijo quinto y último de Cárlos de Borbon, Conde de Vendome.

Tenia por hermanos á Antonio de Borbon, Rey de Navarra y padre de Enrique IV.

Á Francisco, Conde de Enghien.

Al Cardenal Cárlos de Borbon, Arzobispo de Rouen.

Y á Juan, Conde de Enghien, que dos años ántes habia sido muerto en la batalla de San Quintin.

Luis de Condé era en esta época el menor de la familia, no teniendo más patrimonio que su capa y su espada.

Y la espada valia mucho más que la capa, que no era de muy buen paño.

La espada la habia sacado gloriosamente en bastantes batallas y en no pocas querellas particulares, lo cual le habia alcanzado una reputacion de valiente á toda prueba, de galante caballero, y sobre todo, de hombre afortunado en amores.

Sin embargo, el axioma « la posesion de un objeto mata el deseo de poseerlo » parecia hecho para el Príncipe de Condé.

Cuando una mujer empezaba á corresponderle, él empezaba á olvidarla. Era una gran desgracia que el jóven Príncipe no podia remediar.

Ya hemos dicho que el Almirante y el Príncipe eran íntimos amigos.

El Almirante tenia cuarenta y dos años.

El Príncipe lo amaba como á un hermano mayor, y por su parte el Almirante le profesaba el mismo afecto que á un hermano menor.

Ahora vamos á decir á nuestros lectores cómo se hallaban juntos al pié de la Torre Nueva el Príncipe Luis de Condé y Gaspar de Coligny, Señor de Chatillon y Almirante de Francia.

Al salir el Almirante del Louvre, donde habia ido á hacer la corte al jóven Rey, habia descubierto, con esa perspicacia de los hábiles capitanes habituados á las tinieblas, un hombre envuelto en una capa al pié de la Torre Nueva, con la mirada fija en un balcon como si aguardase una señal.

El Almirante, poco curioso de suyo, iba á proseguir su camino hácia su casa, cuando le asaltó un pensamiento.

— No hay duda, murmuró parándose de repente; debe ser él... Sólo el Príncipe es capaz de pasearse á estas horas á cien pasos de los centinelas del palacio del Louvre.

Y se dirigió hácia el hombre envuelto en la capa.

Cuando estuvo á corta distancia de él, gritó:

— ¡Eh... Príncipe!...

— ¿Quién va?... respondió Condé, que en efecto era él.

— Un amigo, ó por mejor decir, un hermano, respondió el Almirante.

— ¡Ah!... ¡ah!... yo conozco esa voz...

— Ya lo creo...

— Sois el Almirante, no hay duda.

Y salió al encuentro de Gaspar de Coligny.

Los dos amigos formaron un grupo al pié del balcon de la Torre Nueva, y empezaron á hablar en voz baja.

— ¿Cómo diablos habeis descubierto que yo estaba aquí? preguntó el Príncipe.

— Lo he adivinado.

— ¡Bah!... ¿Y cómo?

— Muy sencillamente.

—¿Me habeis espiado?

— No.

— Pues entónces, ¿cómo?...

— Así que he visto un bulto á poca distancia de los centi-nelas del Louvre, he pensado que sólo un hombre podia espo-ner así su vida por ver una punta de la cortina del balcon de una bella jóven, y que ese hombre érais vos.

— ¿De veras habeis pensado eso?

— De veras.

— Entónces, permitidme, querido Almirante, que os dé las gracias por la buena opinion que teneis formada de mí.

— Las admito.

— Despues, permitidme que añada que no he visto en mi vida un hombre de más sagacidad que vos.

— ¡Bah!... V. A. me adula.

— No; os hago justicia.

— Entónces, os lo agradezco.

— En efecto, continuó el Príncipe, estoy contemplando el balcon de una jóven encantadora, sublime, ideal.

— ¡Diablo!... ¿Y quién es ese portento de hermosura, de sublimidad é idealismo?...

— ¿No lo habeis adivinado ya, querido Almirante?

— Me parece que sí; pero esperaba que me lo dijérais vos.

— ¿Por qué?

— Porque no queria ser indiscreto, Monseñor.

— ¿Desde cuándo os han entrado esos escrúpulos? dijo el Príncipe riendo.

— En verdad que no es mi fuerte ser escrupuloso... res-pondió Coligny riendo tambien. Pero hasta ahora no me habeis dicho el nombre de la belleza que está detrás de ese balcon, añadió el Almirante señalando al balcon de la Torre Nueva.

— Acertadlo.

— Me parece que es la Srta. de San Andrés... ¿Me hé equivocado, Monseñor?

El Príncipe hizo un movimiento negativo con la cabeza.

— ¿He acertado?

— Sí, querido Almirante... Esto esplica perfectamente el interés que me ha arrastrado á ser vuestro amigo.

— Gracias, Monseñor.

El Príncipe se sonrió.

— ¿Conque es el interés el que os ha arrastrado á ser mi amigo? añadió Coligny.

— Sí.

— No es muy lisonjero lo que me dice V. A.

— Pero es verdad.

— Vamos... ya que soy vuestro amigo, hacedme vuestro confidente, Príncipe...

— Empezad á preguntar.

— ¿Por qué me habeis honrado con vuestra amistad?

— Porque si no hubiera sido vuestro amigo, es muy probable que hubiérais sido mi enemigo, querido Almirante.

— ¡Bah!...

— Y el Sr. Almirante Coligny es un enemigo invencible.

— Ahora me adulais, Monseñor...

— No, amigo mio... yo siempre digo la verdad.

— Bien, Monseñor; dejemos eso á un lado, y hablemos de la Srta. de San Andrés.

— Hablemos, Almirante.

— Sin duda ignora V. A. que la Srta. de San Andrés es la prometida del Sr. de Joinville, hijo primogénito del Duque de Guisa.

— No lo ignoro, amigo mio.

— Entónces...

— Y á causa de ser la Srta. de San Andrés la prometida del Príncipe de Joinville, hijo primogénito del Duque de Guisa, me he enamorado de ella como un loco.

— ¡Ah!...

— Sí, amigo mio... el amor que profeso á la Srta. de San Andrés, ha nacido principalmente del odio que siento hácia el Duque de Guisa.

— Si os oyera la Srta. de San Andrés, no podríais esperar mucho de ella.

— Pero felizmente no lo ha oido, y yo estoy seguro que vos no se lo diréis.

— Perded cuidado, Monseñor; sé guardar los secretos de mis amigos.

— Gracias, querido Almirante.

— Pero yo creo, Monseñor, que esta es la primera vez que os he oido hablar de ese amor.

— Sí; es la primera vez que hablo de él.

— Por lo regular vuestros amores siempre han tomado vuelo como la alondra, cantando muy fuerte para que se oiga bien. ¿Habeis aprendido otro método, Monseñor?

— No; sigo con el método antiguo.

— Entónces, ese amor apénas debe haber acabado de nacer

— Tampoco, amigo Almirante.

— Como no os he oido cantar todavía...

— Este amor lo abrigo en mi corazon hace seis meses.

— ¡Bah!...

— ¿Lo dudais?

— Perdonad, Monseñor... pero...

— ¿Pero no lo creeis?

— Me cuesta mucho trabajo, Monseñor.

— Pues creedlo, Almirante... Amo á la Srta. de San Andrés desde hace seis meses.

— ¿De veras, Monseñor!... preguntó el Almirante, acompañando su pregunta con una mirada que queria decir:

— Lo creeré, si os empeñais.

— La amo desde hace seis meses, dia por dia... lo juro.

— Entónces, Monseñor... lo creo.

— ¿Os acordais de un horóspoco que una vieja sacó del Duque de Guisa, del Mariscal de San Andrés y de vuestro servidor?... Ya os he contado esa historia...

— Sí, Monseñor; me acuerdo perfectamente... Sucedió en una posada...

— Sí; en una posada situada en el camino de San Dionisio.

— No lo he olvidado, Monseñor.

— Pues bien, querido Almirante; desde ese dia data mi amor hácia la seductora, hácia la bella y sublime Srta. de San Andrés.

— ¡Ah!...

— Yo no sé si la muerte que se me predijo aquel dia despertó en mí un deseo estraordinario de vivir; el resultado fué que desde aquel instante no he soñado más que con la hija del Mariscal de San Andrés, empleando todos los recursos de mi imaginacion para alcanzar su amor.

— Y... sin indiscrecion, Príncipe... ¿á qué altura estais de vuestros amores?

— ¡Ay, querido Almirante!... todavía estoy en los cimientos...

— ¿No habeis alcanzado nada?

— Nada.

— ¿Ni una flor, ni un guante, ni una palabra?

— Ni una flor, ni un guante, ni una palabra.

— Entónces, ¿qué esperais aquí?

— ¡Qué!... esclamó el Príncipe suspirando.

— Sí, Monseñor.

— Espero que se apague esa luz que ilumina ese balcon, y que la prometida del Príncipe de Joinville se acueste y se duerma.

— ¿Y para qué, Monseñor?

— Para que yo, Príncipe de Condé, apague tambien la mia, me acueste, y duerma si puedo.

— ¿Sin duda no será esta la primera vez que venís á dar las buenas noches á la Srta. de San Andrés?

— ¡Ay, amigo!... no es la primera... ni tampoco será la última.

— ¡Pobre Príncipe!...

— Ya hace muchos meses que me doy esta fiesta; la cual, como no podréis ménos de confesar, es bien inocente.

—Pero... ¿la Srta. de San Andrés no asiste nunca á esta inocente fiesta? preguntó Coligny con algun resto de duda.

—Jamás.

—Entónces... lo que sentís hácia ella, Monseñor, no es amor... ó por mejor decir, es mucho más que amor... es una adoracion semejante á la que los indios tienen por sus ídolos.

—Sí, querido Almirante... la adoro como los indios sus divinidades, con idolatría.

—Idolatría, Príncipe, es el culto de las imágenes... y vos, Monseñor, vos no teneis la imágen de vuestra diosa.

—Es verdad, respondió el Príncipe.

Despues continuó, apoyando una mano sobre su corazon:

—Su imágen está bien grabada aquí... aquí, sobre mi corazon.

—¿Y cuánto tiempo haceis ánimo que os dure esa gran pasion?

—No lo sé... quizás toda la vida.

—¿Toda la vida, Monseñor?...

—Toda la vida, Almirante.

—¡Bah!... Eso es demasiado... Un amor no puede durar tanto.

—El mio es pasion, es idolatría, como vos mismo habeis dicho.

—¡Ay, Monseñor!... sois muy jóven... y ademas, tengo el presentimiento de que todo se arreglará.

—¡Si no fuera Príncipe!

—Pues porque sois Príncipe se arreglará todo mejor.

—¿Lo creeis así, primo?

—Sí... Ahora, Príncipe, permitidme que os diga una cosa.

—Decidla, primo.

—¿Qué placer esperimentais pasando horas tras horas debajo de este balcon, sin ver absolutamente nada?

—¡Oh! Bajo las ventanas ó ante los balcones de una mujer hermosa, se esperimenta un placer inesplicable, que vos, mi querido primo, no podeis comprender, ni puede figurarse siquiera quien, como vos, hombre grave y austero, no encuentra ninguno que le satisfaga, fuera de los combates y de la victoria, ó de los progresos de su fe. Mas para quien, como yo, considera la guerra como una tregua, ó mejor diré, como la paz entre dos amores, uno anterior y otro posterior á ella, puedo deciros que no hay dicha ni distraccion mejor. Se me figura que Dios no me ha dado el sér sino para amar, y que tampoco valgo para otra cosa; fuera de que el amar al prójimo como á nosotros mismos es un precepto de la ley de Dios, y yo, como cristiano escelente, lo amo más que á mí mismo, bien que lo ame en su más bella mitad y bajo su forma más agradable y atractiva.

— Pero ¿dónde y cuándo, Príncipe, habeis visto á la señorita de San Andrés despues de la feria de Landit?

— ¿Dónde?

— Sí.

— Esa, Sr. Almirante, es toda una historia, y no poco larga de contar; y á ménos que no os resolvais á hacerme compañía durante una larga media hora para oir una insulsa relacion, me atreveria á aconsejaros que no insistiéseis en vuestro propósito, y que me dejeis aquí entregado á mis ilusiones y entretenido en mis diálogos con la luna y con las estrellas, que, dicho sea de paso, son ménos brillantes y luminosas que esa luz que veis lucir al través de los balcones donde mora mi divinidad.

El Almirante se sonrió al escuchar las palabras poéticas del Príncipe.

— ¡Ah, mi querido primo! repuso. Tengo sobre vós mis proyectos para el porvenir, que ni áun siquiera podríais adivinar: por consecuencia, es para mí del mayor interés estudiaros bajo todas vuestras fases, y la que ahora me presentais no es sólo una faz, sino toda una fachada. Abridme todas sus puertas. Cuando tenga que buscar al verdadero Condé, al gran capitan, ya veré por dónde he de entrar; y cuando en vez del héroe á quien busque, encuentre al Hércules entretenido en hilar á los piés de *Omphalia*, al *Sanson* durmiendo sobre las rodillas de Dalila, sepa la puerta por donde haya de salir.

— Segun eso, ¿quereis que os diga toda la verdad?

— Toda.

— ¿Como á un confesor?

— Sí.

— Pues os prevengo que es una égloga.

— Los más hermosos versos de Virgilio Maron son sus églogas.

— ¿Conque lo quereis saber todo?

— Todo.

— Pues empiezo.

— Os escucho.

— Vos me diréis cuando os parezca: basta.

— Os lo prometo; pero se me figura que no ha de llegar ese caso.

— Sois, mi querido Almirante, el diplomático más hábil y consumado.

— Creo, mi querido Príncipe, que estais en ánimo de retroceder.

— Bien sabeis que soy incapaz de retroceder, y que diciéndome esas cosas me obligaríais á arrojarme de cabeza por un abismo.

— Ea, pues, adelante, y como si nada hubiera dicho.

— Era el mes de Setiembre último, despues de la cacería que Monseñores de Guisa dieron á toda la corte en el bosque de Meudon.

— He oido hablar de ella, pues yo no asistí.

— Recordaréis, pues que allí estuvísteis, que despues de la cacería pasó Mme. Catalina con todas sus damas de honor, con su escuadron volante, como se le titula, al palacio del señor de Gondi en Saint-Cloud.

— Sí; efectivamente.

— Y si vuestra atencion no estuvo distraida con cosas más graves, recordaréis tambien que durante la comida una jóven llamó con su incomparable belleza la atencion de toda la corte, y muy particularmente la mia. Esa jóven era la Srta. de San Andrés... Despues de la comida, y durante el paseo por el canal, una jóven admiró con su talento á todos los convidados, y á mí particularmente. Era la Srta. de San Andrés... En fin, por la noche en el baile, los ojos de todos, y muy particularmente los mios, se fijaron sobre una bailarina, cuya gracia sin igual arrancó sonrisas lisonjeras de todos los labios, murmullos de elogio de todas las bocas, y miradas de admiracion de todos los ojos. Era tambien la Srta. de San Andrés... ¿No os acordais de todas esas cosas?

— No, á fe mia.

— Más vale así; pues en otro caso, no valdria todo esto la pena de que os lo contase. Bien comprenderéis que la llama encendida tímidamente en mi pecho en la posada del *Caballo rojo* se hizo en Saint-Cloud un incendio devorador. Resultó de eso, que terminado el baile, y yo instalado en el gabinete que se me habia asignado en el piso principal, en vez de acostarme y de dormir, me asomé á la ventana, y comencé, pensando en ella, á caer en un éxtasis delicioso. No sé cuánto tiempo estaria absorto de este modo y entregado á las más dulces ilusiones, cuando al través del velo que mis amorosos pensamientos habian puesto delante de mis ojos, me pareció ver agitarse un sér tan sutil como esta brisa que mueve ahora mis cabellos. Era una cosa parecida por lo leve á un vapor condensado; una sombra blanca y rosada que se deslizaba al través de los paseos del parque, y que vino á detenerse debajo precisamente de mi ventana y á apoyarse en el tronco del árbol cuyo follaje venía á rozar las persianas cerradas. Reconocí, ó mejor dicho, adiviné que la hermosa hada nocturna era la mismísima Srta. de San Andrés, y á punto estaba seguramente de saltar por la ventana para llegar más pronto á donde estaba y echarme á sus piés, cuando otra sombra ménos blanca y ménos sonrosada que la primera, pero casi tan ligera como ella, salvaba los pocos pasos que separaban uno de otro lado del paseo. Esta sombra era evidentemente, sin género alguno de duda, del sexo masculino.

— ¡Hola! ¡hola! murmuró el Almirante. Un amante, ¿eh?...

— Sin duda...

— Vamos... proseguid, Príncipe; esto se hace interesante.

— Como ya os he dicho, creí que era un amante el que seguia á la Srta. de San Andrés, prosiguió Condé. Mas las dudas injuriosas que acababan de nacer en mi mente acerca de su virtud, se desvaneciéron muy pronto; porque habiéndose puesto las dos sombras á cuchichear, el eco de sus palabras subia hasta mí al través del ramaje del árbol y los intersticios de la celosía, y así como me permitieron reconocer á los actores de la escena que pasaba á veinte piés por bajo de mí, me dejaron oir lo de que se trataba. Los actores eran la Srta. de San Andrés y el page de su padre.

— ¿Y de qué se trataba?

— Se trataba simplemente de una partida de pesca para la madrugada siguiente.

— ¡Bah!...

— Ni más ni ménos, querido Almirante.

— ¿Conque de una partida de pesca?...

— ¡Oh, primo mio! La Srta. de San Andrés es fanática por la pesca de caña.

— ¿Y era para arreglar una partida de pesca para lo que á media noche, la una poco más ó ménos, se habian dado cita una jóven de quince años y un page de diez y nueve?

— Mis sospechas tuve yo tambien, mi querido Almirante; y áun debo añadir que el page me pareció muy desconcertado, cuando despues de haber acudido presuroso y lleno al parecer de esperanzas de otro género, oyó de boca de la Srta. de San Andrés que no le habia llamado allí con otro objeto que el de suplicarle la procurase dos cañas de pescar bien aparejadas, una para ella y otra para él, con las cuales le encargaba se hallase en la orilla del canal á las cinco de la mañana. Y áun se le escapó al tal page decir:

— « Pero, señorita, si no teníais que pedirme más que una caña, bien escusado era haberme hecho venir aquí: ni tampoco habia para qué hacer tanto misterio de una cosa tan insignificante.

— » Os engañais en eso, Santiago, respondió la niña. Desde que han empezado las fiestas, me veo tan lisonjeada, tan favorecida, tan rodeada de pretendientes y aduladores, que si os hubiese pedido una caña y por desgracia hubiera llegado á traslucirse mi proyecto, hubiera encontrado mañana á las cinco en las orillas del canal á las tres cuartas partes de los señores de la corte, incluso á M. de Condé, lo cual, como podeis conocerlo, hubiera espantado la pesca á punto que no hubiera podido sacar ni siquiera un miserable cacho, y eso es lo que yo no he querido que sucediese. Yo quiero hacer mañana, sola con vos, tan ingrato como sois, una pesca milagrosa.

— » ¡Oh! siendo así, señorita, teneis mil veces razon para decir que soy un ingrato.

— » Ea, pues, Santiago, ya sabeis lo que teneis que hacer... Hasta las cinco... ¡Cuidadito!...

— » Ántes de las cuatro estaré allí con las dos cañas, señorita.

— » Pero ¡cuidado con que os pongais á pescar ántes que yo, ni sin estar yo, Santiago!...

— » Os doy mi palabra, señorita, de no hacer sino lo que me mandeis.

— » Está bien. Ahora tomad vuestra recompensa: ahí teneis mi mano; os permito que la beseis.

— » ¡Oh, señorita!... esclamó el jóven arrojándose sobre aquella mano tan coqueta y besándola reiteradamente.

— » Basta, basta, señorito... dijo entónces la niña; os he dado permiso para besarla, mas no para abrasarla... ¡Oh! ¡qué hermosísima está la noche, Santiago!... Conque... lo dicho... á las cinco en la orilla del canal, hácia el embarcadero.

— » Id, señorita, cuando os plazca: yo os prometo no faltar.

— » Está bien, dijo la Srta. de San Andrés haciéndole una señal con la mano para que se retirase. »

El page obedeció sin replicar una palabra, como obedecen los genios á los encantadores de quienes dependen. En ménos de un segundo habia desaparecido. La Srta. de San Andrés se quedó un instante detrás, y luégo, despues de asegurarse de que nada habia turbado el silencio de la noche ni la soledad del jardin, desapareció á su vez, creyendo que por nadie habia sido vista ni oida.

— ¿Y estais seguro vos, mi querido Príncipe, de que la mosquita muerta no os viera en vuestra ventana?

— ¿Será que pretendais, mi buen primo, quitarme mis ilusiones?...

— ¡Yo!... No, por cierto.

El Príncipe se aproximó al Almirante y añadió:

— Y bien, señor diplomático, yo tambien me he figurado algunas veces...

— ¿Qué?...

— Que ella me hubiese visto, y que aquella caña, y aquella partida de pesca, y aquella cita á las cinco de la mañana, no fuese más que una comedia para envolver en ella á un Príncipe y á un page.

— ¡Oh!... eso fuera demasiado.

— ¿Lo dudais?...

— Sí, querido Príncipe.

— Pues yo no dudo nunca, cuando se trata de intrigas femeninas; y cuanto más jóven y más sencillita parezca la mujer, ménos me atrevo á negar... Pero ¡oh! mi querido Almirante, si eso fuera así, os aseguro que es una refinadísima comedianta.

— No digo yo lo contrario.

— Ya supondréis que por la mañana á las cinco estaba yo emboscado y al acecho á las inmediaciones del embarcadero. El page habia cumplido su palabra; estuvo allí desde ántes de amanecer. En cuanto á la bella Carlota, se presentó, como la aurora, un instante ántes de salir el sol, y con sus dedos de rosa habia tomado de las manos de Santiago una caña ya aparejada y cebada. Hubo un momento en que me devanaba los sesos para darme razon de por qué habia creido necesario llevar un compañero de pesca; pero muy luego comprendí que dedos tan encantadores no podian comprometerse á tocar los horriblemente feos animaluchos que hubiera tenido que manosear para cebar los anzuelos, y áun los que hubiera sido preciso desprender, si el page no hubiera estado allí para aliviarla de esta parte ingrata de la diversion. De modo que de esta partida de pesca, que duró hasta las siete, nó sacó sino la parte de recreo la hermosa y elegante jovencita: y no debió ser escasa, porque, á fe mia, sacaron entre los dos más que suficiente para una magnífica fritada.

— Y vos ¿qué sacásteis de eso, mi querido Príncipe?

— Un resfriado atroz, porque estuve con los piés en el agua miéntras duró la diversion; y un amor cuyas consecuencias estais palpando.

— ¿Y os figurais que la picaruela ignoraba que estuviéseis allí?

— ¡Oh, mi querido primo!... no me atreveré á decir que no lo supiese... Pero traia hácia sí con tanta gracia los peces que enganchaba; se remangaba los brazos con tanta desenvoltura, y alzaba sus vestidos al aproximarse á las orillas del canal, con tanta coquetería, que aquellos brazos y aquellas piernas me hicieran perdonárselo todo, en atencion á que, si sabía que yo la miraba, era por mí y no por el page el hacer todas aquellas encantadoras monerías; tanto más, cuanto que yo estaba á su derecha, y era el brazo derecho el que remangaba y la pierna derecha la que descubria. En suma, mi querido Almirante, yo la amo, si ella es ingénua y sencilla; y si fuere coqueta, tanto peor, porque entónces la adoro: de donde podeis inferir que de todos modos yo estoy bien agarrado.

— ¿Y desde entónces?...

— Y desde entónces, mi querido primo, he vuelto á ver aquel brazo encantador, he vuelto á admirar aquella pierna hechicera, mas desde léjos, sin poderme acercar á la dueña de esos tesoros codiciados, que cuando me ve por un lado, hay que decir la verdad, se marcha por el opuesto.

—¿Y cuál pensais que pueda ser el desenlace de esa pasion muda?

— ¡Oh, Dios mio! Preguntad eso á otro que sepa más que yo, querido primo; porque si esta pasion es muda, como vos decís, yo añado que es sorda y ciega tambien: quiero dar á entender, que no escucha consejos, ni ve, ó mejor dicho, no quiere ver más allá de su presente.

— Pero es preciso en tanto, mi querido Príncipe, que espereis, un poco ántes ó un poco despues, la recompensa de esa esclavitud ejemplar.

— Naturalmente. Pero está tan lejano ese porvenir, que no me atrevo á mirar hácia él.

— Pues bien; creedme: no lo mireis.

— ¡Ah!...

— Seguid mi consejo, Príncipe.

— ¿Y por qué, mi querido Almirante?

— Porque no veríais nada, y eso os desalentaria.

— No sé lo que quereis decir.

— Pues es muy fácil de comprender, bien que á condicion de que me querais escuchar.

— Hablad, pues, Sr, Almirante.

— Tened presente una cosa, mi querido Príncipe.

— Cuando se trata de la Srta. de San Andrés, yo tengo presentes muchas.

— Voy á deciros la verdad sin rodeos.

— Hace mucho tiempo, Sr. Almirante, que siento por vos el respetuoso afecto que se tiene á un hermano mayor y la adhesion apasionada que inspira un amigo verdadero. Sois el único hombre en el mundo en quien reconozco el derecho de darme consejos y de hacerme amonestaciones. Es decir, que lejos de temer oir la verdad de vuestra boca, os ruego humildemente y áun exijo que me la digais. Hablad, pues.

—Gracias, Príncipe, respondió el Almirante, como hombre

que comprendia la poderosa influencia que las cosas de amor podrian tener en un temperamento como el del Príncipe de Condé, y que por consecuencia daba mucha importancia á estas cosas, que en otro que en el hermano del Rey de Navarra hubiera tratado de frivolidades. Gracias; y pues que me haceis tanto honor, voy á deciros la verdad desnuda: la Srta, de San Andrés no os amará jamás.

— ¡Ah!...

— Me atreveria á jurarlo, Monseñor.

— ¡Si tendréis algo de astrólogo, Sr. Almirante, y para hacerme tan desconsoladora prediccion habréis consultado á los astros acerca de mi suerte!

— No... Pero ¿sabeis por qué no os ha de amar? continuó el Almirante.

— ¿Y cómo quereis que yo lo sepa, cuando pongo en juego todos los resortes de mi imaginacion para ser amado por ella?

— Pues no os amará, porque es incapaz de amar á nadie. Lo mismo digo de ese pobre page que de vos. Es un corazon seco, un genio ambicioso. Yo la he conocido desde niña, y sin necesidad de poseer la ciencia de los astrólogos, que acabais de atribuirme ó de suponer en mí, me he predicho que esa niña estaba destinada á hacer un gran papel en esa gran casa que tenemos ahí á la vista.

Y con un gesto de supremo desprecio señalaba el Almirante al Louvre.

— ¡Ah! ¡ah! dijo M. de Condé. Me asustais con esas palabras.

— No tenia aún ocho años, cuando ya jugaba á las favoritas coronadas, á la Anna Sorel ó á la Mme. de Etamps: sus amiguitas la seguian, llevando ella en la cabeza una diadema de carton en forma de corona, y la paseaban por toda la casa gritando: «¡Viva la reinecita!» Pues bien: ella ha guardado de los primeros dias de su vida de niña el recuerdo de aquellos juegos en que hacia el papel de reinecita. Aparenta amar á M. de Joinville su prometido, y miente. Lo aparenta, ¿sabeis por qué? Pues es porque el padre de M. de Joinville, el Duque de Guisa, en otro tiempo amigo mio y hoy mi mortal enemigo, va á ser Rey si no se le detiene; Rey de Francia, os digo; y esto ántes de mucho tiempo.

— ¡Diablo!... ¿Lo decís de veras, primo mio?

— Con toda formalidad, mi querido Príncipe. Y de todo deduzco que vuestro amor á la hermosa niña la Srta. de San Andrés, dama de honor de la Reina, es un amor mal empleado y á que os suplico renunciéis lo ántes posible.

— ¿Es ese vuestro parecer?

— Sí; y os lo doy con toda la sinceridad de mi corazon.

— Y yo, mi querido primo, empiezo por deciros que lo recibo en la forma que me es dado.

— Pero me temo que no lo vais á seguir.

— ¡Qué quereis que os diga, mi querido Almirante! ¿Es uno dueño de sí mismo en estos casos?

— Sin embargo, os digo, querido Príncipe, que por lo pasado juzgueis del porvenir.

— Soy franco: confieso que hasta ahora no ha manifestado grandes simpatías que digamos hácia este vuestro servidor.

— ¿Y os figurais que eso no puede durar?... ¡Oh! yo sé muy bien que teneis de vos mismo demasiado buena opinion, mi querido Príncipe.

— ¡Qué quereis! Creo que el despreciarse á sí mismo sería dar lugar á los demas para que á uno le despreciaran. Mas no es eso solo: la ternura que ella no siente por mí, vos no podeis impedir desgraciadamente que yo la sienta por ella. Esto os hace encoger de hombros. ¡Qué quereis que yo os haga! ¿Soy yo, por ventura, libre para amar ó dejar de amar? Si yo os dijese, por ejemplo: «Habeis sostenido el sitio de San Quintin durante tres semanas, con dos mil hombres solamente, contra los cincuenta ó sesenta mil españoles y flamencos del Príncipe Emmanuel Philiberto y del Rey Felipe II: pues bien, es preciso que á vuestra vez vayais á sitiar la plaza: hay en ella treinta mil hombres, y vos sólo contais con diez mil;» ¿os negaríais, por ventura, á poner ese sitio? No, seguramente. ¿Y por qué? Porque vuestro genio militar esperimentado os hace comprender que no hay plaza ninguna inespugnable para los valientes. Pues yo tambien creo, mi querido Almirante — quizá me haga ilusiones, pero creo tener dadas buenas pruebas de mi genio para las guerras de amor—que así como no hay plaza inespugnable en la guerra, tampoco la hay en amor. El ejemplo que me habeis dado, mi querido Almirante, en el arte militar, permitid que os lo dé yo en el arte de amar.

— ¡Ah Príncipe, Príncipe!... ¡cuán grande capitan hubiérais sido, dijo el Almirante melancólicamente, si en vez de deseos carnales hubiéseis acariciado en vuestro corazon grandes y loables aspiraciones que hacer triunfar con la espada!

— ¡Ah!... ¿quereis ahora hablarme de religion?

— Sí, Príncipe; ¡y pluguiese á Dios haceros uno de los nuestros, y por consecuencia, de los suyos!

— ¡Ah mi querido primo! respondió Condé con su jovialidad habitual, mas dejando traslucir al través de esta jovialidad la voluntad de un hombre que sin aparentarlo ha reflexionado mucho sobre este punto. Quizás no lo creais; mas os aseguro que tengo sobre religion ideas tan fijas y tan bien meditadas, por lo ménos, como sobre amor.

— ¿Qué me quereis decir con eso? preguntó el Almirante asombrado.

La sonrisa del Príncipe de Condé desapareció de sus labios, y continuó sériamente:

— Quiero decir, Sr. Almirante, que yo tengo mi religion propia, mi fe formada y mi caridad especial: que no tengo necesidad de la intervencion ni de la ayuda de nadie para honrar á Dios; y bien sabe él que no soy más afecto á la religion católica cual la han hecho nuestros presbíteros, que lo soy á la religion de los hindus como la han hecho sus brahmanes, ó á la mahometana como la han hecho los mutphis, ó á la judáica como la han hecho los rabinos. Pero miéntras no llegue á convencerme, mi querido primo, de que vuestra doc-

trina nueva es preferible á la mia, permitidme que permanez-
ca afiliado á la de mis padres, á ménos que no se me antoje
abjurarla para hacer la guerra á los Guisas.

— ¡Oh Príncipe, Príncipe! ¿Es así como vais á disipar esos
tesoros de fuerza, de juventud y de inteligencia que el Eterno
os ha confiado, y no sabréis emplearlos en beneficio de una
causa grande? Ese odio instintivo que teneis á los de Guisa,
¿ no es para vos un aviso providencial? Despertad, Príncipe,
levantáos: y ya que no tengais que combatir á los enemigos
de vuestro Dios, combatid al ménos contra vuestros enemigos.

— Ahora olvidais, primo mio, replicó el Príncipe, que yo
tengo un Rey propio mio, como tengo un Dios. Es verdad
que, tanto como mi Dios es grande, es mi Rey pequeño. Mi
Rey, querido Almirante, es el Rey de Navarra, mi hermano.
Este es mi verdadero Rey, pues el de Francia no puede serlo
mio sino por adopcion; es, en fin, un amo, y nada más.

— Veo, Príncipe, que eludís la cuestion; y en tanto, la verdad es que habeis peleado ya por ese Rey.

— Es que yo estoy dispuesto á pelear en favor de todos los
Reyes, segun la ocasion se ofrezca; como estoy dispuesto á
amar á todas las mujeres, segun el capricho del momento.

— Vaya... vaya... es imposible hablar con vos formalmente
de estos asuntos, dijo el Almirante.

— No tal, respondió el Príncipe con cierta gravedad. En otra
ocasion hablarémos, querido primo, de ese asunto, y yo os
diré lo que pienso. Me consideraria hombre muy desgraciado
y ciudadano de muy poco valer, creedme, si hubiera de con-
sagrar esclusivamente mi existencia á los galanteos. Yo sé que
tengo grandes deberes que cumplir, Sr. Almirante, y que la
inteligencia, el valor y la destreza, dones preciosos que Dios
se ha servido darme en tal cual medida, no me han sido dados
únicamente para cantar serenatas bajo los balcones. Mas tened un poco de paciencia, mi querido primo y mi mejor amigo: dejad desfogar esta primera llamarada de la juventud,

pues bien sabeis que todavía no tengo treinta años. Y ademas, Sr. Almirante, bien es preciso que, á falta de guerras en que ocuparme, emplee en algo esta energía que reconoceis en mí. Perdonadme, pues, esta aventura; y puesto que por de pronto no he tomado el consejo que hace un momento quisísteis darme, no me negueis el que ahora voy á pediros.

— Hablad, hablad, tarambana... dijo con tono paternal el Almirante; y quiera Dios que el que os diere pueda servir para algo bueno.

— Sr. Almirante, dijo á su vez el Príncipe de Condé tomando á su primo del brazo: vos que sois un gran general, un estratégico consumado, y á mi parecer, y sin ningun género de lisonja, el más grande capitan de nuestros tiempos, decidme: ¿qué haríais en mi lugar para penetrar á esta hora, es decir, despues de las doce de la noche, en el cuarto de la Srta. de San Andrés, para decirle que la amábais?

— Convencido estoy, mi querido Príncipe, contestó el Almirante, de que vuestra locura no puede curarse hasta que hayais conocido á la persona de quien estais apasionado; y por consecuencia, que será haceros un verdadero servicio ayudaros en vuestro descabellado proyecto, hasta que esa locura se desvanezca y volvais á entrar en posesion de vuestro juicio. Pues bien; yo en vuestro lugar...

— ¡Silencio!... Volvamos á la sombra...

— Pero... ¿á qué viene esto?...

— ¿No habeis visto?...

— No.

— Creo distinguir allí algo parecido á otro amante que se acerca á la ventana.

— ¡Es verdad!... dijo el Almirante; y siguiendo el ejemplo de Condé, se replegó hácia la oscuridad que perfilaba la sombra de la Torre Nueva.

Entónces los dos, inmóviles y conteniendo la respiracion, vieron acercarse á Roberto Stuard, coger una piedra, atar á ella un papel, y lanzar piedra y papel al balcon iluminado.

Oyeron tambien el ruido que hacian los cristales al romperse, y vieron al desconocido que habian tomado por un amante,
y que todo podia serlo ménos eso — fuerza era hacerle esta justicia—huir y desaparecer cuando hubo adquirido la certidumbre
de que el proyectil lanzado por él habia llegado á su destino.

— ¡Oh!... por vida mia, esclamó Condé, sin por esto re-
levaros del compromiso de darme el consejo que es he pedido,
para otra vez que pueda necesitarlo...

— ¿Qué es lo que decís?

— Que ya por ahora tengo en la mano la ocasion y el medio que buscaba.

— ¿Cómo es eso?

— Es muy sencillo: esa vidriera rota es la del Mariscal de
San Andrés, y bien puede asegurarse que no lo ha sido con la
mejor intencion.

— ¿Y qué deducís de eso?

— Que salia del Louvre, oí el ruido que hacía la vidriera al
romperse en mil pedazos, y temiendo no fuese el resultado de
algun atrevido complot contra el Mariscal de San Andrés, á
pesar de la hora avanzada de la noche, no he podido resistir
al deseo de saber lo que es, y he subido á preguntar si habia
ocurrido algo desagradable y si podia contribuir á remediarlo.

— ¡Ah loco, loco!... dijo el Almirante.

— Yo os pedia un consejo, primo mio, un medio, un pretesto para penetrar en esa habitacion. ¿Hubiérais podido dár-
mele mejor?

— Sí.

— ¿Cuál?

— No ir de ningun modo.

— Pero ese es el mismo que me habíais dado ántes, y ya
sabeis que no me ha parecido aceptable...

— Puesto que no hay otro remedio, vamos á casa del Mariscal de San Andrés.

— ¿Es decir, que venís conmigo?...

— Sí.

— ¡ Qué bueno sois!...

— Cuando no se encuentra modo de impedir á un loco que se salga con su tema, y se ama á ese loco como yo os amo, hay que tomar una buena parte en su locura, para sacar de ella el mejor partido posible... Vamos á casa del Mariscal.

—Mi querido Almirante, vos me diréis en la primera ocasion que se presente, qué brecha hay que asaltar, y al través de qué baterías hay que hacerlo; y entónces... ya veréis, no cómo os sigo impávido, que esto sería poco, sino cómo me adelantaré á vos.

— Vamos á casa del Mariscal, repitió el Almirante.

Y ambos se dirigieron hácia la puerta principal del Louvre, donde el Almirante, despues de dar el santo y seña prevenidos, entró, siguiéndole el Príncipe de Condé.

CAPÍTULO III.

La sirena.

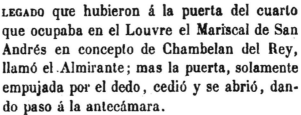LEGADO que hubieron á la puerta del cuarto que ocupaba en el Louvre el Mariscal de San Andrés en concepto de Chambelan del Rey, llamó el Almirante; mas la puerta, solamente empujada por el dedo, cedió y se abrió, dando paso á la antecámara.

El Almirante entró.

En la antecámara habia un ugier en cuyo semblante se advertia cierto azoramiento.

— Buen amigo, dijo, no obstante la hora, ¿está visible el Sr. Mariscal?

— El Sr. Mariscal lo estaria de todos modos para S. E., respondió el ugier; mas un acontecimiento estraordinario le ha obligado á pasar al cuarto de S. M.

— ¿Un acontecimiento estraordinario?... dijo el Príncipe de Condé.

— Sí, señor; estraordinario.

— Pues cabalmente es un acontecimiento estraordinario el que nos trae á visitarle, dijo el Almirante; y acaso sea el mismo que ha obligado al Mariscal á pasar al cuarto del Rey.

¿Por ventura no tiene relacion con una piedra que se ha tirado á sus habitaciones y roto una de las vidrieras?

— Sí, señor; y que ha caido precisamente á los piés del Mariscal cuando se dirigia desde su despacho al dormitorio.

— Ved, pues, cómo conozco el acontecimiento de que se trata... Y como podria suceder que diese algun indicio interesante al Sr. Mariscal para descubrir al culpable, desearia poder hablar con él sobre el particular.

— Si el Sr. Almirante quiere esperar, replicó el ugier, puede pasar entre tanto al cuarto de la señorita, en la inteligencia de que probablemente no tardará en volver el Sr. Mariscal...

— Mas la señorita acaso no podrá recibirnos á estas horas, y por nada en el mundo querríamos que se la molestase ni pasar por indiscretos, observó el Príncipe.

— ¡Oh Monseñor!... dijo el ugier, que habia reconocido al Príncipe de Condé; V. A. puede estar tranquilo en ese punto; porque un instante hace que acabo de ver á una de sus doncellas, que me ha dicho haber dado á entender la señorita que no se recogeria á su dormitorio hasta que su padre estuviese de vuelta y supiese lo que significaba aquella carta.

— ¿Qué carta? preguntó el Almirante.

El Príncipe tocó con el codo al Almirante.

— La en que probablemente iria envuelta la piedra. Eso es muy fácil de suponer.

É inclinándose hácia él, le dijo en voz baja:

— Es una manera de comunicarse, de que yo he hecho uso en algunas ocasiones con el éxito más completo.

— En ese caso, dijo el Almirante, aceptamos la oferta, buen amigo. Pasad recado á la Srta. de San Andrés, y que os diga si puede recibirnos al Príncipe de Condé y á mí.

El ugier desapareció.

Un momento despues volvió á anunciar á los dos señores que la Srta. de San Andrés los esperaba.

— Ya os seguimos, dijeron á la vez el Príncipe y el Almirante.

Y precedidos del ugier cruzaron el corredor que conducia al gabinete de la Srta. de San Andrés.

— Confesad una cosa, querido Príncipe, dijo á media voz el Almirante.

— ¿ Cuál?...

— Confesad que me obligais á hacer un singular oficio.

— ¡Bah!...

— ¿No es cierto lo que os digo?

— ¡Ah querido primo! repuso Condé; vos conoceis bien el proverbio « No hay oficio bajo, » sobre todo, cuando es de aquellos que se ejercen para la amistad.

Miéntras tanto llegaron á la habitacion de la Srta. de San Andrés.

El ugier los anunció:

— Monseñor el Príncipe de Condé; S. E. el Almirante de Coligny.

Y en seguida se oyó decir á la Srta. de San Andrés con el timbre de voz más gracioso:

— Que pasen.

El Príncipe y el Almirante entraron.

La habitacion de la Srta. de San Andrés era realmente encantadora. Era un gabinetito tapizado de damasco azul claro, en el que la Srta. de San Andrés, blanca, rubia y sonrosada, parecia una náyade en su gruta azul.

El Príncipe se quedó deslumbrado.

— ¡Oh Dios mio!... Señorita, ¿os ha ocurrido algo, ó al Sr. Mariscal? preguntó el Príncipe de Condé, como si el cuidado en que estaba fuera tanto que le dispensase de los cumplimientos ordinarios.

— ¡Pues qué! dijo la Srta. de San Andrés, ¿teneis ya noticias de lo sucedido, Monseñor?

— Sí, señorita, replicó el Príncipe. Salíamos del Louvre el Sr. Almirante y yo, y llegábamos cabalmente bajo vuestras ventanas, cuando sentimos pasar silbando sobre nuestras cabezas una piedra, y al mismo tiempo un gran ruido como de vidrios rotos, que nos alarmó: y hemos vuelto al Louvre en el mismo instante, y nos hemos tomado la libertad de venir á informarnos de vuestros criados, si acaso habia ocurrido algo al Sr. Mariscal. El buen hombre á quien nos hemos dirigido, nos contestó, muy imprudentemente sin duda, que podríamos informarnos de vos misma, que á pesar de la hora avanzada de la noche, tal vez quisiérais recibirnos en gracia del motivo que nos traía. El Almirante titubeaba; mas el interés y afecto que profeso al Sr. Mariscal y á su familia me hicieron insistir, y de una ó de otra manera, indiscretos ó no, es el caso que nos encontramos aquí.

El Príncipe hizo una graciosa cortesía cuando concluyó.

— Sois en verdad demasiado bueno, Príncipe mio, creyendo que sólo nósotros podíamos ser los amenazados, y tomándoos tanto cuidado en nuestro obsequio. Mas el peligro amaga sobre cabezas más altas que las nuestras, y es un milagro del cielo el que V. A. se haya encontrado donde dice, para defender en caso necesario la vida del Rey.

— ¡Será posible, señorita!... dijo el Príncipe.

— Sí, señor; ¡muy posible!

— ¡Qué es lo que decís, señorita!... esclamó con viveza el Almirante; ¡que la vida de S. M. corre peligro!...

— Sí, señor.

— ¡Oh!...

— ¡Qué atrevimiento!...

— ¿Y cómo se ha descubierto?

— Esa piedra que ha roto los vidrios, venía envuelta en una carta, y esa carta anunciaba la muerte del Rey en el caso de que S. M. consintiera que se ejecutase la sentencia dada contra el Magistrado Anna Dubourg.

— ¡La muerte del Rey!... volvió á esclamar el Almirante.

— Sí, señor; la muerte del Rey.

— ¡Será posible!... añadió el Príncipe de Condé con el mismo tono en que hubiera podido decir: «¡oh! ¡qué tiempo hace tan endiablado!...» ó cosa parecida.

Mas la Srta. de San Andrés no aparentó notar la diferencia que habia entre la esclamacion del Príncipe y la del Almirante, y continuó, dirigiéndose á M. de Condé:

—Sí, Príncipe; se amenaza de muerte al Rey, y mi padre ha ido á llevar el mensaje á quien iba dirigido.

—Pero en ese caso, preguntó el Príncipe de Condé, llevado por una inspiracion súbita, ¿se habrá prevenido ya al jefe de la guardia?...

—Lo ignoro, Monseñor, respondió la Srta. de San Andrés. Mas en todo caso, si no se ha hecho, deberia hacerse en el instante.

—Seguramente: no hay que perder un momento, continuó el Príncipe. ¡Cómo!... ¡cuando amenaza un peligro al Rey, se le va á comunicar sin haber prevenido ántes al capitan de su guardia!...

Y luégo, volviéndose á Coligny, le preguntó:

—¿No es Dandelot, vuestro hermano, el jefe de la guardia del Louvre esta semana?·

—Cierto, mi querido Príncipe, respondió el Almirante, cogiendo al vuelo el pensamiento de Condé. Y por lo que pueda suceder, voy yo mismo á indicarle que redoble su vigilancia, que cambie el santo y seña, y en fin, que esté sobre aviso.

—Sí, sí; no perdais un instante, dijo el Príncipe, gozoso de haber sido tan bien entendido; ¡y quiera Dios que no sea ya tarde!...

El Almirante se sonrió, y se retiró, dejando al Príncipe de Condé á solas con la Srta. de San Andrés.

Ésta siguió mirando con sonrisa burlona al grave Almirante miéntras se despedia y alejaba.

Luégo, volviéndose al Príncipe, dijo:

—¡Que haya quien diga ahora que V. A. no es tan adicto al Rey como su propio hermano, y yo le contestaré!

—¡Pues qué! ¿ha puesto alguno en duda mi adhesion al Rey? preguntó el Príncipe.

—Sí, Monseñor.

— ¡Oh!... ¿Y quién ha tenido tal atrevimiento? ...

— Toda la corte, Monseñor; y muy particularmente, yo.

— ¡Vos!...

— Sí, Monseñor.

— ¡De veras!...

— Muy de veras, Monseñor.

— Que la corte dudara, no tiene nada de particular, siendo toda partidaria del Duque de Guisa; miéntras que vos...

— Yo no le pertenezco aún, pero voy á pertenecerle: es la diferencia que hay del presente al futuro, nada más.

— ¿Conque al fin os casais?...

— Así parece, Monseñor...

— ¿Es decir, que ese enlace increible es seguro?

— Sí, Monseñor.

— ¿Muy seguro?...

— Ahora más que nunca, Monseñor.

Condé hizo un movimiento de cabeza en señal de incredulidad.

La Srta. de San Andrés se sonrió.

— ¿Que no? preguntó.

— Lo dudo.

— ¡Bah!... ¿Por qué, Monseñor?

— Yo no sé por qué, dijo el Príncipe; pero tengo en mi cabeza, y mejor diria, en mi corazon, el presentimiento de que ese enlace no se ha de verificar.

— Eso es asegurar demasiado.

— ¡Qué quereis!... lo siento así...

— En verdad, Príncipe, empezaria á temer, si no fuérais tan mal profeta.

— ¡Oh Dios mio!... ¿quién ha podido desacreditar en vuestro concepto mi ciencia astrológica?

— ¿Quién?...

— Sí, señorita...

— Vos mismo, Príncipe.

— ¿Cuándo?... ¿cómo?...

— ¿No lo recordais, Monseñor?

— Perdonad, señorita... pero no recuerdo...

— Prediciéndome que yo os amaria.

— ¿Cuándo he predicho yo tal cosa?...

— ¿Quereis que os ayude á recordar?

— Sed tan amable... os lo ruego.

— Veo que habeis olvidado el dia de la *pesca milagrosa*.

— ¡Que lo he olvidado, decís!...

— Sí, Monseñor.

— Para olvidarlo sería preciso, señorita, que hubiese roto las mallas de la red en que me cogísteis aquel dia.

— ¡Oh Príncipe! mejor diríais de la red en que vos mismo os enredásteis. Bien sabe Dios que yo no he tendido red ninguna con ánimo de cogeros.

— No; pero me habeis atraido á vos como esas sirenas de que habla Virgilio.

— ¡Oh!... dijo la Srta. de San Andrés, á quien, como á todas las elegantes de aquella época, tan pedante casi como disoluta, era casi familiar el latin: *dessinit in piscem*. Miradme bien... ¿acabo yo en pez?

— No á fé; y por eso mismo sois mucho más peligrosa, puesto que teneis la voz y los ojos de las antiguas encantadoras, sin su monstruosa deformidad. Vos me habeis atraido sin saberlo, inocentemente quizá; pero yo estoy desde entónces, os lo juro, indisolublemente encadenado.

— Si yo pudiera dar crédito á vuestras palabras, os compadeceria muy de veras, Príncipe; porque amar sin ser correspondido, me parece que es el sufrimiento más cruel que puede esperimentar un corazon sensible.

— ¡Ah!... tened compasion de mí, señorita.

— ¡Ah!...

— Compadecedme, pues, con toda vuestra alma; porque no ha habido en el mundo amante ninguno que haya sido peor correspondido.

— Al ménos, me haréis esta justicia, Príncipe, respondió

sonriendo la Srta. de San Andrés; que yo os previne á tiempo.

— Pero entónces sucedia ya una cosa...

— ¿Cuál?...

— Que era demasiado tarde.

— ¡Sí!...

— Sí, señorita.

— ¿Y de qué era data vuestro amor?

— ¿De qué era?...

— Sí, Monseñor. ¿De la era cristiana, ó de la mahometana?

— De la feria de Landit, de aquel dia desgraciado ó venturoso en que encapotada en vuestro manton os aparecísteis á mí con la cabellera descompuesta por la tormenta y serpenteando en trenzas de oro en torno de vuestro cuello de cisne.

— ¡Desde aquel dia!...

— Ó por mejor decir... desde aquella noche.

— ¡Pero si apénas me hablásteis una palabra, Príncipe!...

— Probablemente os miraria demasiado, y la vista ha suplido á la palabra. Á las estrellas no se las habla: se las contempla, se las admira, y se espera.

— ¿Sabeis una cosa, Príncipe?...

— ¿Qué?...

— ¿Sabeis que es esa una comparacion que envidiaria el mismo Rousand?

— ¿Eso os asombra?...

— Sí, Monseñor.

— ¿Y por qué, señorita?...

— Porque yo no os creia con un genio tan inclinado á la poesía.

— Entónces, os diré á mi vez una cosa.

— Decidla, Monseñor.

— Los poetas, señorita, son los ecos de la naturaleza: ella canta, y los poetas repiten sus acentos.

— Pues insisto en mi idea, Príncipe, y digo que se os calumnia cuando se dice que sólo teneis talento, pues veo que teneis tambien una brillante imaginacion.

— No es eso, señorita.

— ¡No!...

— Es que tengo en mi corazon vuestra imágen, y esa imágen radiante ilumina hasta mis más insignificantes palabras: no me atribuyais, pues, un mérito que sólo á vos es debido.

— Sois muy galante, Monseñor.

— Soy justo y nada más.

— Pues bién, Príncipe, creedme: cerrad los ojos; no mireis más á mi imágen. Esto es todo lo que puedo desearos de más feliz.

— ¿Y creeis que eso lo puedo hacer yo?...

— ¡Y por qué no, Monseñor!...

— ¿Y si yo no aceptara el consejo que me dais con tanta bondad? Si á pesar de vuestra severidad continuara yo adorando en mi pecho una divinidad inflexible; si despues de haberos ofrecido todas las pruebas de una ternura incomparable, yo persisto en amaros secretamente, y por toda recompensa, por toda correspondencia yo os pidiera únicamente el favor de pasar un instante al lado vuestro, así como ahora, á la distancia á que nos encontramos, embebecido en escuchar el eco dulcísimo de vuestra voz, regenerándome al calor de los rayos de vuestros ojos; si, en una palabra, contentándome con el título de vuestro servidor humilde, respetuoso y adicto, yo no os exigiera otra cosa que la gracia de contemplaros de cuando en cuando, durante una hora, ménos de una hora aún, media hora; decidme, ¿os pareceria demasiado?

— Sí, Príncipe; eso sería demasiado.

— ¡Oh!...

— Sería demasiado... porque no os doy crédito.

— ¡Os lo juro!

— Pues no os creo.

— ¡Ah!... creedme.

— ¡Sí!...

— Sí, creedme, señorita.

— Pues supongamos que os creo. En ese caso, en vez de

verter un bálsamo consolador sobre vuestras heridas, como deseria hacerlo, no conseguiria con mi presencia más que enconarlas y avivarlas cruelmente. No me pidais, pues, Príncipe, el permiso de verme, ni en público ni en secreto, porque me veria precisada á negároslo... Me comparábais hace un momento á una estrella, ¿no es así?

El Príncipe hizo un movimiento indicando que sostenia la comparacion.

— Pues bien; sea una estrella, continuó diciendo la Srta. de San Andrés; acepto la comparacion, y voy á concluirla : permitidme que brille para todo el mundo, y no distraigais mis fulgores en beneficio esclusivo de nadie.

— ¿Y cómo, entónces, amais á M. de Joinville? Yo os amaria así, rielante y fúlgida para todos, sin pertenecer á nadie; y la desgracia comun, sin consolarme, me ayudaria á soportar la mia: Pero ¿es ahora así? No: es, por el contrario, á causa de M. de Joinville la dura repulsa que encuentra en vos el ofrecimiento que os hago de mi amor.

— Y áun cuando fuera como decís, Príncipe, siendo mi padre el brazo derecho de M. de Guisa, ¿no es para mí un deber filial vengar á Monseñor de Guisa y á mi padre de vuestros desdenes?

— ¡No, y mil veces no!... No, si sentís en vuestro corazon una sola chispa del fuego que arde en mí: no, si vuestro corazon está hecho de la misma materia que mi corazon. Vos, señorita, no podeis ser tan cruel, que me querais castigar por amaros. Escuchadme: bien sabeis que yo soy ambicioso, y tanto como ambicioso, apasionado por la guerra... Pues bien; guerra, ambicion, todo lo olvidaré... patria, familia, todo lo abandonaré... Veníos conmigo: yo os cobijaré bajo mi manto.

— ¡Monseñor!...

— Sí, señorita; veníos conmigo...

— ¿Á Navarra, mi querido Príncipe?... Mas al desplegar vuestro manto, cubriréis los Estados del Rey de Navarra, vuestro hermano.

—No irémos á Navarra, si os parece poco, sino hácia otro mundo, hácia ese mundo de piedras preciosas, de plata y oro, que un atrevido navegante acaba de descubrir, de que algunos aventureros han conquistado una pequeña porcion, pero donde quedan reinos diez veces más estensos que la Francia. En ese mundo gigantesco hay rios cuyo orígen es desconocido, y que se dice vienen del Paraiso; hay islas que parecen inmensos canastillos de flores. Veníos allá conmigo, y os conquistaré un reino, y consagrando á vos únicamente esta cabeza, este corazon, este brazo que pertenecen á todos, os daré las montañas de Méjico y del Perú, si gustais del bullicio y del brillo; ó las selvas vírgenes del interior de la América, si preferís el sosiego y las sombras... Con vos, para vos y por vos, me siento con fuerzas para renovar las proezas de los antiguos paladines. Y si despues de cien grandes hazañas consumadas no consiguiese todavía merecer los favores de mi dama... á falta de la dicha de vivir, conseguiré, por lo ménos, el honor de morir por ella.

La desdeñosa jóven miraba al Príncipe con cierto asombro: aquella ardiente y apasionadísima plática la agradaba, y lisonjeaba su orgullo.

—Os creo, Príncipe, dijo; creo que cualquiera dama podria confiaros con toda seguridad su vida que proteger, su honor que vengar; que sois capaz de los más grandes hechos, y que hay para que se considere dichosa y afortunada la que llegue á ser dama de tal caballero. Pero ¡qué quereis que os diga!... yo no me siento llamada á tan altos destinos: me creo llamada lisa y llanamente á ser la esposa de aquel, quien quiera que sea, que mi padre me escoja por esposo. No sé si esperimentaré hácia él jamás ese vivo sentimiento que vos decís esperimentar hácia mí. Mas si yo no soy para él una amante en la genuina espresion de la palabra, seré al ménos una esposa irreprensible, una madre cariñosa, toda consagrada á mis deberes.

—¡Soy muy desgraciado, señorita!

19

— ¿Por qué, Monseñor?...

— Porque nada puede doblegaros, puesto que es la virtud, y sólo la virtud, la que os prohibe dar oidos á mis súplicas.

— Sí, Príncipe; es la virtud... ¿Os parece insuficiente esa razon? ¡Qué quereis!... yo soy novicia en la corte, y no he adquirido todavía sus costumbres ni sus tradiciones. Mi conciencia se rebela contra la sola idea de engañar al hombre honrado que me hace el honor de tomarme por esposa.

— Me inclino, señorita, ante esa lealtad. Me lastima, me hace padecer... pero acepto resignado mi mala suerte.

— Yo os doy el parabien por vuestra resolucion, y ruego á Dios os la recompense.

Mas el pobre Príncipe, muy de otra manera jóven y sencillo de corazon que la jóven á quien se dirigia, estaba muy léjos de tener esa resolucion por la que la Srta. de San Andrés le deseaba tan caritativamente una recompensa; estaba, por el contrario, más inflamado que nunca: sólo que, cuando resonaron en sus oidos las palabras honor, virtud, deberes, se conmovió á pesar suyo, y se despertaron todos los buenos sentimientos que tenia en el alma, y á pesar suyo, decimos, le subyugaron.

Este grito de la conciencia se prolongó algunos instantes; pero acostumbrado como estaba, no obstante su juventud, á sondear en toda su profundidad el corazon de las mujeres; y recordando ademas lo que pocos momentos ántes le habia dicho el Almirante de la Srta. de San Andrés, empezó á poner en duda la franqueza de la jóven y á interrogarla de nuevo.

Mas la hermosa sirena (nosotros, como se ve, le conservamos el título que habia empezado á darla el Príncipe), la fúlgida estrella, título que parecia lisonjear su vanidad, fascinaba con su talento y su coquetería al malaventurado Condé.

Aconteció, que despues de dos asaltos intentados de nuevo y de nuevo rechazados, el Príncipe, como una ola impulsada por la marea, cansada de batir una roca, prepara su retirada con el reflujo, pensó en hacer la suya, procurando en vano penetrar el secreto de aquella frialdad, para él sin ejemplo, y tan poco usual entre las damas de la corte, principalmente tratando con él.

Y así; con el corazón despedazado por el despecho, por el orgullo y por el amor á un mismo tiempo, el Príncipe se aproximó á ella, é inclinándose, le dijo con voz conmovida y casi temblorosa:

— Señorita, quedad con Dios, y dispensadme la turbacion de un general que tiene cierto crédito y que acaba de perder una batalla para la que se habia estado preparando tres meses seguidos. Yo me declaro vencido, y sin el recurso siquiera de intentar una retirada, puesto que es una verdadera derrota la que he sufrido.

La Srta. de San Andrés, tan gozosa de la victoria como el Príncipe de Condé pudiera sentirse de humillado por la derrota, dió entónces un paso hácia él, y alargándole la mano,

— Tomad, Príncipe, le dijo; así es como trato yo á mis vencidos.

El Príncipe cogió aquella mano blanca, pero fria, de la valerosa jóven, é imprimió en ella apasionadamente sus labios.

— ¡Oh!... ¡gracias... gracias, señorita!... dijo conmovido.

La Srta. de San Andrés se sonrió.

En este movimiento mal calculado, una lágrima apénas contenida en la comisura de los párpados del Príncipe, lágrima que la fiebre del orgullo habia procurado en vano desecar, cayó sobre aquella mano alabastrina, en que tembló y brilló como un diamante.

La Srta. de San Andrés la sintió y la vió á la par.

— ¡Ah Príncipe!... ¡Es que llorais de veras!... esclamó ésta soltando una carcajada.

— Es una gota de lluvia despues de una tormenta, contestó el Príncipe suspirando. ¿Qué hay de particular en eso?

La Srta. de San Andrés lanzó sobre el Príncipe una mirada de fuego; aparentó luchar un instante entre la coquetería y la compasion; y al fin, sin que se pueda decir cuál de estos dos sentimientos predominara, bajo la influencia de esta mezcla de los dos sentimientos tal vez, sacó de su bolsillo un finísimo pañuelo de batista sin armas y sin iniciales, pero perfumado de la esencia que ella acostumbraba á usar, y dándoselo al Príncipe, le dijo:

— Tomadlo, Monseñor; y si es que por desgracia estais sujeto á esa enfermedad de llorar que creo se llama debilidad palpebral, ahí teneis ese pañuelo para enjugar vuestras lágrimas.

Y luégo, con una mirada en que indudablemente tenia la mayor parte la coquetería, añadió:

— Guardadlo en memoria de una ingrata.

Y en seguida, ligera como una hada, desapareció.

El Príncipe, medio loco de amor, recibió el pañuelo en sus manos; y como si temiera que se le recogiese esta preciosa prenda, se lanzó por las escaleras, sin acordarse ya de que la vida del Rey estuviese amenazada, ni de que su primo el Almirante debia volver á buscarle al cuarto de la Srta. de San Andrés; pensando sólo en una cosa: en besar frenéticamente el precioso pañuelo.

C. Mugica, dib.º   Lit. Heraldica.

......Tomad Principe y conservadlo en memoria de una ingrata.___

CAPÍTULO IV.

La virtud de la Srta. de San Andrés.

N o bien hubo llegado á la valla de la ribera del Sena, se detuvo el Príncipe de Condé, como si hubiera creido que no necesitaba ménos de los quinientos pasos que acababa de interponer entre él y la Srta. de San Andrés, para asegurarse la posesion tranquila de la estimada prenda.

Tampoco hasta aquel momento se acordó del Almirante ni de la promesa que le habia hecho de esperarle. Estuvo, pues, como un cuarto de hora apretando el pañuelo con sus labios, llevándolo y oprimiéndolo contra su corazon como hubiera podido hacerlo un estudiante de diez y seis años en la fiebre de su primer amor.

Ahora, para aguardar al Almirante en realidad, ¿á dónde iria?... Pura y simplemente á donde pudiera ver más largo tiempo aquella luz que tenia la fatal influencia de atraerle como á una hermosa falena, hasta que acabara por perder en ella sus brillantes alas.

Por lo demas, el pobre Príncipe estaba en un paroxismo de febril pasion, y aquel pañuelo contribuia no poco á aumentar el incendio.

Él se acordaba, ó tal vez creia acordarse — porque la imaginacion es una hada tan caprichosa, que estas y otras ilusiones mucho más atrevidas y estrañas nos presenta como muy positivas — creia acordarse de que al entrar en el gabinete de la Srta. de San Andrés habia visto pasar una punta de este pañuelo por el escote del vestido; y por un atrevido salto de la imaginacion, que no podrémos afear bastante en el Príncipe de Condé, por más que sea nuestro héroe predilecto, llegó á representarse buenamente los tesoros de belleza y de juventud con que habia estado en contacto aquella fina batista, y de su tejido sutil se exhalaban aromas virginales que le embargaron la cabeza.

Muy léjos estaba en aquellos instantes de tenerse por vencido el orgulloso campeon de amor: y si oculta detrás de las colgaduras de su balcon le hubiera podido observar la encantadora jóven á favor de la claridad de la luna, habria visto otra lágrima, y lágrima de felicidad, brillando en los párpados del Príncipe, y tambien comprendido sin duda que aquel pañuelo, en vez de enjugar el llanto, tenia la virtud de hacerlo brotar, y que las lágrimas del sentimiento habian sido reemplazadas por las de la dicha.

Al cabo de algunos minutos de estos trasportes de amor frenético y de caricias, uno de los sentidos del Príncipe, que estaba fuera de juego, para vengarse sin duda del olvido en que le tenia su embebecido señor, despertó sobresaltado por una cierta impresion que no podia definir.

Este sentido era el del oido, y la impresion que lo puso en alarma, un ruido.

El ruido partia evidentemente de las entrañas del pañuelo; mas el Príncipe tardó un buen rato en apercibirse de él. ¿Cómo podia suponer que la batista pudiera hacer tales ruidos, áun entre las manos de un enamorado?

Se hubiera dicho que era la danza de las hojas muertas al primer soplo del otoño; ó bien una pequeña bandada de insectos al volver en tropel al tronco del árbol en que tienen su asilo, despues de la fiesta del dia; ó bien aún las notas melancólicas que hacen oir las gotas que se filtran en las grutas al caer en el fondo oscuro.

Era, en fin, un crujido ligero, semejante al que hace en la mano una tela de seda.

¿De dónde procedia el ruido? ¿qué era lo que lo causaba?

Evidentemente aquel hermoso y encantador pañuelo de batista no podia producir por su sola voluntad y su propio movimiento aquel ruido tan insólito para él.

El Príncipe de Condé, asombrado de este ruido, desdobló minuciosamente el pañuelo, que le descubrió muy ingénuamente su secreto.

Procedia de un papelito arrollado que sin duda se encontraba por descuido ó por ignorancia entre los pliegues del pañuelo.

El papelito, no sólo parecia estar impregnado del mismo perfume que el pañuelo, sino que quizás aquel aroma delicioso podia proceder, no del pañuelo, sino del papelito.

El Príncipe de Condé se disponia á coger entre el pulgar y el índice el diminuto y delicado papel, con la misma precaucion y cuidado que pone un niño al coger las alas de una mariposa parada sobre una flor: y así como la mariposa se escapa del niño, así el papelito, impulsado por un soplo del viento, se escapó de entre los dedos de Condé.

El Príncipe le vió flotar en el aire como un copo de nieve, y corrió en pós de él con muy distinto anhelo que el niño que corre en pós de su mariposa.

Desgraciadamente el papel habia caido entre las piedras labradas para la construccion del palacio, y como era casi del mismo color que estas piedras, era muy difícil distinguirlo entre los recortes de la cantería que cubrian el suelo.

El Príncipe se puso á buscarlo con todo empeño, mejor diríamos, con desesperado encarnizamiento que crecia á cada momento de retardo. ¿Pues no habia llegado á figurarse — ¡los enamorados tienen tan singulares aprensiones! — que la señorita de San Andrés le habria visto bajo sus balcones, que habria escrito aquel papelito para dárselo cuando la ocasion se presentara, y que habiéndose presentado la ocasion aquella noche, se lo habia dado?

La cartita le daba probablemente la esplicacion de su conducta, y el regalo del pañuelo no habia sido sino un modo de hacerla llegar á sus manos.

Figurándose estas cosas, se convendrá en que, dejar perder el precioso mensaje, era una torpeza de marca mayor.

Mas el billete no se habria perdido, y M. de Condé lo juraba, aunque le fuera preciso estarse allí hasta que fuera de dia claro.

Y entre tanto él seguia buscando, pero inútilmente.

Bien le ocurrió llegarse de una carrera al cuerpo de guardia más inmediato, tomar un farol y volver á buscar su carta.

Pero y si por su mala fortuna, en ese medio tiempo se levantaba una ráfaga de viento, ¿quién le decia al Príncipe dónde y cuándo podria encontrarlo?

Hallábase en esta cruel perplejidad, cuando vió venir hácia sí una ronda de noche, precedida de un sargento con su linterna en la mano, que era lo que en el momento podia convenirle más.

Llamó, pues, al sargento, se dió á reconocer, y le pidió por un instante la linterna.

Despues de un minuto de investigacion, dió un grito de alegría, porque acababa de ver el bienaventurado papel.

Esta vez no intentó siquiera escapar, y con indescriptible alegría le echó la mano encima el Príncipe.

En este mismo acto, el de echar la mano al papel, sintió otra que le tocaba la espalda, y una voz muy conocida que le preguntaba con aire marcado de admiracion:

—¿Qué diablos haceis aquí y de este modo entretenido, mi

querido Príncipe! ¿Buscais, por ventura, á algun hombre?

El Príncipe reconoció la voz del Almirante.

Devolvió en el acto la linterna al sargento, y le dió para que bebieran todos, las dos ó tres monedas de oro que llevaba en el bolsillo, y que acaso eran por entónces todo el patrimonio del pobre segundon.

— Buscaba, le contestó, otra cosa mucho más importante para un enamorado, que puede serlo un hombre para un filósofo: buscaba una esquelita de una mujer.

— ¿De veras?...

— Como lo estais oyendo.

— ¿Y la habeis encontrado?

— Afortunadamente; porque si no me hubiese obstinado en buscarla y encontrarla, podria verse mañana horriblemente comprometida alguna honrada señora de la corte.

— Eso es muy digno de un caballero discreto. ¿Y la carta?

— Aquí está, dijo mostrándosela el Príncipe, pero sin soltarla de la mano.

— Estoy impaciente por saber su contenido.

— La carta no tiene importancia sino para mí, querido Almirante, dijo el Príncipe, guardándosela en el bolsillo del costado de la casaca. Ahora, miéntras llegamos á la calle de Bethiny, á donde voy á acompañaros, decidme qué es lo que ha pasado entre el Mariscal de San Andrés y el Rey.

— Á fe mia que es muy amenazador y muy grave lo que ha sucedido. Un asesino que tiene todas las trazas de querer cumplir su palabra, anuncia muy lisa y llanamente al Rey, que le matará si se ejecuta el dia 22, como se dice, la sentencia pronunciada contra el Magistrado Anna Dubourg.

— ¡Ah!... ¿conque dice eso, mi querido Almirante? repuso dando una carcajada el Príncipe. Eso tiene todas las trazas de venir de manos de algun desesperado, que por añadidura haya bebido un poco más que de costumbre ó de lo que debiera para no perder el juicio.

— Pues yo lo siento muy formalmente, dijo Coligny, y

dudo mucho que eso pueda influir favorablemente en la suerte del apreciable Magistrado. Porque ¿cómo solicitar su perdon ahora del Rey, que nos contestará : « No ; porque si ese hombre no muriera, se diria que era porque tenia miedo ? »

El Príncipe cesó de reir y se puso pensativo.

— Sin embargo, dijo despues de algunos momentos, reflexionad sobre esta gravísima cuestion, mi querido Almirante, y no dudo que, gracias á vuestra penetracion y gran talento, ha de haber algun medio de evitar ese triste suceso.

Y como hubiesen llegado á la iglesia de San German de Auxerre, y para ir á su alojamiento el Príncipe tuviese que cruzar el Sena por el puente más próximo, al mismo tiempo que á diez pasos de ellos los serenos cantaban la una, todas estas consideraciones, unidas á la gran distancia á que se hallaba de su casa á hora tan avanzada de la noche, sirvieron de pretesto al Príncipe para despedirse del Almirante y tomar el camino hácia su alojamiento.

El Almirante por su parte estaba demasiado preocupado para pensar en detenerle.

Resultó, pues, que no oponiéndose ya nada á la partida del Príncipe de Condé, cuando hubo perdido de vista al Señor de Chatillon, apretó el paso, acelerándolo cada vez más, temeroso de que no se le estraviase de nuevo el precioso billete.

Al cabo de diez minutos, el Príncipe, á cuenta de andar, corria.

Mas esta vez no habia peligro de que tal sucediera.

Entrar en su casa, subir los diez y seis ó diez y ocho escalones que conducian á su habitacion, hacer encender á su ayuda de cámara unas bujías, despedirle diciendo que no le necesitaba para nada, cerrar la puerta detrás de él, aproximarse á la luz y sacar la cartita de su bolsillo, todo esto fué obra de dos minutos escasos.

Sólo que en el momento de desenvolver y leer el delicioso mensaje de amor — pues un papelito tan perfumado no podia ser otra cosa — le pasó una nube por los ojos, y el corazon empezó á palpitar con tanta violencia, que se vió precisado á apoyarse contra la chimenea.

En fin, ya repuesto, desvanecido el mareo y libres sus ojos de la gasa que habia tendido ante ellos la esperanza de la dicha, pudieron fijarse en el billete y leer las líneas siguientes, que en la dulce ilusion que se habia formado, estaba muy léjos de esperar.

Y vosotros, amables lectores, podréis figuraros, cuando veais el contenido de la cartita dejada por descuido en el pañuelo por la Srta. de San Andrés, en qué abismo de desgracia pondria á su amante desesperado.

Los que conoceis el corazon humano, ¿qué opinion formaréis de esa jovencita, que no ama ni al lindo page ni al interesante Príncipe, y que da citas nocturnas al uno para pedirle una caña de pescar, y da su pañuelo al otro para ayudarle á enjugar las lágrimas que ella ha hecho correr, y todo esto en vísperas, cuando estaba para casarse con un tercero?

Pero el corazon humano es un abismo insondable, como dijo un filósofo de la antigüedad.

La naturaleza produce efectivamente corazones de piedra, 'y de piedra tan dura, que no hay cincel que la pueda labrar.

¿Lo dudais?

Pues escuchad el contesto del perfumado billete, y luégo me diréis.

« No dejeis, mi querido amor, de estar mañana á la una » de la noche en el salon de las Metamórfosis. La habitacion » en que nos hemos visto la noche anterior, está demasiado » próxima al cuarto de las dos Reinas, y el temor de despertarlas no me ha dejado estar tranquilo. Nuestra fiel confi- » denta tendrá cuidado de que la puerta esté abierta para esa » hora. »

El billete no tiene firma.

La letra es desconocida.

— ¡Oh! ¡malvada!... esclamó el Príncipe, dando un puñetazo sobre la mesa y dejando caer al suelo la carta.

. El contesto de esta, en honor de la verdad, merecia tal esclamacion.

Despues de la primera esplosion de su despecho, salida del fondo de su corazon, quedó el Príncipe como petrificado.

Pero muy luego, recobrando la palabra y el movimiento, empezó á pasear aceleradamente por su habitacion, y esclamó:

— ¡Decia bien el Almirante!...

Vió entónces la carta por el suelo: dió dos pasos hácia ella, la recogió, se dejó caer en un sillon, y continuó diciendo entre sollozos cada vez más violentos:

— ¡Conque he estado siendo el juguete de una... coqueta!... ¡y esta coqueta que así se ha estado burlando de mí, es una niña de quince años!... ¡y yo, el Príncipe de Condé, es decir, el hombre reputado en la corte por más conocedor del corazon de las mujeres; he sido la víctima de la doblez de una coquetuela precoz, de una niña en toda la estension de la palabra!... ¡Voto á cribas!... ¡me avergüenzo de mí mismo! ¡he sido burlado como un estudiantillo imberbe!... ¡Y he pasado así seis meses enteros!... ¡seis meses de la vida de un hombre inteligente, sacrificados, perdidos, echados al viento sin objeto, sin razon, sin utilidad, sin gloria!... ¡he pasado seis meses amando locamente á una... bribonzuela!...

La emocion que en este momento sintió fué tan violenta, que como movido por un resorte, esclamó:

— ¡Yo!... ¡yo!...

Y se levantó furioso.

En este estado, empezó á pasearse, ó por mejor decir, á recorrer la habitacion.

Su furor habia llegado á su colmo.

— Pero ahora que te conozco y nos conocemos los dos, verémos quién se la pega á quién... Conocíais mi juego, taimada... yo conozco tambien el vuestro... Yo sabré, os lo prometo por mi nombre, quién es ese hombre que *no ha podido estar tranquilo...*

El Príncipe, furioso, restregó la carta entre sus manos, la

metió despues en el hueco de la mano y el guante, volvió á ceñir su espada, se caló su sombrero, y se disponia á salir, cuando le detuvo una idea súbita : se apoyó con el codo en la tapia, y con la frente en la mano se puso á reflexionar profundamente.

Su abstraccion era completa.

Despues de un momento de reflexion, se quitó el sombrero y lo tiró volando por la habitacion; volvió á sentarse á la mesa, y por segunda vez leyó la carta que acababa de producir en su imaginacion tan espantoso cambio.

Pero escuchemos sus nuevas reflexiones, que quizás nos lo espliquen mejor que pudiéramos hacerlo nosotros.

— ¡Endiablado compromiso! esclamó cuando hubo acabado de leer. ¡Mujer hipócrita y fementida!... ¡me rechazabas con una mano y me llamabas con la otra!... ¡empleabas contra mí, hombre honrado hasta pecar en tonto, todos los recursos de tu infernal duplicidad, y yo no veia nada ni comprendia nada!... ¡Cometí la simpleza de creer en tu lealtad, yo, hombre leal, y de inclinarme, yo, hombre virtuoso, ante tu virtud fingida, y lloraba, sí, lloraba de despecho y de felicidad!... ¡Corred, mis lágrimas, corred ahora; lágrimas de vergüenza y de coraje... corred, y arrastrad con vosotras, como un torrente arrastra las hojas muertas, las últimas ilusiones de mi juventud... las últimas creencias de mi alma!...

Cubrióse los ojos con sus manos.

En efecto, aquel hombre enérgico y vigoroso, aquel corazon de bronce prorumpió en sollozos y lágrimas como un niño.

Despues de un rato de desahogo, volvió á leer la carta, pero aquella vez sin amargura.

Hasta estamos por decir, con serenidad.

Las lágrimas no habian arrastrado consigo ni las ilusiones de su juventud ni las creencias de su alma, que sólo pierden los que nunca las han tenido; mas sí su cólera y su furor.

Es verdad que dejaron tambien el desprecio y el desden más profundos.

— Sin embargo, dijo despues de un instante, yo me he jurado á mí mismo saber el nombre de ese hombre, y lo sabré. No se ha de decir que el hombre con quien ella se ha burlado y reido de mi ridícula pasion, se burle todavía... y viva.

El despecho empezó otra vez á oprimir su corazon con nueva fuerza.

— **Mas ese hombre ¿quién puede ser?** se preguntó el Príncipe.

Y volvió á leer la carta.

— Yo conozco la letra de casi todos los gentiles-hombres y caballeros de la corte, desde la del Rey á la de Mouchy, y no conozco esta. Mirándola detenidamente, se diria que era letra de mujer ó letra contrahecha.

Y volvia y revolvia la carta fatal entre las manos con el mayor furor.

— Á la una de la noche... mañana... en el salon de las Metamórfosis... Esperemos á mañana. Dandelot está de servicio en el Louvre, y Dandelot me dará su auxilio, y áun si fuera preciso, tambien el Almirante.

Formada esta resolucion, el Príncipe se puso en pié, dió aún dos ó tres vueltas por la estancia, y vestido como estaba fué á echarse en su cama.

Mas emociones del género de las que acababa de pasar, producen siempre un estado febril que no dejó al Príncipe cerrar siquiera los ojos al sueño.

Ni áun en la víspera de una gran batalla, por reñida y mortífera que prometiera ser, habia pasado una noche igual.

Por fortuna, la noche estaba muy adelantada, pues los serenos cantaban las tres cuando el Príncipe fué á echarse.

Al rayar el alba se puso en pié, se atavió muy á la ligera, y salió.

Sus ojos móstraban bien á las claras las emociones que habian agitado su espíritu la noche anterior.

Iba á casa del Almirante.

Felizmente para aquella ocasion, M. de Coligny era

muy madrugador, y el Príncipe le encontró ya levantado.

Al ver entrar á M. de Condé tan conmovido y demudado, el Almirante se alarmó.

—¿Qué es esto? esclamó; ¿qué teneis? ¿qué os ha sucedido?

—Bien recordaréis, dijo el Príncipe, que anoche me encontrásteis buscando una carta entre las piedras del Louvre...

—Y áun que tuvísteis la dicha de encontrarla.

—La dicha... sí; me parece que fué esa la palabra que usé. Pues esa carta no era carta de una mujer... sino que era dirigida á una mujer.

—Y esa mujer...

—Como me lo habíais dicho, es... un mónstruo de hipocresía.

—¡Ah! ¡ah!... La Srta. de San Andrés... porque me parece que es de ella de quien hablais.

—Tomad; leed. Esta es la carta que se me habia perdido y andaba buscando con tanto afan, porque el viento la habia llevado de un pañuelo que me acababa de dar.

Coligny alargó la mano, tomó la carta, y se puso á leerla con la mayor atencion.

En el momento que acababa de leerla, entró Dandelot, que venía del Louvre, donde habia pasado la noche.

Dandelot era de la misma edad del Príncipe, y habia entre ambos la más íntima amistad.

Así es que su presencia causó al Príncipe la mayor alegría.

—¡Ah mi buen Dandelot! esclamó; he venido á casa del Almirante, más que por otra cosa, con la esperanza de encontraros.

—Pues bien; aquí me teneis, Príncipe mio.

—Tengo que pediros un favor.

—Estoy á vuestras órdenes.

—Mirad de qué se trata: por una razon que no me es permitido revelaros, necesito entrar esta noche á las doce en la sala de las Metamórfosis. ¿Hay algun inconveniente en ello?

— Sí, Monseñor; y lo siento infinito.

— ¿Y por qué?

— Porque S. M. ha recibido esta noche una carta amenazadora, en la que un asesino declara tener medios para llegar
hasta el Rey: y el Rey ha dado las órdenes más terminantes
para que desde las diez de la noche en adelante no se deje entrar en el Louvre á ninguno de los gentiles-hombres que no
estén de servicio.

— Pero, mi querido Dandelot, dijo el Príncipe, esta órden
no puede referirse á mí: yo he tenido hasta ahora permiso para
entrar á todas horas en el Louvre; y á ménos de que se haya
dado esa órden exprofeso contra mí...

— En verdad que esa órden no puede haberse dado exprofeso contra V. A.; pero como comprende á todos sin distincion,
no negaréis estar comprendido tambien en ella.

— Decís bien; pero es preciso hacer en favor mio una escepcion, por razones que el Sr. Almirante conoce, completamente
estrañas á lo que pasa. Para un asunto puramente personal,
tengo que estar esta noche á las doce en la sala de las Metamórfosis, y es preciso ademas que mi entrada sea secreta para
todos, sin esceptuar á S. M.

La perplejidad que agitaba al hermano de Coligny era visible.

Dandelot titubeaba, lleno de disgusto de tener que negar
una cosa al Príncipe, y se volvió hácia su hermano para interrogarle con la vista acerca de lo que deberia hacer.

El Almirante hizo una señal de cabeza equivalente á estas
cuatro palabras: «Yo respondo de él.»

En vista de esto, Dandelot tomó su partido, y dijo con
acento de amistad:

— Sea, pues. Mas decidme, Monseñor, si el amor entra por
algo en vuestra aventura nocturna; para que, si soy alguna vez
reconvenido por ello, lo sea al ménos por causa que pueda confesar un caballero.

— Bajo ese punto de vista nada os ocultaré, Dandelot. El

amor es la única razon que me obliga á pediros este favor.

— En hora buena, Monseñor, replicó Dandelot. Queda convenido que á media noche os introduciré en la sala de las Metamórfosis.

— Gracias, Dandelot, dijo el Príncipe alargándole la mano amistosamente; y si alguna vez necesitáseis de un auxiliar para asuntos de esta clase ó de otra cualquiera, yo os suplico que no busqueis á otro que á mí.

Y despues de dar la mano uno despues de otro á los dos hermanos, el Príncipe de Condé salió precipitadamente de la casa de Coligny.

CAPÍTULO V.

El salon de las Metamórfosis.

ECORDAD, queridos lectores, las horas de febril angustia que habeis contado lentamente, unas despues de otras, esperando el momento de vuestra primera cita. Mejor aún: traed á vuestra memoria las punzantes angustias que os habrán atarazado el corazon, esperando el instante fatal en que debíais recibir la prueba de la infidelidad de la mujer que adorábais; y podréis formaros una idea de la manera lenta y dolorosa en que pasó este dia, que le pareció eterno, el Príncipe de Condé.

Trató entónces de poner en práctica esta receta de todos los médicos y de todos filósofos de todos los tiempos:

Combatir las preocupaciones del espíritu con las fatigas del cuerpo.

Se hizo traer su caballo inmediatamente, montó en él y le soltó la brida, ó mejor dicho, creyó soltársela, y al cabo de poco tiempo, caballo y caballero se encontraron en Saint-

Cloud, á donde no habia pensado seguramente en dirigirse al salir de su alojamiento.

Lanzó luégo su caballo en direccion opuesta, y al cabo de una hora se encontró de nuevo en el mismo sitio.

El palacio de Saint-Cloud era para él la montaña imantada de los navegantes de las *Mil y una noches*, á donde volvian incesantemente los navíos, que hacian desesperados é inútiles esfuerzos para alejarse de ella.

La receta de los médicos y de los filósofos, infalible para los demas, no habia hecho efecto, á lo que parecia, en el Príncipe de Condé, que se encontró á la noche rendido, muerto de fatiga en verdad, pero tan preocupado de espíritu como estaba por la mañana.

Al oscurecer entraba de vuelta en su casa, abatido, aniquilado, moribundo.

Su ayuda de cámara le entregó tres cartas, que por la letra reconoció ser de tres de las principales damas de la corte, y ni áun las abrió.

Le anunció tambien que habia estado á preguntar por él seis veces nada ménos un jóven, diciendo que ténia que comunicar al Príncipe asuntos del mayor interés, negándose, á pesar de todas las instancias, á decir su nombre; y no hizo más caso del aviso, que si se le hubiera preguntado si lo habia pasado bien, ó si habia hecho buen tiempo.

Se subió á su dormitorio y cogió maquinalmente un libro. Mas ¿qué libro podia entumecer el dolor de la picadura de la víbora que habia envenenado su corazon?

Se echó en la cama; pero por mal que hubiera pasado la noche anterior, por rendido de cansancio que se hallase á consecuencia de las carreras del dia, llamó en vano á ese amigo que se llama sueño, y que parecido á otros amigos, se tiene de sobra en los dias de la dicha y desaparece cuando se tendria más necesidad de él, es decir, en los momentos del infortunio.

Por fin, la hora esperada con tanta ansiedad llegó. La campana de un reloj sonó doce veces, y el sereno pasó cantando: *las doce han dado.*

El Príncipe se puso la capilla, se ciñó la espada, colgó su puñal al cinturon, y salió.

No hay para qué decir qué camino tomaria.

Á las doce y diez minutos estaba en el Louvre.

El centinela tenia recibida la órden.

El Príncipe se dió á conocer, y pasó adelante.

Un hombre se paseaba en la antecámara sobre que se abria la puerta del salon de las Metamórfosis.

El Príncipe titubeó un instante, pues sólo le veia por la espalda; mas al ruido que hizo el Príncipe, este hombre volvió la cara, y nuestro enamorado vió á Dandelot que le esperaba.

—Aquí me teneis, le dijo, pronto, segun mi palabra, á prestaros auxilio contra todos, sea amante ó marido el que trate de cerraros el paso.

—Gracias... pero no tengo que temer á nadie, al ménos, que yo sepa, dijo Condé estrechándole la mano con la suya abrasada por la fiebre. No os figureis que soy yo el favorecido.

—Pues si no sois el favorecido, ¿á qué diablos venís?

—Á ver quién lo es... Mas ¡silencio!... alguno viene.

—Yo no veo á nadie.

—Pero se sienten pisadas.

—Por Dios, dijo Dandelot, que es fino el oido de los celosos.

Condé llevó á su amigo hácia una rinconada, desde donde vieron venir como una sombra, que al llegar á la puerta de la sala de las Metamórfosis, se detuvo un instante, escuchó, miró, y no viendo ni oyendo nada, empujó la puerta y entró.

—No es, murmuró el Príncipe.

—¿Quién?

—No es la Srta. de San Andrés, repitió; esta tiene la cabeza más grande.

—¿Pues qué, es á la Srta. de San Andrés á quien esperais? preguntó Dandelot.

— ¿Cómo?...

Dandelot volvió á hacer al Príncipe la misma pregunta.

— ¡Á quien yo espero!... no. Á quien acecho, sí.

— Pero ¿cómo?... ¿la Srta. de San Andrés...?

— ¡Chist!...

— Pero...

— ¡Chist!...

— ¡Monseñor!...

— Tomad, mi querido Dandelot, le dijo entregándole el consabido billete. Para que no tengais escrúpulos de conciencia, tomad ese billete; guardadlo como á la niña de vuestros ojos; leedlo despacio; y si por acaso no descubriese yo esta noche nada de lo que vengo á buscar, procurad hallar un dueño á ese papel entre todos aquellos cuya letra os sea conocida.

— ¿Podré confiar ésta carta á mi hermano?

— ¿Por ventura tengo yo algo reservado para él?... ¡No sé lo que daria por saber quién ha escrito esos renglones!...

— ¡Sí!...

— Sí, Dandelot.

— Mañana os lo devolveré.

— No; iré yo á buscarlo; dejádsele á vuestro hermano: tal vez tenga algo que contaros... Mas... silencio... hé aquí que sale la de ántes.

En efecto, la sombra que habia entrado en el salon, se dirigia hácia donde estaban los dos amigos.

Por fortuna, el corredor estaba, de intento sin duda, mal alumbrado, y el recodo en que se encontraban los ponia fuera del camino y en la oscuridad.

Mas por el paso ligero y sentado con que la sombra marchaba á pesar de la oscuridad, era fácil adivinar que el camino que seguia le era muy conocido.

En el momento de pasar por delante de los dos amigos, Mr. de Condé dió un apreton de mano á Dandelot.

— Es la Lanoue, le dijo.

Lanoue era una de las mujeres de la servidumbre de Catalina de Médicis ; de entre las mujeres de la servidumbre de la Reina madre, la que se decia era su predilecta, y en la que tenia puesta toda su confianza.

¿Qué venía ella á hacer allí, si no era la llamada por la cita indicada en la carta?

Por lo demas, ella no habia cerrado la puerta, sino que la habia dejado junta, lo cual queria decir que habia de volver.

No habia, pues, que perder un instante, porque esta vez la puerta probablemente se cerraria por dentro.

Todas estas reflexiones pasaron por la mente del Príncipe rápidas como el relámpago.

Apretó por última vez la mano de Dandelot, y se lanzó hácia el salon de las Metamórfosis.

Dandelot hizo un movimiento para detenerle ; mas el Príncipe estaba ya muy léjos.

Como se lo habia figurado, la puerta cedió á la más leve presion, y se encontró en la sala misteriosa.

Este salon, uno de los más hermosos del Louvre ántes que se construyese la galería chica, lo que sucedió en tiempo de Cárlos IX, debia su nombre mitológico á los tapices que lo decoraban.

Efectivamente, las fábulas de Perseo y de Andrómeda, de Mercurio, del dios Pan, de Apolo, de Dánae, formaban los objetos principales de estos cuadros famosos, en que la aguja habia aventajado más de una vez al pincel.

Pero lo que llamaba más particularmente la atencion, dice un historiador de aquellos tiempos, era la fábula de Júpiter y Dánae. La Dánae estaba hecha por una mano tan delicada y de una manera tan sábia, que se veia en su rostro el arrobamiento en que estaba al sentir, ver y escuchar cómo caia la lluvia de oro.

Como si fuera reina entre las demas tapicerías, estaba iluminada por una lámpara de plata, esculpida y cincelada, no fundida, á lo que se decia, por el mismo Benvenuto.

Y en efecto, ¿qué otro que el grabador florentino podia lisonjearse de hacer de una barra de plata un vaso de flores, de donde salia, flor flameante tambien, la luz?

Este tapiz precioso formaba el recinto de una alcoba, y la lámpara, al mismo tiempo que iluminaba á la ninfa inmortal y diminuta, estaba destinada á alumbrar á todas las Dánaes mortales y vivientes que vinieran á esperar en el lecho sobre que estaba suspendida, la lluvia de oro de los Júpiter de este Olimpo terrestre que se llamaba el Louvre.

El Príncipe miró todo en torno de sí, levantó los cortinajes y portieres para ver si estaba solo, y despues de esta pesquisa minuciosa se encaramó sobre la balaustrada, se echó sobre el tapiz y se escurrió bajo la cama.

Para que nos entiendan nuestros lectores que no estén muy al corriente de lo que era el mueblaje del siglo XVI, dirémos lo que era esta balaustrada.

Se llamaba balaustrada al cierre hecho de pequeños pilares formando galería que se ponian alrededor de las camas para cerrar los dormitorios, como se ve aún en el coro de las iglesias, en las capillas y en el dormitorio de Luis XIV en Versalles.

Se nos figura que al hablar del paso del Príncipe de Condé sobre la balaustrada, y esto con tanta brevedad como él lo hiciera, nuestros lectores nos dispensarian gustosos de estas minuciosas particularidades; mas reflexionándolo, hemos preferido darlas á conocer llanamente, á rehuir ó disfrazar esa narracion.

Hemos dicho que echándose sobre los tapices se escurrió hasta meterse bajo la cama.

Era, no lo negarémos, una posicion ridícula, una posicion indigna de un Príncipe, sobre todo cuando este Príncipe era el de Condé.

Pero ¡qué le hemos de hacer!

No es culpa nuestra que el Príncipe, jóven, hermoso y enamorado, estuviera tan celoso como ridículo se nos presenta en este instante: y como, por otra parte, veamos consignado el hecho en su historia, no se nos ha de exigir que seamos más escrupulosos en este punto que lo fuera el historiador.

Pero vuestra observacion, carísimos lectores, es tan oportuna y tan sensata, que apénas el Príncipe se encontró bajo la cama, se hizo las mismas reflexiones que acabais de hacer, y reprendiéndose á sí mismo de la manera más formal, se preguntó qué figura haria tan inconveniente bajo aquella cama, si llegaba á ser descubierto, aunque no fuese más que por un lacayo: qué serie de burlas y de *quotlibet* iba á suministrar á sus enemigos, y cuánto podria perder su prestigio entre los amigos: llegó, en fin, hasta figurarse que veia salir del fondo de aquellas tapicerías el rostro del Almirante; porque cuando, niños ú hombres, nos encontramos en una situacion equívoca, la persona en quien pensamos y que más tememos ver aparecer para reprendernos nuestra locura, es siempre aquella que más amamos ó respetamos, porque es entónces la que más tememos.

El Príncipe se hizo á sí mismo — créanos el escrupuloso lector — todas las reconvenciones que un hombre de su carácter y genio debia hacerse en tales circunstancias. Mas el resultado de todos sus razonamientos fué adelantarse bajo la cama unos veinte centímetros, como se diria hoy, y procurarse la posicion más cómoda que le fué posible, ó si quereis, la ménos incómoda.

Por otra parte, no le faltaban cosas en que pensar.

Era, entre otras, fijarse la línea de conducta que habia de seguir cuando los dos amantes se hallaran reunidos.

Lo que le parecia más sencillo era salir bruscamente de su escondite, y sin más esplicaciones, tirar de la espada y batirse allí mismo con su rival.

Mas por sencilla que esta conducta fuese á primera vista, reflexionando un poco sobre ella le apareció llena de peligros, no tanto para su vida, como para su honra.

Y ademas, el individuo, cualquiera que él fuese, que en las noches precedentes no habia podido estar tranquilo, era, á no dudarlo, cómplice de la coquetería de la Srta. de San Andrés, pero cómplice muy inocente.

Abandonó, pues, su primera resolucion, y se decidió á oir y ver á sangre fria lo que pasara, por desagradable que fuese para los ojos y para los oidos de un rival.

Acababa de imponerse este heróico esfuerzo de resignacion, cuando el timbre de su reloj, que era muy sonoro, vino á revelarle un peligro en que no habia pensado. En aquella época — la ocupacion de Cárlos V en el monasterio de Yuste es una prueba de ello — los relojes y los péndulos no sólo eran objetos de lujo, sino que tambien de capricho, que andaban, no como los contructores se proponian, sino segun su antojo; y con arreglo á ese antojo, el reloj de Mr. de Condé, que retrasaba una media hora con el del Louvre, empezó inesperadamente á dar las doce.

Y esto lo hacía con mucha lentitud, espaciando sus vibraciones, como reloj que se muestra completamente estraño á la situacion y que no ve la necesidad de salir de su paso acostumbrado.

Casi un cuarto de hora tardó en dar las doce; lo que esplica suficientemente el por qué retrasaba de una manera tan monstruosa, y por qué si al punto de la primera campanada el retraso era de media hora, llegaba ya á los tres cuartos al dar la última.

Por lo demas, los relojes modernos no son ménos caprichosos que el de Condé, sin tener los mismos pretestos para justificar su desarreglo, y no nos empeñarémos en esplicar científicamente el retardo y parsimonia desmedida del reloj del Príncipe.

Éste, como fácilmente se comprende, se encontraba en una ansiedad difícil de esplicar; y temeroso de que despues de concluir no se le antojase volver á reproducir la funcion y de que el timbre acusador le descubriese, puso á la alhaja indiscreta en el hueco de la mano izquierda, apoyó sobre ella el pomo del puñal, apretó el pomo contra la esfera, y bajo esta presion que aplastó su doble caja, el inocente reloj dió su último suspiro.

La injusticia de los hombres estaba satisfecha.

Apénas habia concluido esta ejecucion, cuando la puerta de la sala se abrió nuevamente.

El ruido que hizo al abrirse, atrajo las miradas del Príncipe sobre ella: vió entrar á la Srta. de San Andrés, y con la vista en atisbo y el oido alerta, siguiéndola de puntillas, á aquella odiosa criatura á quien se conocia con el nombre de Lanoue.

CAPÍTULO VI.

El tocador de Venus.

UANDO decimos « siguiéndola de puntillas esa odiosa criatura á quien se conocia con el nombre de Lanoue » nos equivocamos, puesto que no era ella la que venía detrás, sino la señorita de San Andrés.

La Lanoue se quedó detrás para cerrar la puerta.

La hermosa niña se detuvo delante de un tocador sobre que había dos candelabros que no esperaban para lucir con todo su esplendor, sino la llama que habia de darles la vida.

—¿Estais segura, mi querida Lanoue, de que nadie nos ha visto? dijo la Srta. de San Andrés con aquella dulce voz que despues de haber hecho vibrar el amor, hacía vibrar la cólera en el corazon del Príncipe.

—Sí, señorita.

—¡Ay!... tiemblo...

—No temais nada, señorita, respondió la deslenguada tercera. Á consecuencia de la carta amenazadora que se ha dirigido al Rey, se han dado las órdenes más terminantes para que desde las diez de la noche en adelante se cierren las puertas del Louvre.

— ¿Para todo el mundo? preguntó la jóven.

— Para todo el mundo.

— ¿Sin escepcion?

— Sin escepcion.

— ¿Aun para el Príncipe de Condé?

La Lanoue se sonrió.

— Para el Príncipe de Condé, sobre todo, señorita.

— ¿Estais bien segura de ello?

— Segurísima.

— ¡Ah! Es que...

La jóven se contuvo.

— ¿Pues qué teneis que temer de Monseñor?

— Muchas cosas, Lanoue.

— ¡Qué decís!... ¿Muchas cosas?

— Sí; y una entre otras.

— ¿Cuál?

— Es que él me persigue hasta en este sitio.

— ¡Aun en este sitio!...

— Sí.

— ¡Hasta en el salon de las Metamórfosis!

— Sí.

— Pero ¿cómo puede saber que la señorita está aquí?

— Lo sabe, Lanoue.

— Perdonad, señorita... pero lo dudo.

— Yo te aseguro que lo sabe, Lanoue.

Como es de suponer, el Príncipe escuchaba con todos sus oidos.

— ¿Quién ha podido enterarle...?

— Yo misma.

— ¡Vos!...

— Yo misma... ¡necia de mí!

— ¡Oh Dios mio!...

— Figúrate que ayer, en el momento de despedirse, tuve la mala idea, á consecuencia de una broma suya, de tirarle mi pañuelo, y en el pañuelo estaba el billetito que acababas tú de entregarme.

— ¡Ah señorita!... ¡qué habeis hecho!...

— He cometido una gran torpeza, Lanoue; ya lo sé.

— Decid más bien, una gran imprudencia.

— Pero ya que no tiene remedio...

— ¡Ah!...

— ¡Qué!...

— Se me ocurre una idea, señorita.

— ¿Cuál, mi querida Lanoue?

— ¿Estaba el billete firmado?

— No, afortunadamente.

— Entónces, nos hemos salvado...

— ¡Gracias á Dios!...

— ¡Ay!... ¡me habeis quitado un peso del corazon!... ¡Jesus, María y José!...

Y al decir esto, la taimada dueña se santiguó devotamente.

— ¿Y no le habeis mandado á pedir vuestro pañuelo? añadió.

— Sí, por cierto. Meziere ha ido á su casa de mi parte seis veces nada ménos en el dia. El Príncipe habia salido temprano, y á las nueve de la noche áun no habia vuelto á su casa.

— Ya... ya... ¿Conque ha sido el pagecito de la caña de marras el que ha ido á hablarme y ha insistido tanto en verme?... dijo para sí el Príncipe.

— ¿Y os fiais de ese muchachuelo, señorita?

— ¿Por qué no?

— Es un chicuelo.

— ¡Bah!... ¡pobre Meziere!...

— Sí... ¡pobre Meziere!

— Está frenético por mí.

— Los pages son muy indiscretos: ya sabeis que hay un próverbio que así lo dice.

— Pero Meziere no es un page para mí: es un esclavo mio, dijo la jóven con aire de reina. ¡Ah Lanoue! ¡malhaya el Príncipe de Condé! No le podrá suceder nunca cosa peor que la que yo le deseo.

— ¡Gracias por el favor, hermosa de las hermosas!... dijo para sí el Príncipe. ¡No olvidaré, yo os lo prometo, los buenos deseos que teneis para mí!...

— Y bien, señorita, dijo la Lanoue, lo que es por esta noche, bien podeis estar tranquila. Yo conozco al capitan de la guardia escocesa, y voy á recomendarle ex-profeso á Monseñor.

— ¿De parte de quién?

— ¡Oh! de la mia... no tengais cuidado; esto bastará.

— ¡Hola, Lanoue!...

— ¡Qué quereis, señorita!... Es preciso, aunque una se ocupe de los asuntos de los demas, no descuidar los suyos propios.

— Os doy las gracias, Lanoue; porque esta sola idea turbaba el placer y la satisfaccion que me prometo de esta noche.

Lanoue se disponia á salir.

— ¡Qué diablos! parece que es una manía universal la de querer gustar los placeres tranquilos, dijo para sí el Príncipe, á quien esta conversacion interesaba muy particularmente.

— ¡Lanoue!... esclamó la jóven.

— ¿Qué os ocurre? preguntó ésta volviéndose.

— Os ruego que ántes de marcharos encendais esos candelabros. No quiero quedarme en esta semi-oscuridad: esas figuras medio desnudas me asustan, y me imagino que van á desprenderse de esas tapicerías y á venirse á mí.

— Si es que lo hiciesen, dijo Lanoue al paso que fué á encender un papel en la llama de la chimenea, no temais: vendrian para adoraros como á la diosa Venus.

Y encendió los cinco brazos de cada candelabro, dejando á la jóven espuesta á las miradas del Príncipe, circundada de una atmósfera de luz.

Estaba arrebatadora en esta disposicion, reflejada por el espejo del tocador, y envuelta en un vestido de gasa trasparente, al través de la cual se percibian los lineamentos de sus formas.

Llevaba en la mano un ramito de mirto florido, que se puso en la cabeza como figurando corona.

Como sacerdotisa de Venus, acababa de adornarse con la flor sagrada.

Sola ahora, es decir, creyéndose sola en el salon, se puso delante del espejo con plácida coquetería, y empezó á alisarse sus hermosas cejas negras, suaves como un terciopelo, y atusarse con la palma de la mano la garba de oro de su preciosa cabellera.

De este modo ataviada, y en una actitud que hacía resaltar su ceñido y esbelto talle, la jóven, reflejada en el espejo, fresca como el agua de la fuente, sonrosada como una nube de la aurora de un dia sereno, como la juventud viva y pura, como esas primeras plantas que en su anhelo por vivir rompen el manto de nieves que las cubre aún, parecia efectivamente, como Lanoue lo habia dicho, á Venus Cyterea, á Venus en sus catorce años, en la mañana aquella que de pié á la orilla del mar, disponiéndose á entrar en el Olimpo, se miraba por última vez en el espejo del mar, áun estremecido de su contacto.

Despues de haber alisado sus cejas y sentado sus cabellos, hizo recobrar en un instante de reposo á sus mejillas el color sonrosado que una marcha inquieta y precipitada debia haber hecho subir de tono muy notablemente, y la vista de la jóven abandonó la reproduccion de su imágen, que la ofrecia el espejo, para contemplarse á sí misma.

La Srta. de San Andrés, envuelta en su traje de gasa y encaje, estaba tan vaporosa como esas nubes que el primer soplo de la brisa hace desaparecer.

Sin duda vió en el espejo muchas promesas de amor y muchas seguridades de dichas sin fin.

Despues apoyó el brazo sobre el tocador y la cabeza sobre su alabastrina mano, y se quedó pensativa.

¿Quién será capaz de referir lo que la Srta. de San Andrés pensaba?

Juramentos de amor eterno, promesas, esperanzas, ideas agradables, todo acudia á la imaginacion de la jóven y pasaban unas detrás de otras como fantasmas por su mente; pero todos estos fantasmas la sonreian al pasar, y murmuraban palabras tan mágicas y seductoras, que la hacian estremecer de placer.

El Príncipe de Condé la contemplaba extasiado, ó por mejor decir, la devoraba con sus miradas.

El Príncipe, al verla tan bella, se olvidó de sus amenazas.

Así se pasó algun tiempo.

La sala de las Metamórfosis estaba tan silenciosa, que parecia una inmensa tumba.

La Srta. de San Andrés se pasó la mano por la frente como para arrojar de su imaginacion algun pensamiento importuno, y murmuró:

— ¡Oh! ¡qué calor!... ¡me abraso aquí!...

Y se dirigió hácia el balcon más inmediato, descorrió las pesadas cortinas, y procuró abrir la pesada vidriera.

Pero como sus manos delicadas no tenian fuerza suficiente para ello, se contentó con apoyar su frente sobre la vidriera helada.

La sensacion de frescura que esperimentó al contacto de los vidrios, le hizo abrir los ojos cargados de languidez, que en el primer instante no le permitió ver ni fijarse en parte alguna; poco despues ya fueron distinguiendo los objetos, y últimamente concluyeron por detenerse sobre un hombre inmóvil como una estátua, embozado en su capilla, á quien servia de pedestal uno de los sillares amontonados ó esparcidos alrededor del Louvre.

La vista de este hombre hizo sonreir á la Srta. de San Andrés; y no hay que dudarlo, si el Príncipe hubiera podido ver esta sonrisa, habria adivinado el pensamiento que la habia producido. Y si hubiera estado bastante cerca para ver esta sonrisa, hubiese podido oir tambien estas palabras que con acento de triunfo se escurrieron por entre los labios de la jóven:

— ¡Es él!...

Y luégo con acento de indefinible ironía añadió:

— ¿Paseais, mi querido Monseñor de Condé?... Os deseo las mayores satisfacciones.

Era evidente que la Srta. de San Andrés se figuraba que el embozado era el Príncipe de Condé.

Y esta figuracion era muy natural.

Sabía muy bien las visitas que el Príncipe hacía de incógnito todas las noches á los balcones de su cuarto desde tres meses, aunque se habia guardado muy bien de decírselo, porque anunciarle que se habia apercibido de ello era confesar que hacía tres meses se habia ocupado en secreto de un pensamiento, cuando, al contrario, se lo negaba formalmente.

Era, decimos, al Príncipe, á quien la Srta. de San Andrés creia ver en la orilla del rio.

Mas la vista del Príncipe paseando por la orilla del rio, cuando ella temia que estuviese en el Louvre, era el espectáculo más tranquilizador que le podia ofrecer la luna, esa pálida y melancólica amiga de los enamorados.

Pero esta no era más que la primera parte del pensamiento. La segunda, la que habia despertado aquella maligna sonrisa en sus labios, era que el primero de los señores de la corte tiritaba á orillas del rio, miéntras que ella estaba esperimentando las dulces impresiones de una esperanza deleitosa.

Ahora nuestros lectores, que saben muy bien que el Príncipe de Condé no estaba dotado de *ubiquidad*, comprenderán que no podia estar á la vez fuera y dentro del Louvre, debajo de la cama y en las orillas del Sena.

Digamos, pues, quién era aquel embozado que la Srta. de San Andrés se figuraba fuese el Príncipe de Condé tiritando de frio en la escarchada ribera.

Este hombre era nuestro hugonote de la víspera, nuestro escocés Roberto Stuard, que en lugar de la respuesta que esperaba á su carta, habia sabido que los señores del Parlamento habian hecho todo lo posible durante el dia para que la ejecucion de Anna Dubourg se verificase al dia siguiente, ó al otro á más tardar.

Era Roberto Stuard, repetimos, que resuelto á intentar un nuevo esfuerzo, venía aquella noche, como en la de la víspera, á declarar epistolarmente al Rey que su existencia estaba unida á la de Anna Dubourg, y que el dia siguiente era el último de su vida, si en el mismo el Magistrado Anna Dubourg no era indultado de toda pena y puesto en libertad.

Fué en virtud de esta resolucion el que la Srta. de San Andrés, en el momento mismo que aquella maliciosa sonrisa desaparecia de sus labios, viese al hombre que le parecia el Príncipe de Condé, sacar su brazo de debajo de la capa, hacer un ademan que á ella se le figuró de amenaza, y alejarse á paso redoblado.

Al mismo tiempo oyó un ruido igual al de la víspera, es decir, al de una vidriera volando hecha pedazos.

— ¡Ah! ¡no era él!... esclamó.

Y las rosas de su sonrisa se desvanecieron bajo la lividez violada del miedo.

¡Oh! esta vez se estremeció muy de veras, no de placer, sino de espanto; y dejando caer los visillos de la vidriera, vino tambaleándose á apoyarse en el respaldo del sofá.

Como en el dia anterior, la piedra habia roto la vidriera de uno de los balcones del cuarto del Mariscal de San Andrés.

Sólo que esta vez era de uno de los balcones de la fachada de la ribera.

Si, como la víspera, el Mariscal estaba aún en pié, ó aunque acostado, estaba despierto, y alarmado iba á llamar al cuarto de su hija y no se le respondia, ¿qué iba á suceder?

Ella estaba allí temerosa, trémula, medio desmayada, con gran asombro del Príncipe, que habia observado, sin poder adivinar la causa, el cambio repentino que se habia verificado en el rostro de la jóven, á quien veia en ese estado de postracion en que todo lo que puede suceder es preferible á lo que es, cuando se abrió la puerta y entró precipitadamente Lanoue con el semblante tan descompuesto y tan descolorida como podia estarlo la Srta. de San Andrés.

— ¡Ah Lanoue! ¿sabes lo que acaba de suceder?

— No, señorita, respondió la azorada dueña; pero debe ser una cosa muy terrible, porque estais pálida como una muerta.

— Terrible, en efecto; y es preciso que me lleves en seguida, sin perder momento, al cuarto de mi padre.

— ¿Y por qué, señorita?

— Ya sabes lo que ocurrió ayer á media noche.

— ¿Acaso se refiere la señorita á la piedra á que iba atado un papel tan amenazador para el Rey?

— Sí, Lanoue; y eso mismo acaba de reproducirse ahora. Un hombre, el mismo sin duda, un hombre que yo creia fuese el Príncipe de Condé, acaba de tirar una piedra y de romper los vidrios de una de las ventanas del cuarto del Mariscal mi padre.

— ¿Y teneis miedo por eso?...

— Sí; tengo miedo. Ya ves, Lanoue... temo que mi padre vaya á llamar á la puerta de mi habitacion, y no respondiéndole, abra, ya sea porque tema ó porque desconfie, y que no me encuentre.

— Pues si no es más que eso lo que temeis, dijo Lanoue, tranquilizáos.

— ¿Por qué?

— Porque vuestro padre está en el cuarto de la Reina Catalina.

— ¿En el cuarto de la Reina madre á la una de la noche?

— Es que ha ocurrido un suceso grave.

— ¿Qué ha ocurrido, pues?

— SS. MM. han ido hoy á cazar...

— ¿Y qué?

— Y el caballo de la Reinecita — este era el nombre con

que se designaba en palacio á María Stuart — ha tropezado, y S. M. ha caido al suelo; y como está en cinta de tres meses, se teme que se haya lastimado.

— ¡Oh Dios mio!

— De modo que toda la corte está en pié.

— Es natural.

— Y todas las damas de honor están en la antecámara ó en el cuarto de la Reina madre.

— ¿Cómo no has venido á avisarme?

— Acabo de saberlo ahora mismo. Apénas he tenido tiempo para ir á ver si era cierto, y he venido á avisaros.

— Segun eso, le habrás visto.

— ¿Á quién?

— Pues...

— Ya lo creo...

— ¿Y qué te ha dicho?

— Queda aplazada la entrevista. Bien comprendeis que en tales ocasiones no le es posible faltar de allí.

— ¿Y para cuándo se ha aplazado?

— Para mañana.

— ¿Dónde?

— Aquí.

— ¿Á la misma hora?

— Á la misma.

— ¡Ea!... vamos pronto, Lanoue.

— Cuando gusteis, señorita: dejadme sólo apagar las bujías.

— En verdad, esclamó la Srta. de San Andrés, parece que hay algun genio malo conjurado contra nosotros.

— Más bien podríais decir que bueno, contestó Lanoue soplando á la última bujía.

— ¿Cómo puede ser eso? preguntó la Srta. de San Andrés.

— Es muy sencillo: hé aquí un accidente que os deja en completa libertad.

Y salió en seguida tras la Srta. de San Andrés, el ruido de

cuyos pasos se perdió muy pronto, así como los de la acompañante, en las profundidades del corredor.

— ¡Pues hasta mañana!... dijo á su vez el Príncipe saliendo de su escondite y salvando la balaustrada, tan enterado del nombre de su afortunado rival como lo estaba la víspera. ¡Hasta mañana, hasta pasado, y hasta cuando sea preciso... pues por el alma de mi padre os aseguro que he de llegar hasta el fin y que he de conseguir mi objeto!

Y salió á su vez del salon de las Metamórfosis, dirigiéndose por el lado del corredor opuesto al que habian seguido la Srta. de San Andrés y Lanoue; atravesó el patio, y llegó á la puerta de la calle sin que nadie, en medio de la confusion que habian producido los dos sucesos que hemos indicado, pensase en preguntarle ni á dónde iba ni de dónde venía.

CAPÍTULO VII.

Los dos escoceses.

OBERTO Stuard, á quien la Srta. de San Andrés habia visto al través de los cristales del
salon de las Metamórfosis tan rápida y tan
estrañamente perdido en la oscuridad; Roberto Stuard, á quien la Srta. de San Andrés
habia al pronto tomado tan equivocadamente
por el Príncipe de Condé; despues de haber
tirado la segunda piedra, y por este medio hecho
llegar su segundo mensaje al Rey, habia tomado
la fuga, como hemos dicho, y desaparecido.

Hasta llegar al Chatelet, habia ido de prisa.
Pero cuando hubo llegado á este sitio, y creyéndose
seguro, ó por lo ménos no perseguido, sin contar
por nada el encuentro que habia tenido en el puente
con dos ó tres rateros, á quienes la vista de su espada golpean-
do en los talones y de la pistola prendida al cinturon habia
contenido á razonable distancia, llegó sin novedad á casa de
su amigo y compatriota Patrick.

Ya en ella, se habia acostado con esa tranquilidad aparente

183

que debia á su enérgica voluntad y á su predominio sobre sí mismo.

Mas por grande que fuese este predominio, no llegaba hasta mandar al sueño; y así fué que durante tres ó cuatro horas no hizo más que volverse y revolverse en su cama, es decir, en la de su amigo, sin poder encontrar el sosiego que hacia tres noches huia de él.

Amanecia ya cuando el espíritu, vencido por la fatiga, pareció abandonar el cuerpo y permitir al sueño llegar y ocupar su puesto.

Pero entónces aquel cuerpo perteneció tan completamente al sueño, ese hermano de la muerte, que hubiera parecido á los ojos de todos un cadáver: tan profundo era el letargo en que habia caido.

El dia anterior, fiel á su palabra, habia estado esperando á su amigo Patrick hàsta la noche; mas el arquero, retenido de servicio en el Louvre por su capitan, que habia recibido la órden de no dejar salir del palacio ni un solo hombre — ya sabemos la causa de esta órden — el arquero, decimos, no habia podido aprovecharse ni lucir el traje de Roberto Stuard.

No teniendo éste noticia alguna de su amigo y compatriota, á las siete de la noche salió con direccion al Louvre, donde supo las órdenes severas que se habian dado, y la causa que las motivaba.

Como no tenia otra cosa mejor que hacer, empezó á pasear.

Anduvo errante por las calles de Paris, donde oyó contar de mil modos distintos, y ninguno el verdadero, el asesinato del Presidente Mynard, á quien esta muerte ilustraba más de lo que hubiera podido ilustrarle ningun acto de su vida.

Así sucede siempre.

Compadecido ya Roberto Stuard de la ignorancia de los unos y de la curiosidad de los otros, á su vez, y con referencia á noticias *tomadas de buena fuente*, segun aseguraba, contó el suceso con todos sus pormenores verídicos y con las circunstancias reales que le habian acompañado.

Pero escusado es decir que ninguno de sus oyentes quiso dar crédito á su relato : tan inverosímil le parecia á todo el mundo.

No tenemos otra razon que dar de esta incredulidad, sino que la relacion sobre que recaia era la única verdadera.

Habia sabido tambien la prontitud y la severidad con que el Tribunal del Parlamento se proponia proceder á propósito del juicio contra Anna Dubourg, cuyo suplicio se decia habia de tener lugar en la Greve dentro de las veinticuatro horas.

Contra esta tenacidad de los jueces, no veia Roberto Stuard otro remedio que el de renovar más terminantemente sus amenazas al Rey.

Y decidió ponerlas en ejecucion tan directamente como lo habia hecho con el Presidente Mynard, si sus amenazas no surtian el efecto que se proponia.

Se habia procurado una vitela; habia escrito una carta mucho más espresiva que la primera; se habia dirigido al Louvre; la habia hecho llegar á su destino por los mismos medios y en la misma forma que la anterior; habia vuelto á la calle del Matadero de San Andrés; se habia acostado, y despues de un insomnio de tres ó cuatro horas, habia concluido por caer, como ya lo hemos dicho, en un letargo profundo.

Esta era la situacion en que se encontraba cuando, relevada la guardia escocesa, su amigo Patrick pudo al fin salir del Louvre, y con toda la ligereza de que era capaz, habia llegado á su casa, subido su escalera, como él decia, é invadido su cuarto gritando:

— ¡Fuego! ¡fuego!

Habia creido que era el único medio de despertar á Roberto Stuard, en vista de que ni el ruido de la puerta que habia cerrado dando un portazo que resonó en toda la casa, ni el de la silla que habia removido, ni el de la mesa que habia mudado de sitio, bastaban á despertarle.

El grito de ¡fuego! dado por Patrick, más que la significacion que pudiera tener, hizo volver en sí á Roberto, en quien los ruidos, mas nó las ideas, podian tener entrada.

Su primera idea fué la de que se le venía á prender.

En consecuencia, alargó su brazo derecho á la espada, que habia dejado péndiente de uno de los pilares de la cabecera de la cama, y que desenvainó hasta media hoja.

— ¡Hola! ¡hola!... esclamó Patrick sonriendo. Parece que tenias un sueño batallador, mi querido Stuard. Cálmate, y sobre todo, haz por despertar, que ya es hora á fe mia.

Roberto se restregó los ojos.

— ¡Ah!... ¿eres tú, Patrick? dijo.

— Pues: yo soy, ni más ni ménos. Pero ¿sabes lo que digo?

— ¿Qué dices?

— Que te prestaré mi casa siempre, á condicion en tanto de que no quieras matarme cuando vuelva.

— ¡Qué quieres!... dormia...

— ¡Oh! bien lo veo; y eso es lo que más me admira: que estuvieses durmiendo todavía.

Patrick se dirigió á la ventana y descorrió las cortinas.

— No te figures que está amaneciendo.

El sol habia inundado la habitacion.

— ¿Pues qué hora es ya, Patrick? preguntó Roberto.

— Las diez dadas, y muy dadas, en todos los relojes de Paris, contestó Patrick.

— ¡Ah!...

— Eres bien perezoso, querido.

— Te estuve esperando ayer todo el dia, y áun casi podria decir que toda la noche.

El arquero hizo un movimiento de hombros al decir:

— ¡Qué quieres que te diga!... un soldado es un soldado, aunque sea arquero escocés. Hemos estado de reten todo el dia y toda la noche en el Louvre. Mas hoy, como ves, tengo el dia libre.

— Lo cual quiere decir que vienes á pedirme tu cama... ¡eh!

— Mi cama, no; no es eso lo que quiero.

— Pues entónces... ¿qué es lo que quieres?

— Tu traje.

— Tienes razon... No me habia acordado de tu Consejera.

— Por fortuna, ella no me olvida, como puede probártelo este pastelon de liebre que espera en la mesa las órdenes de nuestros estómagos. ¿Qué dice el tuyo?... porque en cuanto al mio, hace ya más de dos horas que está haciéndose presente.

— Mas volvamos á lo de tu traje.

— Ya ves, y ademas es fácil comprender, que mi Consejera no puede pensar en subir puesta de punta en blanco los cuatro pisos de mi habitacion... no. Ese pastel es un mensajero, portador de una carta en que dice me espera á las doce, á cuya hora nuestro buen Consejero iza velas hácia el Parlamento, donde se está hasta las cuatro, momento en que vuelve al puerto de la conyugalidad. Así que á las doce y cinco minutos pienso estar en su casa á compensar su generosa simpatía, presentándome bajo un traje que no la puede comprometer... Esto, en el supuesto de que persistas aún en las mismas disposiciones benévolas para con tu amigo.

— ¿Dudas de mi buena amistad?

— ¡Oh! no, Roberto.

— Mi traje está á tu disposicion, mi querido Patrick, ahí en esa silla, como lo ves, aguardando un propietario, dijo Roberto. Dáme tú en cambio el que llevas, ya que no tienes otro, y dispon de ese como mejor te venga.

— ¡Ah mi buen Roberto!

— Vamos... despacha.

— Al punto... al punto... Pero no... es preciso que digamos ántes alguna cosa al pastel, no sea que nuestra indiferencia le aflija... Y por cierto que, como es de confianza, no hay necesidad de que te levantes á hacerle los honores... Yo le haré pasar... ¿no te parece?

— Has tenido un pensamiento felicísimo, Patrick.

Patrick en este instante requeria su puñal y se lo presentaba muy cortésmente á su amigo diciendo:

— Ahora, miéntras voy á buscar algo con que regarlo y hacerle en el estómago la salsa que le falta, destripa á ese truan; y díme en seguida si es mi buena Consejera mujer entendida en la materia.

Roberto hizo lo que su amigo le insinuaba, con la misma puntualidad que pudiera hacerlo un arquero escocés á las órdenes de su capitan.

Cuando Patrick volvió hácia la mesa acariciando con ambas manos el vientre, repleto á punto de estallar, de una buena bota de vino, ya encontró la bóveda de aquel edificio gastronómico levantada, y vuelta hácia el cielo su parte cóncava.

— ¡Oh! ¡por San Dustan, mi patron!... ¡Una liebre encamada entre seis perdigones como gallinas!... ¡Delicioso pais aquel en que el pelo y la pluma andan en tan amigable consorcio!... Rabelais me parece que le llama el pais de Cucaña, que otros denominan la isla de Jauja... Roberto, amigo mio, sigue mi ejemplo: hazte amar de una mujer de toga en vez de una mujer de espada, y no tendrás necesidad de ver en sueños, como Faraon, siete vacas grandes, gordas y rozagantes, para predecirte la doble abundancia de bienes del cielo y de la tierra... Gocemos de ellos con buena voluntad, mi querido Stuard, para demostrar que somos dignos de haberlos obtenido.

Y acompañando los dichos á los hechos, el ejemplo al precepto, el arquero se sentó á la mesa y tomó del pastel un tasajo tan cumplido, que hacía honor á lo que él llamaba la vanguardia de su apetito.

Roberto comió tambien; porque, seán las que quieran las preocupaciones del alma, á los veintidos años siempre se tiene gana.

Comió, pues, más silenciosa y parcamente que su amigo; pero comió.

Es verdad que la idea de ir á ver su Consejera tenia á Patrick de muy buen humor y locuaz por los dos.

Las once y media dieron despues de largos tasajos y sendos tragos reiterados, y de un diluvio de palabras que á Patrick sugerian su buen humor habitual y la esperanza de los buenos ratos y de los buenos dias que se le preparaban.

Mas al oir las once y media, Patrick se puso en pié aceleradamente, haciendo crujir entre sus dientes, blancos como los de un lobo de sus montañas, un buen pedazo de la corteza dorada del suculento pastel; bebió el último vaso de vino, y empezó á empaquetarse en los vestidos de su compatriota.

De este modo ataviado, tenia ese aire rudo y singular que tienen aún los militares de nuestro tiempo cuando visten de paisano.

El aspecto y porte de un soldado toman siempre alguna cosa de su uniforme, que le denuncian en todas partes, cualquiera que sea el traje con que se presente.

No por eso el arquero, vestido de paisano, dejaba de ser un buen mozo de ojos azules, pelo rubio y semblante vivo y agraciado.

Patrick se miró á un pedazo de espejo que componia todo su tocador, de un modo que parecia decirse á sí mismo:

— Mala de contentar ha de ser la Consejera, si así no le parezco bien.

Esto no obstante, fuese por desconfianza de sí mismo, ó por deseo de ver si Roberto era de su misma opinion, volviéndose hácia su camarada, le dijo:

— ¿Cómo te parece que estoy, compañero?

— Interesante, en toda la estension de la palabra: no me cabe duda de que vas á hacer una impresion profunda en tu Consejera.

Esto era, ni más ni ménos, lo que Patrick esperaba, y se encontró servido á medida de su deseo.

Se sonrió, se arregló el cuello, y tendiendo la mano á Roberto, le dijo:

— Conque, chico, hasta la vista... Voy á tranquilizarla; porque, á no dudarlo, estará la buena mujer con un cuidado mortal, pues hace ya dos dias que ni me ha visto ni ha sabido de mí.

Despues se dirigió hácia la puerta.

Pero volviéndose de pronto, como si se le olvidara alguna cosa muy interesante, añadió:

— ¡Ah! se me olvidaba decirte, aunque por otra parte lo
crea escusado, que mi uniforme no te condena á estar preso,
ni de reten ó de cuartel en mi alojamiento, como me sucedió
á mí ayer en el Louvre. Puedes salir á tomar el sol, si es que
sale, por la ciudad ó por el campo; ó andar por la sombra
miéntras el sol no salga: á condicion en tanto de que bajo mi
uniforme no vayas á armar alguna que sea sonada. Y te hago
esta prevencion por dos razones: la primera, porque te prenderian y serías reconocido; y la segunda, porque tambien sería
castigado yo, tu inocente amigo, por haberte dejado mi uniforme. Á condicion, repito, de que no te empeñes en una mala
camorra bajo mi *plair*, eres libre como un gorrion montés.

— Vé sin cuidado en cuanto á eso, contestó Roberto. Ya
sabes, mi querido Patrick, que mi genio no es pendenciero.

— ¡Oh! ¡oh!... insistió el arquero meneando la cabeza. No
hay mucho que fiar... Tú eres escocés de pura raza *vel cuasi*,
y has de tener, como todos los que nos hemos criado del lado
de allá del Queed, algunos ratos en que no te se podrá mirar
de reojo... Por lo demas, yo te doy un consejo, y nada más...
Yo te digo que no busques camorras... pero si te la armaran,
por mi santo patrono, no la rehuyas; que hay que sostener el
honor del uniforme: y si tú no lo hicieras, ahí van esa espada
claymore y puñal Dirck, que solitos se desenvainarian.

— No tengas cuidado, Patrick: que aquí me encontrarás
como me has dejado.

— No, eso no: yo no quiero de ningun modo que te abur-
ras aquí hecho un pasmarote, replicó el montañés. Te moririas
de consuncion en este cuarto, en que si por la noche se puede
estar medianamente, porque de noche no se mira afuera, de
dia no se ven sino tejados y campanarios, y esto cuando la
niebla no impide el verlos.

— Eso no importa.

— ¡Vaya si importa!

— Me figuraré que estoy en nuestro pais, donde siempre
está lloviendo, dijo Roberto.

— Ménos cuando nieva, repuso Patrick.

Y satisfecho de haber rehabilitado el honor meteorológico de su pais, Patrick se decidió en fin á partir.

Mas ya en el dintel de la puerta, volvió atrás para decir á Roberto:

— Chico, ya puedes figurarte que todo lo dicho ha sido una broma. Entra, sal, riñe, pelea, hiere; mata, si se ofrece, al mismísimo Satanás que te se presente, á condicion que no vengas agujereado, y por consecuencia lo venga tambien mi uniforme. Sólo, sí, tengo que hacerte una advertencia, y esta muy formal.

— Tú dirás.

— Mira... en vista de la gravedad de las circunstancias en que nos encontramos, y de las amenazas que en unos ínfames papelotes se han hecho al Rey, tengo que estar en el Louvre á las ocho en punto. Se ha adelantado esta noche una hora la de la lista.

— No tengas cuidado: á la hora conveniente me tendrás aquí.

— Ea, pues, chico... adios.

— Que te diviertas...

— Así lo espero, dijo el arquero haciendo un ademan de enamorado vencedor.

Y esta vez desapareció ligero y satisfecho como si fuera el más encopetado señor de la corte, dándose un aire de escocés que debia datar de los tiempos de Roberto Bruces.

El pobre arquero se sentia muy de otra manera feliz en aquellos instantes, que lo era el primo del Rey de Francia, el hermano del Rey de Navarra, el jóven é interesante Príncipe Enrique de Condé.

Pronto sabrémos lo que hacía y en lo que pensaba este personaje. Tenemos que pasar un instante al lado de Roberto Stuard.

Éste tenia, como él mismo lo habia indicado á su alegre compatriota, un asunto muy grave en que pensar para no fastidiarse, y hasta las cuatro cumplió la palabra que le habia dado de esperarle en su casa sin ningun esfuerzo.

Desde las cuatro á las cinco le esperó tambien, pero ya con impaciencia.

Esta era la hora en que queria hallarse á la puerta del Parlamento, para adquirir noticias, no ya relativas á la condenacion del Magistrado Dubourg, sino de la decision tomada respecto á la ejecucion.

El tiempo volaba para Roberto de una manera prodigiosa.

Á las cinco y media se agotó su paciencia, y salió á su vez, dejando á su compatriota unas cuantas letras en que le prevenia estuviese tranquilo, pues á las siete de la noche estaria de vuelta y su uniforme disponible para lo que se le ofreciera.

Là noche se venía encima.

Corrió á la puerta del Parlamento.

Allí habia un concurso estraordinario, y la sesion del Tribunal duraba todavía.

Esto le esplicaba la ausencia de Patrick, pero no le decia nada acerca de lo que se discutia en lo interior.

Al fin, la audiencia, ó la sesion, como se dice ahora, se levantó á las seis.

Lo que Roberto pudo averiguar relativo á ella, no podia satisfacerle de ningun modo.

La clase de suplicio estaba resuelta.

El Magistrado Dubourg habia de morir por el fuego.

Pero no se sabía si habia de ser ejecutado mañana, pasado mañana ó al otro: es decir, el 22, el 23 ó el 24.

Roberto estaba desesperado.

Áun habia quien asegurase que se aplazaria por algunos dias, para que la Reinecita Maria Stuard, que se habia lastimado en la cacería del dia anterior, pudiera asistir á la ejecucion; pero esto sólo en el caso de que la indisposicion fuese bastante leve para no retardar la ejecucion más de una semana.

Roberto Stuard se retiraba de la plaza con ánimo de volver á la calle del Matadero de San Andrés.

Mas á lo léjos divisó á un arquero escocés que ántes de la hora de la lista se dirigia hácia el Louvre.

Esta vista le sugirió una idea: la de introducirse en el Louvre á adquirir noticias positivas de la jóven Reina, cuya salud habia de tener tan terrible influencia sobre la vida del Magistrado condenado al suplicio.

Tenia aún dos horas á su disposicion.

En consecuencia, se dirigió tambien hácia el Louvre, y no encontró obstáculo alguno ni á la primera ni á la segunda puerta, con lo que pudo penetrar hasta el patio.

Apénas hubo entrado, cuando se hizo anunciar un enviado del Parlamento, que deseaba hablar al Rey de parte de la ilustre corporacion de que era emisario.

Se hizo venir á Dandelot.

Dandelot fué á tomar órdenes de S. M.

Diez minutos despues volvia con la de introducir él mismo en la cámara al emisario ó comisionado del Parlamento.

Esperó, pues.

El Magistrado estuvo cerca de una hora con el Rey, y al fin salió.

Dandelot que le acompañaba, venía con el semblante muy decaido, más que decaido, sombrío.

Dijo cuatro palabras al oido al capitan de la Guardia Escocesa, y desapareció.

— Señores, dijo el capitan de la Guardia Escocesa á sus subordinados, quedan VV. avisados de que pasado mañana hay servicio estraordinario con motivo de la ejecucion del Magistrado Anna Dubourg en la plaza de la Greve.

El escocés se estremeció.

Roberto Stuard sabía ya lo que queria saber, y en consecuencia dió unos cuantos pasos hácia la puerta.

Mas sin duda reflexionó, porque se detuvo repentinamente, y despues de estar meditando profundamente algunos minutos, volvió á perderse entre sus compañeros, cosa fácil á causa de su muchedumbre y de la oscuridad.

CAPÍTULO VIII.

Lo que pasaba en casa del Almirante.

ᴀ entrar en el salon de las Metamórfosis, el Príncipe de Condé habia citado á Dandelot para el medio dia en casa de su hermano el Almirante.

Impaciente el Príncipe por contar lo que habia ocurrido en la noche anterior, á Coligny, y principalmente á Dandelot, más jóven y ménos grave que su hermano, se hallaba ántes de la hora indicada en la calle de Bettiny.

Pero Dandelot se habia anticipado al Príncipe, y hacía una hora que estaba con su hermano. El lance amoroso de la Srta. de San Andrés se habia tratado entre estos dos hombres graves de una manera más séria que lo habian hecho el Príncipe y Dandelot.

La alianza del Mariscal de San Andrés con los Guisas era no sólo una alianza de familia, sino tambien una liga religiosa y política formada contra el partido calvinista; y la manera con que se procedia contra el Magistrado Anna Dubourg, indicaba que no se estaba dispuesto á andar en contemplaciones con sus co-religionarios.

Los dos hermanos habian palidecido al ver el billetito perfumado del pañuelo de la Srta. de San Andrés; y por más que
rebuscaron entre sus recuerdos y entre sus papeles, ni el uno
ni el otro pudierón reconocer el carácter ó forma de la letra en
que estaba escrito.

Se lo pasaron á la Sra. Almiranta, que estaba en su cuarto
entregada á sus devociones, para saber si ella podia ser mejor
servida por su memoria y darles alguna luz para descubrir el
orígen del curioso papel, que en vano habian buscado los dos
hermanos.

En cualesquiera otras circunstancias, tanto el Almirante
como su hermano se hubieran opuesto á que su primo el Príncipe de Condé prosiguiera esta loca y arriesgada aventura.

Pero los corazones más honrados capitulan en ciertas ocasiones con su conciencia, y se creen obligados á ceder, por la
importancia de los asuntos sobre que recaen sus aprensiones.

Era á más no poder importante para el partido calvinista
que no se verificase el enlace del Príncipe de Joinville con la
Srta. de San Andrés; y á ménos que la cita de la noche siguiente no fuese con el Príncipe de Joinville, lo que no parecia
probable, era casi seguro que el de Condé, suponiendo que
viese algo, hiciera bastante ruido con lo que hubiese visto,
para que llegase á oidos de los Guisas, y que en consecuencia
se viniese á un rompimiento.

Áun podia suponerse que de esta indiscrecion del Príncipe
habian de surgir muy probablemente algunos deberes para él.

Más: el Príncipe, fluctuando entre la religion católica y la
religion reformada, y atraido por las simpatías de Coligny y
Dandelot, acaso se decidiera por la última.

Muchas veces vale más para un partido la adquisicion de
un hombre, que un triunfo ruidoso.

El Príncipe de Condé, jóven, hermoso, valiente y simpá-
tico para todos, no era sólo un hombre, sino un vencedor, un
jefe ya victorioso y distinguidísimo.

Se le esperaba, por tanto, en casa de Coligny con una impaciencia que él no podia figurarse y que estaba muy léjos de suponer.

Llegó, como hemos dicho ya, ántes de la hora designada, y á la invitacion de ambos hermanos de hacer una confesion general, dió principio á una relacion, en la que, dicho sea en honor á su veracidad, no ocultó á sus oyentes nada de lo que habia sucedido.

Contó cuanto habia visto y oido, sin omitir una palabra, y hasta declaró la estraña situacion en que habia visto y oido lo que referia.

El Príncipe, como hombre de talento, empezó su narracion burlándose de sí mismo, á fin de tomar la delantera á los demas, y de que, al ver éstos que la cosa estaba hecha, no les ocurriese la idea de burlarse.

Cuando el Príncipe hubo concluido su relato, le preguntó el Almirante :

— Y ahora ¿ qué pensais hacer ?

— ¡ Qué pienso hacer, me preguntais !

— Sí, Monseñor.

— Pienso hacer, contestó el Príncipe, una cosa muy sencilla, por vida mia, y para la cual, ahora con más empeño que nunca, cuento con vos, mi querido Dandelot : renovar mi espedicion.

Los dos hermanos se miraron.

El Príncipe abundaba en su pensamiento.

Sin embargo, Coligny creyó que interesaba á su honor el hacer algunas objeciones.

Mas á la primera palabra que aventuró para disuadir al Príncipe, éste le puso la mano en el brazo, diciendo :

— Mi querido Almirante, si en esto disentís de mi opinion, mejor será que hablemos de otra cosa; porque estoy resuelto absolutamente, y sentiria mucho tener que luchar en razonamientos y en voluntad con el hombre que más amo y á quien más respeto en el mundo, es decir, con vos.

El Almirante se inclinó, como hombre que se adhiere á una

resolucion que ve no puede combatir con éxito, mas gozoso en el fondo de su corazon al ver la persistencia de su primo.

Se convino, pues, en que aquella noche, como la anterior, facilitaria Dandelot al Príncipe los medios de introducirse oportunamente en el salon de las Metamórfosis.

Quedaron, pues, apalabrados para las doce ménos cuarto, en el mismo corredor en que se encontraron la víspera.

Se confió al Príncipe el santo y seña, para que no se le pusiera impedimento á la entrada.

En seguida reclamó la consabida carta.

Entónces el Almirante confesó al Príncipe, que no habiendo podido ni uno ni otro hermano reconocer la letra, la habia pasado á la Sra. Almiranta, á quien á la hora aquella no se atrevia á distraer; por ser la que tenia destinada á sus devociones.

Dandelot se encargó de pedírsela á su hermana política aquella misma noche en la *soirée* de la Reina Catalina, y el Almirante de recordar á su esposa que debia llevar al efecto la cartita al Louvre.

Acordados estos puntos, Dandelot y el Príncipe se despidieron del Almirante: Dandelot para volver á su puesto, y el Príncipe á su alojamiento.

El resto del dia pasó tan lenta y febrilmente para él como habia pasado el dia anterior.

En fin, las horas pasaron unas despues de otras, y la de las once y media llegó á su vez.

Se sabe ya lo que habia sucedido á Roberto Stuard tres horas ántes de la entrada del Príncipe en palacio, y cuáles eran las preocupaciones de aquella noche.

No se hablaba en el Louvre sino de la ejecucion del Magistrado Anna Dubourg, fijada por el Rey mismo para dos dias despues.

El Príncipe encontró á Dandelot profundamente afligido. Pero como esta ejecucion establecia en suma y de una manera incontestable el crédito de que Mr. de Guisa y los perseguidores manifiestos del Magistrado Anna Dubourg gozaban en el ánimo del Rey, Dandelot deseaba ahora con más empeño que nunca ver consumarse la mistificacion de que se veia amenazado el Príncipe de Joinville, y de echar al ménos la risa del ridículo en medio del sangriento triunfo de sus enemigos.

El corredor estaba á oscuras casi, como en la noche anterior : el salon de las Metamórfosis no estaba iluminado más que por la lámpara de plata.

El tocador estaba preparado como en la víspera; y como en la víspera, los candelabros no esperaban más que una órden para alumbrar de nuevo á la encantadora belleza á quien habian iluminado en la noche precedente.

Sólo la balaustrada estaba abierta, lo cual era un indicio más y más confirmativo de que no habia ocurrido motivo de aplazamiento para la cita que allí habia de verificarse.

— ¡Hola!... dijo el Príncipe de Condé; todo está tal como estaba anoche... Bien... bien...

Al acabar de decir estas palabras, creyó oir pasos en el corredor.

Entónces se escurrió apresuradamente bajo la cama.

Estos pasos se dirigian evidentemente hácia el salon de las Metamórfosis, y se detuvieron en la entrada.

En seguida oyó el ligero crujir de una puerta que gira sobre sus goznes.

— Bueno... murmuró el Príncipe; nuestros enamorados tienen hoy más prisa que ayer... Es muy natural... yo haria lo mismo.

·Los pasos se aproximaban ligeros, como si fuesen de una persona que entrase furtivamente.

El Príncipe alargó la cabeza, y vió las piernas desnudas de un arquero de la Guardia Escocesa.

— ¡Oh!... ¡oh!... dijo el Príncipe para sus adentros; ¿qué quiere decir esto?

Y alargó otro poco la cabeza, de modo que despues de las piernas pudo ver el cuerpo.

No se habia engañado.

Era efectivamente un arquero de la Guardia Escocesa el que acababa de entrar.

Sólo que el recien venido parecia conocer tan poco los sitios como él en la noche anterior.

Como habia hecho el Príncipe, levantó las cortinas y los tapices de la mesa; pero como si nada de eso le ofreciera, segun todas las probabilidades, un asilo bastante seguro, se aproximó á la cama, y juzgando, como el Príncipe, que el escondite era bueno, se escurrió del lado opuesto de donde Mr. de Condé acababa de escurrirse.

Sólo que ántes de que el escocés tuviera tiempo de acomodarse bajo la cama, sintió la punta de un puñal que se apoyaba sobre su corazon, miéntras que una voz le decia al oido:

— Yo no sé ni quién sois ni qué objeto os trae á este sitio; mas si hablais una palabra ó haceis cualquier movimiento, sois muerto.

— Tampoco sé yo ni quién sois ni para qué estais aquí, contestó con la misma voz el recien venido; mas yo no acepto condiciones de nadie. Clavad, pues, vuestro puñal, si es que os conviene: está sobre buena parte, y no me asusta la muerte.

— ¡Ah!... ¡ah!... dijo el Príncipe; me pareceis un valiente, y los valientes son siempre bien venidos para mí... Yo soy el Príncipe Luis de Condé, señor mio, y vuelvo mi puñal á su vaina. Ahora espero que tengais la misma confianza en mí que yo en vos, y que me digais quién sois.

— Yo soy escocés, Monseñor, y me llamo Roberto Stuard.

— No conozco ese nombre.

El escocés calló.

— ¿Tendríais la bondad de decirme, continuó el Príncipe, el objeto de vuestra venida á este salon, y con qué intencion os ocultais bajo esta cama?

— Me habeis dado, Monseñor, el ejemplo de la confianza, y sería digno de vos continuar diciéndome con qué intencion os encuentro en este mismo sitio.

— Por vida mia, que es cosa que no tengo inconveniente en

comunicaros, dijo el Príncipe buscando una posicion ménos in-cómoda que la en que se encontraba. Estoy enamorado de la Srta. de San Andrés...

—¿La hija del Mariscal? dijo el escocés.

—Sí, señor.

—¿Del Mariscal de San Andrés? añadió el escocés.

—Justamente, señor mio; la misma... Y habiendo llegado á mi conocimiento indirectamente que tenia esta noche y en este salon una cita con su amante, he caido en la culpable ten-tacion de querer conocer al feliz mortal que goza de los favores de la pudorosa señorita, y me he colado bajo esta cama, donde me encuentro muy poco á gusto, os lo confieso... Ahora os toca á vos.

—No se ha de decir, Monseñor, que un desconocido haya tenido ménos confianza en un Príncipe, que la que este Prín-cipe ha tenido en un desconocido. Yo soy quien ayer y ántes de ayer ha escrito al Rey...

—¡Oh diablo!... ¿y quien ha echado la carta al correo al través de las vidrieras del Mariscal de San Andrés?

—Sí, Monseñor; el mismo.

—Permitidme que os pregunte: ¿y entónces...?

—¿Qué decís, Monseñor?

—Si la memoria no me es infiel, en esas cartas, ó en la primera al ménos, amenazábais de muerte al Rey.

—Sí, Monseñor; en el caso de que no mandara poner en libertad al Magistrado Anna Dubourg.

—Y para dar más peso á vuestra intimacion, decíais ser el que habia dado muerte al Presidente Mynard... añadió el Prín-cipe, disgustado de encontrarse lado por lado con un hombre que habia escrito tales palabras.

—En efecto, soy yo quien ha dado muerte al Presidente Mynard, respondió el escocés, sin que en sus palabras pudiera advertirse la menor señal de emocion.

—Y decíais á S. M., que si no hacía gracia, ó mejor dicho, justicia al Magistrado Dubourg concediéndole la vida, le re-

servábais la misma suerte que la que habíais deparado al suso-
dicho Presidente...

— Eso es lo que le decia, Monseñor; y como yo nunca he
faltado á mi palabra, venía ahora á cumplirla.

— ¡Á asesinar al Rey!... esclamó el Príncipe estupefacto,
sin acordarse ni de dónde estaba, ni de los peligros á que se
esponia si llegaba á ser oido.

— Con intencion de dar muerte al Rey; sí, Monseñor... Pero
me atreveré á hacer notar á V. A., que levanta demasiado la
voz, y que nuestra posicion recíproca nos impone la necesidad
de hablar bajito.

— Teneis razon... teneis razon, dijo el Príncipe. Sí, par diez;
hablemos bajito, señor mio, porque tratamos de cosas que
suenan mal en un palacio como el Louvre.

Y bajando en efecto la voz,

— ¿Conque es decir, continuó el Príncipe, que veníais á asesinar al Rey?... ¡Diablo!... ¡Fortuna ha sido para S. M. que
me encuentre yo aquí tan á punto, cuando era tan distinto el
objeto de mi venida!

— ¿Pues qué, pensais oponeros á mi proyecto?

— Ya se ve que sí... ¿Sabeis lo que ibais á hacer?... ¡Asesinar á un Rey para impedir que se queme á un Magistrado!...

— ¡Es que ese Magistrado es el hombre más virtuoso que
hay sobre la tierra!

— No importa... ¡Matar á un Rey!...

— ¡Ese Magistrado es inocente!

— No importa...

— ¡Es que ese Magistrado, Monseñor, es mi padre!

— ¡Ah!... eso ya es otra cosa. Es una fortuna, no ya para
el Rey, sino para vos, que yo os haya encontrado.

— ¿Por qué ha de ser una fortuna para mí?

— Vais á verlo... No... sin duda no he oido yo bien... preciso es que yo me haya equivocado... ¿No me preguntábais
por qué era una fortuna que yo os hubiese encontrado?

— Sí, Monseñor.

— Pues voy á decíroslo. Pero ántes habeis de jurarme por vuestro honor que no atentaréis en manera alguna contra la vida del Rey.

— Eso no, Monseñor. Si el Magistrado Dubourg muere... tambien ha de morir el Rey.

— Mas si yo os doy mi palabra de Príncipe de obtener el perdon del Magistrado Dubourg...

— Si empeñais vuestra palabra, Monseñor...

— Sí.

— Entónces... yo tambien diré como vos: eso ya es otra cosa.

— Pues á fe de caballero os prometo hacer cuanto pueda para salvar al Magistrado Dubourg.

— Pues á fe de Roberto Stuard os prometo que, si el Rey os concede esa gracia, su persona será sagrada para mí.

— Dos caballeros no tienen necesidad más que de cambiar una palabra; y puesto que la tenemos ya recíprocamente empeñada, hablemos de otra cosa.

— Creo, Monseñor, que valdria más que callásemos.

— ¿Pues qué, habeis oido ruido?

— No; pero de un momento á otro...

— Pues entónces, bien os dejarán tiempo para decirme cómo habeis podido entrar en palacio y venir aquí.

— Es una cosa muy sencilla: he entrado en el Louvre con la ayuda de este disfraz.

— ¿Pues qué, no sois arquero?

— No; pero he tomado este uniforme de uno de mis amigos.

— Pues habeis jugado una mala pasada á ese amigo.

— Es que hubiera declarado que se lo habia sustraido.

— ¿Y si os hubieran muerto sin daros lugar para hacer esa declaracion?

— Se hubiera encontrado en mis bolsillos una relacion que lo ponia á salvo.

— Ya veo que sois hombre de órden y prevenido por demas. Pero eso no me aclara cómo habeis podido penetrar hasta aquí, y sobre todo, cómo trayendo la intencion de dar la muerte al Rey, habeis venido á agazaparos bajo la cama de esta habitacion, donde el Rey no entra quizás cuatro veces cada año.

— Es que S. M. viene esta noche aquí, Monseñor.

— ¿Y vos estais seguro de eso?

— Sí, Monseñor.

— Decidme, pues, en qué fundais esa seguridad.

— No hace más que un instante estaba yo en ese corredor...

— ¿Cuál?...

— No podria decíroslo, porque es la primera vez que he entrado en el Louvre.

— Pues á fe que no habeis andado torpe para ser la primera vez... ¿Conque estábais en un corredor...?

— Oculto tras los portieres de un cuarto oscuro, es decir, sin luz... cuando oí cuchichear á dos pasos de mí. Apresté el oido, y entendí estas palabras, pronunciadas por dos mujeres: «¿Conque es al fin esta noche? — Sí. — ¿En el salon de las Metamórfosis? — Sí... á la una en punto estará allí el Rey... yo voy á poner la llave.»

— ¡Habeis oido eso! esclamó el Príncipe, olvidándose otra vez del sitio en que se encontraba, y dando á su voz un formidable tono.

— Sí, Monseñor. De otro modo, ¿qué hubiera yo venido á hacer en este salon?

— Eso es claro, dijo el Príncipe.

Y luégo aparte

— ¡Ah!... murmuró sordamente; ¡y era el Rey!...

— No os he entendido, Monseñor, repuso el escocés, creyendo que estas últimas palabras se dirigian á él.

— Os pregunto, señor mio, cómo os habeis compuesto para llegar á esta habitacion, puesto que acabais de decirme que es la primera vez que entrais en palacio.

— Muy fácilmente, Monseñor: entreabrí el portier, y seguí con la vista á la persona que venía á poner la llave. Cuando la hubo puesto, siguió su camino y desapareció por el otro estremo del corredor. Entónces iba á apresurarme á mi vez, cuando oí pasos que se aproximaban. Volví á ocultarme tras el portier, y apareció delante de mí en la oscuridad un hombre. Pasó: le seguí con la vista á su vez, y observé que se detenia á la puerta de esta habitacion, la empujó, entró, y entónces me dije: este hombre es el Rey. No hice más que encomendar mi alma á Dios: emprendí el camino que acababan de indicarme el hombre y la mujer, y he encontrado no sólo la llave puesta, sino entreabierta la puerta: la he empujado, he entrado, y no viendo á nadie, creí que me habria engañado, que el hombre que yo habia visto sería algun empleado del Louvre que hubiese entrado en alguna habitacion inmediata. He buscado en seguida un sitio en que ocultarme; he visto la cama, y lo demas no tengo necesidad de referíroslo, puesto que lo sabeis muy bien.

— Sí, por vida mia... pero...

— ¡Silencio, Monseñor!

— ¿Pues qué?...

— Ahora sí se acerca alguno.

— Que cuento con vuestra palabra, señor mio...

— Y yo con la vuestra, Monseñor...

Las manos de estos dos hombres singulares se estrecharon.

Un pié ligero como de mujer se presentó tímidamente sobre el tapiz.

— ¡La Srta. de San Andrés! dijo con voz casi imperceptible el Príncipe. Allí está á mi izquierda.

En el momento mismo se abrió una puerta al otro estremo de la habitacion, y entró un jóven, casi un niño.

— ¡El Rey! dijo con voz casi imperceptible el escocés. Allá á mi derecha.

— ¡Por vida mia! ¡esto sí que no me lo podia yo figurar!..

CAPÍTULO IX.

Catalina de Médicis.

IEN veces he estrañado y me ha admirado, que entre tantos buenos escritores como tenemos en nuestro tiempo en Francia, no haya querido ninguno hacer una bella crónica de la vida y hechos de la Reina Madre Catalina de Médicis, pues que ella ha suministrado ámplia materia y desempeñado bien su papel, cuanto puede haberlo desempeñado reina alguna.

¿Quién habla así?

Ya lo habrás adivinado, lector amado: es el señor de Bourdeille, Mr. de Brantome; el gran panegirista, el adulador monótono de todos los Príncipes y Princesas de su tiempo; el cual, al principio de su recitacion de la vida y hechos de Catalina de Médicis, se admira y lamenta de que no se haya hecho una *buena historia ó bella crónica* de los hechos maravillosos del reinado de la Reina Madre.

No podemos decir si desde la fecha de la invitacion citada de Brantome, hácia los años 1665, se habrá encontrado este escritor.

Pero sí sabemos que por nuestra parte tenemos bien adquirido el derecho de reclamar el título de *historiador de la Reina Madre* Catalina de Médicis.

En efecto, Catalina de Médicis ha sido, si no uno de los personajes predilectos, uno al ménos de los que más frecuentemente se han presentado bajo nuestra pluma.

Contemos:

1.° En nuestro drama *Enrique II*.
2.° En nuestra novela titulada *Ascanio*.
3.° En *La Reina Margot*.
4.° En *Los Cuarenta y cinco*.
5.° En *El Duque de Saboya*.
6.° Y en el libro que escribimos ahora.

Esta reiterada aparicion de la hija de Juliano de Médicis, de la esposa y de la viuda de Enrique II, supone de nuestra parte un estudio especial acerca de esta mujer célebre, gracias al cual creemos conocerla bajo todos sus aspectos.

Podríamos, pues, en caso de necesidad, realizar el deseo de Brantome, y hacer una *bella crónica*, ó si se quiere, *preciosa suma* de la vida y hechos de la Reina Madre Catalina de Médicis.

Empero nos contentarémos por hoy, no con hacer ex-profeso un libro para hablar de ella, sino con presentarla entre los personajes de este, poniéndola á la espectacion con sus tres pasiones dominantes de mujer, de madre y de reina, es decir, con el amor, la maternidad y la ambicion.

Uno de nuestros amigos, hábil hacedor de *paralelos*, ha hecho uno de Catalina de Médicis, que no nos parece inexacto, y que no siendo nuestro ánimo reservarlo para nuestro uso, lo vamos á poner á la vista de nuestros lectores.

Catalina de Médicis, dijo nuestro amigo, nos aparece desde léjos como la Fredegunda del Renacimiento.

La misma fuerza de concepcion y de ejecucion, y medios, aunque diferentes en la forma, iguales en el fondo.

La misma destreza, la misma habilidad, la misma astucia,

la misma crueldad rencorosa, la misma falta de todo sentimiento humano, la misma ambicion de reinar; y ¡cosa estraña! los dos reyes sus esposos, el de Fredegunda, Hipelrico,
el de Catalina, Enrique II, dotados del mismo carácter débil é
irascible, viven, reinan y mueren casi del mismo modo.

Fredegunda subyuga á Hipelrico hasta el punto de hacerle
cometer toda clase de crímenes.

Enrique II, al pasar bajo la dominacion de la bella Duquesa de Valentinois, está muy léjos de emanciparse de la influencia y del poder de Catalina de Médicis.

Hipelrico abruma á sus súbditos á fuerza de impuestos.

Enrique II deja al morir un déficit de cuarenta y tres mi-
llones.

Ambos murieron en una fiesta.

Hipelrico en un dia de caza.

Enrique II en un torneo.

Gregorio de Tours llama al uno *Neron*.

Los calvinistas llaman al otro *Herodes*.

Nuestro amigo lleva mucho más adelante su paralelo; y si
nosotros hubiéramos de seguirle en las profundidades de su
comparacion, necesitaríamos emplear en él todo este capítulo:
y aparte de que los Sres. de Condé y Roberto Stuard se hallan
con muy poca comodidad agazapados bajo la cama del salon
de las Metamórfosis, hemos menester ademas las cinco páginas
que nos restan, para seguir en casa de la *Florentina* — que así
es como se llamaba á Catalina de Médicis — el curso de nuestra
narracion, pues allí nos lleva la Sra. Almiranta, que se apea
á la puerta del Louvre, llevando en el bolsillo la cartita de la
Srta. de San Andrés, cuya letra no han podido reconocer ni
ella ni su esposo ni su cuñado, y que viene con la triple intencion de devolverla á Dandelot, de hacer la corte á la Reina Madre, y de adquirir noticias relativas al suplicio del Magistrado
Dubourg.

La cámara de Catalina de Médicis, tapizada de paños os-
curos, rodeada por un zócalo de madera de encina de color

sombrío; y el largo vestido de luto que, como viuda de algunos meses, llevaba á la sazon, y que continuó llevando toda su vida, la daban á primera vista una apariencia fúnebre.

Pero bastaba levantar la cabeza por cima del dosel bajo que estaba sentada, para asegurarse de que no se estaba en un mortuorio.

En efecto, por cima de este dosel irradiaba un arco iris circundado de esta inscripcion griega que el Rey su esposo habia compuesto para ella: *Phospherei é de kai aithzen*, que, como ya creemos haberlo dicho en otro libro, puede traducirse por las palabras siguientes: «Yo llevo la luz y la serenidad.»

Si este arco iris, como un puente echado entre el pasado y el porvenir, entre un duelo y una fiesta, no hubiese bastado para tranquilizar al estranjero introducido de repente en esta cámara, no habria tenido más que bajar la vista de lo de encima á lo de debajo del dosel, y que mirar á la estraordinariamente hermosa criatura que estaba en aquel sillon, y que se llamaba Catalina de Médicis, rodeada de siete jóvenes muy bellas tambien, que se conocian con el nombre de las Pléyadas reales.

Y esto sin embargo de que, como nacida en 1519, estaba ya en sus cuarenta años, y si el color de sus vestidos recordaba la muerte con su fria rigidez, sus ojos vivos, animados y radiantes, de un brillo sobrenatural, revelaban la vida en toda su fuerza y en toda su hermosura.

Ademas, la blancura de su frente, la tersura y limpidez de su cútis, la nobleza, la pureza, la severidad de las líneas de su rostro, la valentía de su mirada, la inmovilidad de su fisonomía contrastando con la movilidad contínua de sus ojos, todo hacía de aquella cabeza un *specimen* ó tipo de emperatriz romana; y vista de perfil, con la mirada fija y el labio inmóvil, se la hubiera tomado por un camafeo antiguo.

En tanto aquella frente, sombría por un órden regular, acababa de iluminarse; aquellos labios, inmóviles de ordinario, se habian entreabierto y agitado: y cuando la Almiranta entró, tuvo que esforzarse para contener la esclamacion de sorpresa que iba á escaparse de su pecho al ver la sonrisa de esta señora, que se reia muy pocas veces. Mas ella adivinó muy luego bajo qué inspiracion venía aquella sonrisa.

Cerca de la Reina estaba Monseñor el Cardenal de Lorena, Arzobispo de Reims y de Narbona, Obispo de Metz, de Tours, de Verdun, de Turena, de Luzon y de Valence, Abad de Saint-Denis, de Fecamps, de Cluny, de Marmontier, etc.: el Cardenal de Lorena, de quien hemos tenido que ocuparnos casi tantas veces como lo hemos hecho de la Reina Catalina, en consideracion al papel importante que hace en la historia de fines del siglo XVI: el Cardenal de Lorena, hijo segundo del primer Duque de Guisa, hermano de Balafre, Cardenal de Lorena: el hombre en quien todas las gracias y beneficios eclesiásticos conocidos y desconocidos en Francia se acumularon á la vez: el hombre, en fin, que enviado á Roma en 1548, habia producido tal sensacion en la ciudad pontificia por su juventud, por su belleza, por su gracia, por su estatura majestuosa, por su tren magnífico, por sus modales afables, por su talento despejado, por su amor á la ciencia y por su ciencia de amor, que por todos estos dones naturales, realzados y perfeccionados por la educacion, habia justificado la gracia del Capelo romano con que el Papa Paulo III le habia honrado un año ántes.

Habiendo nacido en 1525, tenia en la época á que hemos llegado treinta y cuatro años.

Era un hombre pródigo, magnífico, dadivoso y vano, que decia muy á menudo, como su comadre Catalina, cuando se les hacía notar la decadencia, ó mejor dicho, el aniquilamiento de sus rentas:

— Conviene dar gracias á Dios por todo; pero es preciso vivir.

Su comadre Catalina — pues que le hemos dado este nombre familiar — era efectivamente su comadre en toda la estension de la palabra.

En la época en que nos encontramos, no hubiera dado un paso sin consultarlo públicamente con el Cardenal de Lorena, y secretamente con el jóven y bello Cárlos de Guisa.

Estrecha intimidad que esplica, por lo demas, al vulgo la dominacion estraña que tenia en el ánimo de la Reina Madre, y que hace comprender el poder ilimitado, el poder absoluto y la prepotencia del Cardenal de Lorena en la corte de Francia.

Al ver, pues, al Cardenal de Lorena apoyado en los brazos del sillon de Catalina, la Almiranta se esplicó la sonrisa de la Reina Madre.

El Cardenal acabaria de hacer la descripcion de alguna nueva ejecucion, con el gracejo particular que le distinguia: porque en aquel tiempo se reia con mucho gusto de la lengua que sacaban los desgraciados hugonotes colgados en la horca de Montfaucon, y de los gestos que hacian al morir.

Los demas personajes que rodeaban á la Reina Madre eran: Francisco de Guisa, y el Príncipe de Joinville, su hijo, prometido esposo de la Srta. de San Andrés; el Mariscal de San Andrés; el Príncipe de Montpensier; su esposa, Jacquelin de Longueville, tan célebre por el favor que tenia con Catalina de Médicis; y el Príncipe de la Roche-sur-Yon: y detrás de ellos, el jóven Sr. de Bourdeille, Brantome; Ronsard; Baif, tan buen hombre como mal poeta, á quien llamaban el Cardenal Duperron; y Doral, en fin, bello ingenio y feo poeta, á quien llamaban sus contemporáneos el Píndaro de Francia.

Hallábanse tambien Remigio Belleau, poco conocido por su mala traduccion de *Anacreonte* y su poema sobre las piedras preciosas, pero célebre por su original cancion *El mes de Abril;* Ponthus de Chyard, matemático, filósofo, teólogo y poeta, á quien Ronsard atribuye la introduccion de los sonetos en Francia; Yodelle, autor de *Cleopatra,* la primera tragedia francesa — á quien Dios perdone en el cielo, como nosotros le perdonamos en la tierra, — autor tambien de *Dido,* la segunda tragedia, de *Eugenio,* comedia, y de una multitud de sonetos, canciones, odas y elegías célebres en aquella época desconocida de la nuestra; y en fin, la pléyada toda entera del Parnaso de aquella época, á escepcion de Clemente Masót, que habia fallecido en 1544, y de Joaquin de Belleay, llamado por Margarita de Navarra el Ovidio francés, que habia muerto en 11 de Junio de aquel mismo año.

Lo que reunia en aquella *soirée* en la cámara de la Reina Catalina de Médicis á todos estos poetas, que por lo regular hacian pocos esfuerzos por encontrarse unos al lado de otros, era el accidente ocurrido el dia ántes á la Reina María Stuard.

Era, al ménos, este el pretesto que todos habian alegado; porque, á decir verdad, la belleza, la juventud, la gracia y el talento de la interesante jóven palidecian para ellos ante la majestad y la omnipotencia de la Reina Madre.

Así que, despues de algunas vulgares manifestaciones de sentimiento por un suceso que podia tener las más terribles consecuencias para el porvenir, como era la pérdida de un sucesor á la corona, se habia olvidado la causa de la visita, para no acordarse sino de los empleos, favores y beneficios que habia que pedir para los suyos ó para sí mismos, á la que disponia de ellos como verdadera soberana.

Tambien se habia hablado de las dos cartas amenazadoras dirigidas una tras otra al Rey de Francia por las ventanas del cuarto del Mariscal de San Andrés; pero no habiendo parecido el asunto demasiado interesante para que pudiese apasionar á la reunion, habia languidecido la *soirée* por falta de asuntos que la animaran.

No podríamos decir á punto fijo cuál fuese el asunto de que se hablaba á la llegada de la Almiranta; mas sí podemos asegurar, con referencia á buenas noticias, que á su aparicion, todos aquellos rostros risueños se formalizaron.

Se hubiera dicho que habia llegado un enemigo á un campo de aliados.

En efecto, la esposa del Almirante con su rigidez religiosa hacía sombra á las siete estrellas que rodeaban á Catalina como las siete hijas de Atlas.

Aquellas brillantes constelaciones se sentian á disgusto ante aquella austera virtud que tantas veces se habia procurado quebrantar, y que se habian limitado á calumniar, por la imposibilidad de tachar su conducta con fundamento.

La Almiranta, en medio de este silencio tan significativo por sí mismo, y que aparentó no haber notado, fué á besar la mano á la Reina Catalina, y volvió á sentarse en un taburete á la derecha del Príncipe de Joinville y á la izquierda del de la Roche-sur-Yon.

— Y bien, señores poetas, aspirantes al Parnaso, dijo Catalina despues que la Almiranta hubo tomado asiento; ¿no hay entre vosotros alguno que pueda recitarnos alguna nueva cántiga, alguna nueva sátira, algun buen epígrama?... Ea, señores Ronsard, Yodelle, Remy de Belleau, á vosotros os toca dar la señal y hacer la guia: que tiene poco chiste tener canarios en casa, si esos canarios no cantan... El Sr. Pedro de Bourdeille acaba de entretenernos con un cuento chistoso: ahora os toca á vosotros entusiasmarnos con alguna buena poesía.

La Reina decia estas palabras con aquella pronunciacion semi-francesa y semi-italiana que daba una gracia tan interesante á su conversacion cuando estaba de humor, y que sabía sin embargo tomar, como la lengua del Dante, tan terrible acento cuando se trataban asuntos que la apasionaban en ese sentido.

Y como la mirada de Catalina se habia fijado sobre Ronsard, fué éste el que se adelantó, y respondiendo á la invitacion, dijo:

— Todo lo que he hecho, bondadosa Reina, lo conoce ya V. M.; y en cuanto á lo que no conoce, no me atreveria á llamar su real atencion sobre ello.

— ¿Y por qué, maestro? preguntó Catalina.

— Porque son versos amorosos hechos para otra parte que los salones régios, y V. M. merece demasiado por sí misma, para que haya quien se atreva á cantar aquí idilios insulsos.

— ¡Bah!.. dijo Catalina; ¿no soy yo del pais de Petrarca y

de Bocacio?.., Empezad, empezad, si es que la Sra. Almiranta lo permite.

— La Reina lo es aquí, como en cualquiera otra parte : ella da sus órdenes, y sus órdenes son obedecidas, respondió la Almiranta inclinándose.

— Ya lo oís, maestro, dijo Catalina: teneis la licencia de todos. Empezad, pues, que los demas os escuchamos.

Ronsard se adelantó un paso, acarició su hermosa barba rubia con una mano, levantó al cielo sus ojos llenos de dulzura y de gravedad, como para pedir memoria allí donde buscaba la inspiracion, y con voz encantadora,

— Á mi amada, dijo.

Y empezó en seguida una oda que envidiaria más de un contemporáneo, y yo el primero :

Como la verde yedra
Sus tiernas ramas tiende,
Para estrechar al olmo
Que cerca de ella crece;
Tendedme vuestros brazos,
Y amorosos estrechen
Del infeliz que os ruega
El corazon doliente.
Y unidos así entrambos,
Pues por vos desfallece,
Con la virtud de un beso
La vida devolvédle,
Ó juro á vuestros ojos,
Si el beso no me diéreis,
En vuestros brazos preso
Quedar y vivir siempre.
Pero sufriendo el yugo
De vuestro imperio, leve,
Á los Elíseos Campos
Irémos juntamente.
Allí, bajo florido
Mirto y sacros laureles,
Muertos de amor, verémos.
Ya sobre tierno césped
Danzando, ya á la sombra
Tambien de lauro verde,

De amores platicando
En frases elocuentes,
Á los antiguos héroes
Que la historia enaltece.
    Allí, pues, donde Flora
Sus ricos dones vierte,
Y el dulce sol de Mayo
Alumbra eternamente,
Entrambos vivirémos,
Y sus felices seres
Bendecirán la dicha
Que gozarémos fieles;
No la del fementido,
No la del Toro aleve
Que á Europa por los mares
Robó, ni la que pierde
Apolo trasformada
En laurel floreciente,
Ni aquella venturosa
Griega, á quien te pareces
En nombre y en belleza,
Si en esto no la escedes.

A la última palabra de Ronsard, estalló una salva de aplausos, y los de los poetas, que le reconocian por el primero de entre ellos, fueron los más entusiastas.

FIN DEL LIBRO SEGUNDO.

LIBRO TERCERO.

—

CAPÍTULO PRIMERO.

Por cuántas manos puede pasar una carta.

ASADA la salva de los aplausos, y despues de haber dado Ronsard las gracias con un reverente saludo, y vuéltose á su sitio entre los poetas, una de esas sonrisas encantadoras que solian aparecer en la boca de Catalina de Médicis, iluminó el rostro de la Reina Madre, y cada uno de los presentes se preguntó á sí mismo qué buena ocurrencia le habria pasado por la imaginacion.

En seguida, con su voz más meliflua, que acabó de confirmar á todos que efectivamente meditaba alguna broma pesada, dijo:

—Mi querido Sr. Remy de Belleau, tendria gusto en obsequiar esta noche á mi buena amiga la Almiranta, haciéndola oir algunos trozos de una linda composicion vuestra, si no me engaño, de una anacreóntica en que se trata de los lamentos de un tortolillo por su amada... no... me engaño... de una tórtola por su amante.

Sobre cuyas últimas palabras recalcó con un acento particular.

Todos los presentes comprendieron á dónde iba dirigido el golpe.

Mas la Almiranta, que fué la que ménos se inmutó de los presentes, lo recibió en el fondo de su corazon.

Entre los mil chismes y cuentos, verdaderos ó falsos, que siempre circulan en los salones de los palacios, era uno el de que la Almiranta habia tenido una inclinacion particular al Mariscal de Strozzy, y que sus escasas visitas á la corte, y la vida retirada que hacía desde algunos meses á aquella parte, eran el resultado de la muerte del Mariscal, ocurrida en el año anterior en el sitio de Thionville.

La Reina Catalina conocia muy bien la anacreóntica de que hablaba, y por consecuencia, que se titulaba *las lamentaciones de un tortolillo*, y no las de una *tortolilla*; pero habia querido que todos comprendiesen su intencion, y habia aparentado por eso equivocarse.

Sabía ademas que la tal composicion, de la que hacía su inocente aliada en el odio que tenia á la Almiranta, no era de Remy de Belleau, sino de un poeta novel de provincia, cuyo nombre apénas era conocido en Paris á la sazon.

Remy de Belleau habia comprendido perfectamente la intencion de Catalina; y así fué que inclinándose contestó:

— Señora, tengo el sentimiento de haber de confesar á V. M., que los versos á que se refiere no me pertenecen, sino á un poeta jóven que conocí en Bourges hará unos siete meses, y cuyo nombre es Juan Passeralt. Fuí á Bourges á visitar al célebre Cujas — efectivamente iban muchos á aquella ciudad á ver al célebre jurista, como en otro tiempo se iba á Roma por conocer á Tito Livio — y habiéndome hablado de un poeta jóven que prometia mucho, aproveché la ocasion de conocerlo. Fuí, pues, á su casa, me hice anuneiar, y me dí á conocer á él, quien me recitó algunos versos que me parecieron escelentes, y entre otros, esos de que habla V. M.

—¿Por fortuna, maestro Remy, los conserváis en la memoria?... preguntó Catalina.. Eso haria tanto honor á vuestra memoria como á vuestro carácter, incapaz de tener envidia á vuestros cofrades.

—No sé, señora, á qué deba atribuir el honor de que yo sepa de memoria esos versos, pero los recuerdo perfectamente, repuso Remy de Belleau; y si V. M. tiene gusto en ello, podré recitarlos al punto.

—Sí, sí; recitadlos, maestro Remy, continuó Catalina, y aplaudirémos como si fueran vuestros.

Como habia hecho ántes Ronsard, Remy de Belleau se adelantó un paso, y lo mejor que le fué posible, recitó los versos siguientes:

¡Ay! perdí la tortolilla
Que era mi bien y mi encanto,
Y seguirla al punto quiero,
Seguirla al sepulcro helado.

¡Triste por tu amante lloras!...
Tambien mi lloro es amargo;
Porque mi amor he perdido,
Y he de sentirlo y llorarlo.

Si tu pasion es constante,
En constante amor me abraso;
Y como es sin esperanza,
Busco la muerte y la llamo.

¡Nunca acabarán tus penas!...
Las que la paz me robaron,
Sólo con la vida mia
Término tendrán ansiado.

Como á mi bella no veo,
Nada al través de mi llanto
Me parece bello; el mundo
Es para mí horrible páramo.

¡Oh muerte! escucha piadosa
Los ayes de un desgraciado
Que perdió su amor por siempre,
Y recíbele en tus brazos.

La reunion aplaudió con una esplosion de palmadas, miéntras que la Almiranta no pudo impedir que le salieran los colores á la cara, no obstante el imperio que tenia sobre sí misma. .

Catalina observó su confusion, y con tono triunfante

— ¿Qué os parece la anacreóntica, mi escelente amiga? le preguntó, con la esperanza de verla cortada ante aquella reunion.

— Muy bonitos versos, respondió la Almiranta, por más que me parezca que el fondo no es tan bueno como la forma.

— ¿Qué es lo que decís?

— Que en cuanto á la forma, no hay nada que pedirles, mas el fondo es defectuoso.

— ¡Defectuoso!... ¿En qué?

— En que los sentimientos que espresa son exagerados... Aunque es verdad, añadió, que en ellos no se trata ni de un hombre ni de una mujer, sino de un pobre pajarillo.

La Almiranta estaba muy léjos de pasar en la corte por un talento de chispa, y esta respuesta, dada con la vivacidad del genio, admiró á unos é hizo callar á otros.

Yodelle reanudó la conversacion.

— Pues yo, Sra. Almiranta, dijo, me acuerdo de un cierto señor á quien he conocido mucho, que al saber que su dama se habia roto una pierna de una caida de caballo, y que los facultativos habian resuelto cortársela, se salió de su casa y se ahorcó desesperado del primer árbol que encontró á su paso; lo que fué tanto más de sentir, cuanto que al fin la señora conservó su pierna, curó, y sólo quedó un poco coja.

— Y eso ¿qué prueba?

— Que hay personas capaces de una bella desesperacion, replicó Yodelle.

— Ó de una gran locura, continuó la Almiranta. Porque yo reputo la accion de ese señor tan insensata como los sentimientos espresados en esos versos; y es preciso que el tal señor tuviese una cabeza de chorlito, para ocurrírsele poner fin á sus dias por una pierna rota. Ademas, ¿no hubiera hecho mucho mejor en aguardar para ahorcarse á que la hubieran cortado la pierna? Por otra parte, me parece que la belleza de su dama estaria en el rostro, y no en las piernas.

— Bien se ve, Sra. Almiranta, dijo el Cardenal de Lorena, que vuestra austeridad calvinista no os ha dejado ver la virtud amorosa que lleva consigo una buena pierna.

— Sobre ese punto, mi querida Almiranta, será preciso que consulteis, dijo Catalina.

— Señora, lo creo escusado. Mas decidme á quién podré consultar, y lo haré por obedecer vuestra órden.

— Pues bien; consultad al maestro Pedro de Bourdeillé, que entiende de eso tanto y tan bien, que estoy segura tiene para su libro *Las damas galantes*, que está escribiendo, una multitud de anécdotas á cual más chistosas sobre todas las piernas de la corte.

Entónces, dirigiéndose á Brantome,

— Veamos, Sr. de Bourdeille, dijo: cavad en la cantera de vuestra memoria, y sacadnos de ella uno ó dos buenos cuentecitos sobre algunas piernas que conozcais.

Brantome no se hizo rogar mucho.

— El asunto es inagotable, dijo, y voy á referiros un caso recientito, ocurrido á una hermosa dama que yo conozco, la cual tendrá ahora unos veinticuatro á veinticinco años á lo más.

Brantome pasaba por el más gracioso cuentista de la corte, y todos callaron para no perder ni una sola palabra de lo que iba á decir.

« Érase una honrada y encantadora dama, por confesion de todos, empezó á decir; la cual, estando muy apasionada de un gran señor que parecia no estarlo de ella, hacía todo lo posible por atraerle, sin poderlo conseguir. Mas un dia, hallándose de paseo en un parque, y viendo venir hácia sí al desdeñoso caballero, aparentó no verlo, y á pretesto de que se le habia soltado el nudo de su zapato, se retiró un poco, y enseñó un pié tan pequeño como el de una recien nacida.

» El buen señor lo vió, y pareciéndole magnífico, se apasionó á ella.

» El pié causó en su ánimo un efecto que no habia podido causar su linda cara; porque decia para sus adentros que el otro pié sería igual al que habia visto, y que dos bases tan preciosas no podian dejar de sostener un edificio proporcionadamente magnífico.

» De esta ingeniosa estratagema, continuó el Sr. Brantome, resultó que el caballero empezó á hacer el amor á la señorita, y que la señorita llegó á ser la esposa del caballero, con lo cual todo quedó arreglado. »

El gusto cambia en todos los paises, y en Francia como en ninguna parte.

El Sr. Brantome es el genio encarnado del chiste de los tiempos de Francisco II, de Cárlos IX y de Enrique III.

Una cosa que hoy difícilmente puede arrancarnos una sonrisa, provocaba entónces las más estrepitosas carcajadas en la corte.

El cuentecillo referido por el autor de *Las damas galantes* tuvo, pues, un éxito ruidoso, y no hubo uno en la reunion, sin esceptuar á la Almiranta, que no se riera ó no aparentara reirse con toda la fuerza de sus pulmones y quijadas.

Tan afortunado principio alentó á Brantome.

— Si V. M. es gustosa, dijo, contaré otro cuento, ó por mejor decir, otra anécdota que tiene algunos puntos de analogía con la anterior.

Catalina de Médicis miró á la Almiranta.

Ésta fingia estar distraida.

—Por mi parte, no tengo ningun inconveniente en que conteis vuestra anécdota, dijo la Reina Madre; á no ser que estos señores...

— ¡Oh! esclamaron todos; nosotros lo deseamos.

Sólo la Almiranta guardó silencio.

—La Sra. Almiranta no es de vuestro parecer, señores, añadió Catalina de Médicis.

— Yo, señora, soy siempre del parecer de V. M., dijo la Almiranta inclinándose profundamente.

— Entónces, empezad, Brantome.

Éste no se hizo rogar, y empezó:

« Era una gran señora, bella, jóven y rica, y sobre todo, de un talento muy despejado. La gran señora estaba cansada de oirse llamar bella y encantadora, siempre por las mismas bocas, es decir, por jóvenes nobles y ricos, ó por grandes señores viejos y galantes.

— » Yo quiero saber si efectivamente soy bella, dijo un dia, y mi presencia causa tanta admiracion como dicen los señores de la corte.

» La idea fué tan pronto pensada como ejecutada.

» Á la mañana siguiente mandó á un jóven page que tenia á su servicio, que la acompañara á paseo.

» Cuando llegaron á un estremo del parque que rodeaba su palacio, se paró de repente, y volviéndose hácia donde estaba el page, esclamó:

— » ¿Qué tal te parezco, Leonardo?...

» El page, no comprendiendo la pregunta de su señora, se quedó con la boca abierta, sin contestar una palabra.

— » ¿Qué tal te parezco?... volvió á repetir la gran señora, al ver que Leonardo guardaba silencio.

— » No comprendo lo que la Sra. Marquesa quiere decir, murmuró Leonardo.

— » Quiero decir, que si te parezco bastante bella para ser amada por tí.

— » Yo... no... se...

» Leonardo no sabía lo que le pasaba.

» La gran señora, irritada por las medias palabras de su page, esclamó furiosa:

— » ¡Te pregunto el efecto que ha causado en tí mi belleza!... ¿lo comprendes ahora?

» El page, asustado por el mal humor de su señora, respondió, sin saber lo que decia:

— » Ninguno... señora... ninguno...

» La gran señora, fuera de sí, dió dos solemnes bofetones á su page, y se retiró sola á su casa.

» La historia cuenta que la gran señora no volvió á presentarse más en la corte.

» El pobre Leonardo fué despedido sin misericordia. »

Si no viésemos estas historietas en Mr. de Brantome, no comprenderíamos hoy que tales cosas hubiesen podido servir de diversion y pasatiempo á nuestros padres.

Pero es así.

Este segundo cuento tuvo un éxito mucho más ruidoso que el primero.

La risa es contagiosa, y una vez dueña de una reunion, cada nueva palabra arranca nuevas carcajadas.

En medio de esta alegría general y franca de todos los concurrentes, sin escepcion de sexo ni edad, ni áun de la grave Almiranta, el Sr. Brantome dió principio á su tercera historieta.

No nos detendrémos ahora á reproducirla; porque aquellas curiosas aventuras de las damas galantes, que se contaban entónces delante de las reinas, apénas podrian pasar hoy en una reunion de jóvenes alegres: y así, nos limitarémos ahora á decir que á las últimas palabras del que luégo habia de ser Abad de Bourdeille, habia quien se desternillaba, se retorcia, y áun reventaba de risa, agarrándose de quien tenia al lado, para no caer en el suelo: gritos salian de todas lás bocas, lágrimas brotaban de todos los ojos á fuerza de reir, y cada cual sacaba su pañuelo diciendo:

— ¡Por Dios, Sr. Brantome... por Dios!... basta...

La Sra. Almiranta fué atacada, como todos los demas de la reunion, de ese espasmo nervioso é irresistible que se llama *risa*, y como los demas, habia sacado el pañuelo de su bolsillo, en medio de mil movimientos convulsivos.

Pero al sacar el pañuelo del bolsillo, sacó tambien la cartita consabida, que debia devolver á su cuñado Dandelot.

Con la diferencia de que, miéntras se llevaba el pañuelo á los ojos, la perfumada carta caia en el suelo.

El Príncipe de Joinville, que, como ya lo hemos dicho, estaba al lado de la Almiranta, riéndose y retorciéndose con las manos puestas en los vacíos, vió sin embargo caer en el suelo la cartita.

— ¡Una cartita perfumada, doblada, sedosa, una verdadera cartita dulce y amorosa sin duda, cayendo de los bolsillos de la Almiranta!... dijo para sí.

Mr. de Joinville habia sacado, como todos, el pañuelo, y dejándolo caer disimuladamente sobre el billete, recogió billete y pañuelo á la vez.

Y luégo, habiéndose asegurado de que habia recogido el pañuelo y la cartita, se los metió en el bolsillo, reservándose leer el billete en tiempo oportuno.

Este momento oportuno era el de la salida de la Almiranta.

Como á todos los paroxismos, sean de alegría, de dolor ó de risa, sucedieron en este caso á las ruidosas carcajadas de la régia tertulia algunos segundos de silencio, durante los cuales dieron las doce de la noche.

Aquellas campanadas del reloj y aquella hora de la noche recordaron á la Almiranta que era ya tiempo de que entregase la cartita á Dandelot y de volver al *Hotel de Coligny.*

Se llevó la mano al bolsillo buscando su billete.

Mas el billete no estaba allí.

Registró sucesivamente todos los bolsillos, en su redículo, en el pecho: todo en vano. El billete no parecia.

Por un órden regular, se le habria perdido, decia para sí.

Mas tenia el pañuelo en la mano, y su vista le sugirió la idea de que, al sacar el pañuelo del bolsillo, habria sacado tambien el billete.

Miró al suelo; mas el billete tampoco estaba en el suelo.

Apartó el sillon en que habia estado sentada. Tampoco parecia.

La Almiranta sintió que el color de su rostro se demudaba.

Mr. de Joinville, que seguia con sus ojos todos estos movimientos de la Almiranta, no pudo contenerse, y preguntó:

— ¿Qué os ocurre, Sra. Almiranta?... No pareee sino que buscais alguna cosa...

— No... no... sí... nada... no se me ha perdido nada, balbuceó la Almiranta poniéndose en pié.

— ¿Qué os sucede, mi querida amiga, preguntó Catalina, qué os sucede, que á cada momento mudais de color?

— Me siento indispuesta, señora, contestó la Almiranta turbada; y con permiso de V. M., tengo que retirarme.

Catalina encontró la mirada de Mr. de Joinville, y comprendió en aquella mirada que convenia dejar en libertad á la Almiranta.

— ¡Oh mi querida amiga! ¡Dios me libre de deteneros, dijo la Reina, si os encontrais desazonada, como lo estais!... Cuidáos mucho, y conservad vuestra salud, que nos es tan querida á todos.

La Almiranta, medio ahogada, hizo un saludo sin hablar palabra, y salió.

Detrás de ella salieron Ronsard, Baif, Damal, Yodelle, Chyard y Belleau, que la acompañaron hasta la salida de palacio, y vieron que no dejaba de buscar en sus bolsillos y de registrarse hasta entre sus ropas.

En seguida, viendo que tomaba con sus servidores la direccion de su casa, los seis poetas fueron por los *quais* ó muelles del Sena á buscar la calle de las Fuentes de San Víctor, donde vivia de Baif, hablando de retórica ó de filosofía; pues en casa de Baif era donde, formando una academia anticipada, se reunian ciertos dias, ó mejor dicho, ciertas noches los literatos y sabios de aquella época para tratar de poesía ú otras materias literarias y filosóficas.

Dejémoslos ir, porque nos harian perder el hilo que nos guia en el laberinto de intrigas políticas y amorosas en que nos vemos engolfados, y volvamos á la cámara de la Reina Catalina de Médicis.

CAPÍTULO II.

Pénas habia salido la Almiranta, cuando suponiendo todos que algo de estraordinario le habia ocurrido, se preguntó:

— ¿Pero qué tenia la Almiranta?

— Preguntádselo á Mr. de Joinville, respondió la Reina Madre.

— ¡Cómo!... ¡á vos!... preguntó el Cardenal de Lorena.

— Hablad, hablad, Príncipe, esclamaròn á una voz todas las señoras.

— En verdad, señoras, contestó el Príncipe, que todavía no sé qué deciros... Mas, añadió sacando el billete de su bolsillo, aquí está lo que va á hablar por mí.

— ¡Una cartita!... esclamaron todos.

— ¡Oh! ¡un billetito reciente, perfumado, satinado y caido de un bolsillo!...

— Príncipe, ¿de quién?... Decidlo... no nos hagais perder la paciencia.

— Vaya... adivinadlo.

— No, no: leedlo en seguida.

— Ántes habeis de adivinarlo.

— Príncipe, nos haceis desesperar.

— Del bolsillo de nuestra austera enemiga... la Sra. Almiranta.

— ¿Era por eso el hacerme señas de que la dejara marchar? dijo Catalina.

— Sí, señora. Confieso mi indiscreta curiosidad: deseaba saber cuanto ántes lo que contiene.

— ¿Y qué contiene?

— He creido, señora, que sería faltar al respeto debido á V. M., no comunicárselo anticipadamente, para que vea V. M. lo que se ha de hacer.

— Ea, pues... cuanto ántes.

Y despues de un respetuoso saludo, Mr. de Joinville entregó el billete á la Reina Madre.

Todos los circunstantes se arremolinaron en torno de Catalina.

La curiosidad pudo más que el respeto.

— Señores, dijo Catalina, tal vez esta carta contenga algun secreto de familia: dejádmela leer primero para mí, y yo os prometo que, si es cosa que se puede saber, no me complaceré en mortificar vuestra natural curiosidad.

Todo el mundo se retiró, y tomando una bujía del candelabro más inmediato, la Reina Madre pudo leer la carta.

M. de Joinville seguia con visible ansiedad el movimiento de la fisonomía de Catalina; y cuando ésta hubo concluido,

— Señores, dijo, la Reina va á leer.

— Creo, Príncipe, dijo Catalina, que os anticipais un poco en vuestros juicios. Por mi parte, señores, no sé si puedo revelaros de este modo los secretos amorosos de mi buena amiga la Sra. Almiranta.

— ¿Pues qué, es de veras un billete amoroso? preguntó el Cardenal de Lorena.

— Sí, y vos mismo vais á juzgarlo, dijo la Reina; porque yo no puedo decir si he leido bien.

— Y por eso lo va á leer de nuevo V. M., ¿no es así? preguntó M. de Joinville impaciente.

— Escuchad, dijo Catalina.

Reinó en el salon un profundo silencio, que ni áun era interrumpido por la respiracion, no obstante haber presentes quince personas.

La Reina leyó:

« No dejeis de estar á la una de la noche en el salon de las
» Metamórfosis. La sala en donde nos vimos la noche anterior,
» está demasiado cerca de la cámara de las dos Reinas, y el
» recelo de despertarlas no me permitió gustar con tranquili-
» dad del placer de veros y manifestaros mi amor. Nuestra
» confidenta, cuya fidelidad os es conocida, cuidará de que la
» puerta esté franca. »

Todos á una prorumpieron en una esclamacion de asombro.

Era una cita en toda regla.

Una cita dada á la Almiranta, puesto que era á ella á quien se le habia caido el billete del bolsillo.

Segun eso, la visita de la Almiranta á la Reina Catalina no era más que un pretesto para entrar en el Louvre; y como Dandelot estaba de guardia, la Almiranta, que sin duda podia contar con su cuñado, saldria cuando mejor le pareciese.

— Pero ¿quién podia ser el dichoso mortal que deseaba aquella tranquilidad que echaba de ménos en la noche precedente?

Se fueron recontando todos los amigos del Almirante, unos despues de otros.

Pero la Almiranta hacía una vida tan retirada, que no pudieron fijarse en ninguno.

Alguno hubo que insinuó al mismo Dandelot.

Tanta era la corrupcion de aquella corte, que áun esta sospecha no parecia inverosímil.

— Hay, señores, un medio muy sencillo de salir de dudas

y de saber quién sea el galan afortunado, dijo el Cardenal de Lorena.

— ¿Cuál? preguntaron de todos lados.

— ¿No es la cita para esta noche?

— Sí, dijo Catalina.

— ¿En el salon de las Metamórfosis?

— Justamente.

— Pues bien: hagamos con los amantes lo que hicieron los dioses del Olimpo con Marte y Venus: visitarlos durante su sueño, si es que duermen.

Las señoras se miraron unas á otras, y hubieran acogido con aplauso el pensamiento del Cardenal, si se hubiesen atrevido á hacerlo.

— ¡Vive Dios, esclamó el Mariscal de San Andrés, que es un pensamiento digno del Cardenal, y que por mi parte adopto con todo mi corazon!

Esta aprobacion del Mariscal atrajo la de todos los demas.

Eran las doce y media ya; sólo faltaba media hora; ¡y media hora pasa tan veloz cuando se murmura del prójimo!...

Se murmuró largamente de la Almiranta, se pintó anticipadamente su confusion y la del hombre que deseaba estar tranquilo, y la media hora pasó.

Pero ninguno de los circunstantes encontró tan bueno el pensamiento del Cardenal, como la Reina Catalina. ¡Sorprender á su querida amiga la Almiranta en este renuncio!...

Dió la una.

Todos aplaudieron batiendo palmas.

Á tal punto llegaba la impaciencia con que se esperaba por todos aquel instante.

— ¡En marcha! dijo el Príncipe de Joinville; ¡en marcha!

El Mariscal de San Andrés le detuvo.

— ¡Oh! ¡qué irreflexiva es la juventud!

— ¿Teneis acaso alguna observacion que hacer? le preguntó el Duque de la Roche.

— Sí, por cierto, dijo el Mariscal.

— En ese caso, replicó Catalina, escuchad, y escuchad religiosamente, señores; que nuestro amigo el Mariscal es hombre de esperiencia consumada en todo, pero muy particularmente en materias de amor.

— Hé aquí, dijo el Mariscal, lo que he pensado para moderar un poco la impaciencia de mi señor yerno el Príncipe de Joinville: que como á veces no se acude á las citas á la hora misma que se marca, si nos anticipamos, puede suceder que frustremos nosotros mismos nuestro designio.

El consejo del Mariscal de San Andrés pareció prudente á todos, y se adhirieron al parecer de la Reina Catalina, que en tales casos hacía el papel de maestre-sala y principal directora.

Se convino, pues, en esperar otra media hora.

Mas al cabo de ella, la impaciencia de la reunion era tanta, que no hubieran bastado todas las observaciones del Mariscal de San Andrés para dominarla.

Tampoco se aventuró á hacer ninguna, sea que comprendiese que eran escusadas, ó que creyese que ya era tiempo de emprender la espedicion que se habia proyectado.

Convínose entónces que la Reina Madre se retiraria á su dormitorio, y que el Príncipe de Joinville iria oportunamente á darle cuenta de todo lo que hubiese pasado.

La idea fué aceptada por unanimidad.

En seguida se dió la señal de partida.

El primer pensamiento fué ponerse misteriosamente en marcha é ir desfilando uno á uno sin ruido y á oscuras.

Mas el Príncipe de Joinville hizo observar, que pues iba á la cabeza un Cardenal, era regular que por lo ménos el cortejo tuviese el brillo de una procesion.

El Cardenal consintió en ello.

Pero no le pareció bien penetrar en el salon, pretestando que en el traje que llevaba no podia decentemente hacerse testigo presencial de ciertos espectáculos.

Mas prometió, á pesar de todo, á la bulliciosa reunion, acompañarla hasta la puerta y esperar allí el resultado.

Estos preliminares arreglados, cada uno de los asistentes echó mano á una bujía.

El Príncipe de Montpensier y el Duque de la Roche-sur-Yon, no creyendo que fuese bastante una, tomaron dos; y el cortejo, con el Cardenal de Lorena y el Duque de Guisa á la cabeza, partió con toda solemnidad hácia el salon de las Metamórfosis.

Cuando hubieron llegado á la puerta, los procesionarios se detuvieron, y cada cual se puso á escuchar á la cerradura.

El silencio era solemne.

Nadie oyó ruido alguno que indicara hubiese dentro persona viviente.

Y es que ninguno se acordó al pronto de que los separaba una gran antesala del salon de las Metamórfosis.

El Mariscal de San Andrés empujó suavemente la puerta de esta antecámara; mas la puerta no cedió.

— Hé aquí en lo que ninguno de nosotros habia caido tampoco : que la puerta podia estar cerrada por dentro.

Este era un gran inconveniente.

— Echémosla abajo, dijeron á una los Príncipes, que, como jóvenes, deseaban más que nadie ver el desenlace de la comedia improvisada.

— Despacito, señores, dijo el Cardenal; tengamos presente que estamos en el Louvre.

— En hora buena, dijo el Príncipe de la Roche-sur-Yon; pero nosotros somos de la casa...

— ¡Por Dios, señores, por Dios!... Nosotros venimos á comprobar un escándalo: no vayamos á justificarlo con otro.

— Es verdad, Monseñor, dijo Brantome. Yo conocia una hermosa y muy honrada dama...

— M. de Brantome, dijo el Príncipe de Joinville, dejad ese cuento para mejor ocasion; que en esta me parece que estamos suministrando datos para una historia no poco divertida. Á ver si vuestro ingenio nos suministra un medio de pasar adelante, y con eso tendréis materia para otro capítulo que añadir á la historia de *Las Damas galantes.*

— Pues bien, añadió; llamad como se acostumbra en los palacios de los reyes: llamad quedito á la puerta, y quizás se os abra.

— Tocad suavemente á esa puerta, Sr. Mariscal; dijo el Príncipe de Joinville. M. de Brantome tiene mil razones.

El Mariscal de San Andrés tocó á la puerta, como su futuro yerno le decia.

Un ugier que velaba, ó mejor dicho, dormia en la antecámara, y que no habia oido la conversacion anterior, que despues de todo habia sido un cuchicheo receloso, despertó, y creyendo que sería la Lanoue que volviese á acompañar á la Srta. de San Andrés para volver á su habitacion, como era de costumbre, entreabrió la puerta, y frotándose los ojos,

— ¿Qué hay? preguntó.

El Cardenal de Lorena y el Mariscal de San Andrés se cuadraron cada uno á un lado de la puerta, y el ugier se encontró frente á frente del Duque de Guisa.

El ugier, al ver aquella procesion, todas aquellas luces encendidas, todos aquellos señores, todas aquellas damas, todos aquellos ojos que retozaban, todas aquellas bocas que á duras penas contenian una carcajada burlona, empezó á creer que se intentaba una sorpresa, y quiso cerrar la puerta.

Mas el Duque de Guisa habia puesto ya el pié en la antecámara, como conquistador acostumbrado á empresas más difíciles, y la puerta al cerrarse se detuvo en el tacon de su bota.

El ugier continuaba empujando con toda la fuerza de que era capaz.

— ¡Hola, bribon!... ¡Á ver si abres esa puerta!

— Pero, Monseñor... dijo el pobre diablo, temblando de piés á cabeza al reconocer al Duque; tengo órdenes terminantes...

— En hora buena: ya sé yo que tienes órdenes, y conozco tambien el secreto de las cosas que pasan dentro; y es en servicio del Rey, y con órden suya, el querer entrar aquí estos señores y yo.

Y hubiera podido añadir tambien: «y estas señoras;» por-

que cinco ó seis señoras curiosas, y riendo lo más disimuladamente que podian, seguian la procesion.

El ugier, que, como todo el mundo, conocia la prepotencia
del Duque de Guisa en la corte, creyó en efecto que se trataba de cosas acordadas entre el Rey y él, y abrió en seguida la
puerta de la antecámara, y despues la del salon de las Metamórfosis.

Aquello no fué una entrada, sino una irrupcion, un desbor-
de : la onda se precipitó en el salon como una marea que sube.

De repente aquella turba, que se diria desenfrenada ó aguijoneada en el corazon por el demonio de la curiosidad, se detuvo como si la hubieran clavado en el pavimento, y respondió con
un grito de asombro al de espanto y de terror que la Srta. de
San Andrés lanzó al verse sorprendida á aquella hora en aquella habitacion y con un hombre, siquiera fuese aquel hombre
el Rey.

Éste por su parte, lanzándose casi de un salto al medio de
la sala, esclamó con un acento de resolucion y de enojo de que
no parecian capaces ni su carácter ni su educacion afeminada,
pero que, por lo visto, le habia inspirado la situacion:

— ¡Fuera de aquí, señores!... ¿Qué clase de burla es esta?...
¿Qué es lo que aquí veníais á hacer?... ¿Ignorais por ventura
que compromete su cabeza, ó al ménos arriesga su libertad,
quien pone los piés en donde el Rey ha dado órden que nadie
éntre?

Sólo el Mariscal de San Andrés, de entre los presentes, que
iban apagando las bujías que llevaban en la mano, los que no
las habian dejado caer en el primer momento de sorpresa; sólo
el Mariscal de San Andrés, decimos, quedó en su puesto, y
respondió :

— Señor, puedo jurar á V. M., que ignoraba, como todos
los que me rodean, que estuviese V. M. aquí... Soy yo quien
ha rogado á estos señores que me acompañaran, esperando
hacerles testigos de un espectáculo muy diferente del que hemos encontrado, no pensando que pudiese ser mi hija el se-

gundo personaje de los que en él hacen papel... Creed, señor, que si yo hubiera podido figurarme, por remota que fuese mi presuncion, que tanto honor queria hacer V. M. á mi familia, habria tenido el respeto suficiente á V. M., y decoro bastante para no confiarlo á nadie, por consideraciones que me mereciera, y mucho más para no hacerle testigo presencial.

Y despues de estas palabras, pronunciadas con tono bastante amargo, el Mariscal de San Andrés salió á su vez, seguido de los demas espectadores, á quienes el Rey señalaba la puerta con ademan imperioso y semblante en que estaba retratado el despecho.

La escena, tan brillante y tan ruidosa en su principio, como acabamos de contar, terminó, como se ve, en medio de la oscuridad y del silencio.

Pronto vinieron á cortarlo los sollozos dificultosamente reprimidos de la Srta. de San Andrés.

El Rey, acercándose á ella, procuró consolarla.

Mas ella, interrumpiéndole, esclamó:

— Señor, señor, ¡qué va á ser de mí!... Perdida, deshonrada á los ojos de toda la corte, ¿qué hombre de honor querrá ya tomarme por su esposa?... ¡Oh! no me queda otro arbitrio que el de sepultarme en un convento.

Mas el Rey, sonriendo y tomándola ambas manos con que cubria su rostro, la consoló amorosamente, recordándola los ejemplos de Ana de Poitiers y de Mme. de Etampes, que durante cuarenta años habian sido las verdaderas Reinas de Francia, jugando con el cetro, y teniendo su corte, sus ministros y sus poetas. Y áun añadió que lo que Francisco I habia hecho por la una y Enrique II por la otra, Francisco II lo haria, y mucho más aún, por la Srta. de San Andrés; y con tanta más facilidad, cuanto que los asuntos de Escocia hacian casi inminente y de todos modos segura la vuelta de María Stuart á su reino, en cuyo caso Carlota de San Andrés sería, aparte del Sacramento, la única y esclusiva Reina de Francia.

Todas estas promesas fueron acompañadas de caricias, ternezas y juramentos, que poco á poco fueron secando las lágrimas en los ojos de la atribulada jóven, y poco á poco fueron apagando los lamentos y quejas de la boca de la Srta. de San Andrés.

El objeto á que ella aspiraba muy de otra manera que á ser la esposa de M. de Joinville, el ser la dama favorita del Rey, acababa de alcanzarlo casi de un salto.

Desde el punto á que habia llegado, entreveia ya en lontananza el brillo fascinador de los diamantes de la corona real.

Entónces la sobrevino un vértigo, y hubo un momento de delirio en que alargó la mano hácia aquella corona.

El Rey, jóven, apasionado, amante, detuvo al paso aquella mano ambiciosa, y la besó con la mayor ternura.

En seguida aquella mano se deslizó en torno del cuello del Rey, y con acento apasionado murmuró la afligida dama:

— ¡Si al ménos pudíera contar con que me cumpliérais esas ofertas!...

— Carlota, murmuró á su vez el Rey en uno de esos momentos en que se promete la corona y se daria tambien la vida; yo te juro á fe de caballero, lo que, como decia mi abuelo, cuyo nombre llevo, es el juramento más sagrado que puede hacer un Rey de Francia; te juro, digo, á fe de caballero, que miéntras viva María Stuart, serás mi dama, y que, si muriese la Reina, has de ser mi esposa.

— ¡Oh! murmuró la jóven cerrando los ojos y quedando muda é inmóvil, pensando en la corona y el trono.

Un instante despues entró la Lanoue.

Se hizo buscar al desdichado ugier que habia abierto la puerta. Mas puesto de puntillas habia visto estupefacto la singularísima escena, y temiendo verse convertido en gallo como el *Gallus* de la fábula, ó que quizás le podria sobrevenir cosa todavía peor, se escurrió lo mejor que pudo; y tan bien lo hizo, que desde entónces no hemos vuelto á saber de él.

El Rey se volvió á su cámara, y la Lanoue acompañó á la suya á la Srta. de San Andrés.

Dìgamos, para salir dignamente de este mundò mitológico en que nos encontramos desde cuatro ó cinco capítulos, que al dejar la sala de las Metamórfosis, los ojos de la Srta. de San Andrés centelleaban, no ya como los de Venus esperando á Adonis ó dejando á Marte, sino como los de la Dánae de la tapicería, bañándose voluptuosamente en la lluvia de oro.

CAPÍTULO III.

Donde se ve Mr. de Joinville obligado á contar sus aventuras.

REO, Monseñor, dijo Roberto Stuard saliendo el primero del escondite desde donde pudieron ver y oir lo que los contertulios del cuarto de la Reina Madre ignoraban, que no teneis muchos motivos que digamos para haceros el padrino de S. M., y que si no os concediese ahora el perdon de Anna Dubourg, no tendríais ya argumentos tan incisivos que oponer á mi proyecto.

— Os engañais, amigo mio, dijo el Príncipe de Condé saliendo á su vez por el lado opuesto y poniéndose en pié: aunque me hubiese agraviado mucho más cruelmente de lo que lo ha hecho, para mí el Rey siempre es el Rey, y yo no podria vengar en el jefe de la nacion el insulto personal que se me hubiese hecho.

— Segun eso, lo que acaba de suceder no modifica en manera alguna la obligacion que habeis contraido conmigo, Monseñor...

— Yo os he prometido, señor mio, pedir al Rey el perdon

del Magistrado Anna Dubourg tan pronto como se levante: hoy á las ocho de la mañana volveré al Louvre y le pediré esta gracia á S. M.

— Decidme con franqueza, Monseñor, ¿teneis esperanza de obtenerla?

— Señor mio, replicó con una dignidad suprema el Príncipe de Condé, tened entendido que no me tomaria la pena de pedirla, si no estuviera casi seguro de alcanzarla.

— Sea en hora buena, dijo Roberto Stuard, acompañando estas palabras con un gesto que indicaba no tener él la misma confianza. Dentro de pocas horas habrá salido el sol, y podrémos vernos mejor.

— Ahora, amiguito, dijo el Príncipe mirando en torno y procurando en vano darse cuenta de la escena de que él y su acompañante acababan de ser testigos, se trata de que nos escurramos de aquí con prontitud y con sagacidad; porque, gracias á vuestras dos epístolas, y á la manera bastante insólita y tal cuál ruidosa con que las habeis hecho llegar á su destino, las puertas del Louvre están guardadas como si estuvieran sitiadas por un ejército, y creo que os sería muy difícil, y mucho más con el uniforme que llevais, salir ni áun á media mañana. Os ruego, pues, que repareis cuán gran servicio os hago á vos y al dueño del uniforme y de qué apuro tan terrible os saco llevándoos en mi compañía.

— Monseñor, yo tengo siempre muy presentes los favores y los agravios que se me hacen.

— Si yo os digo esto, señor mio, continuó el Príncipe de Condé, no creais que sea para empeñar vuestra gratitud, sino para probaros la lealtad de mis intenciones, y con ella daros ejemplo; porque bien conoceis que me bastaria dejaros aquí lisa y llanamente para dispensarme del cumplimiento de la palabra que os he empeñado, sin que en eso hubiese felonía.

— Conozco la lealtad de Monseñor el Príncipe de Condé, respondió el jóven con una cierta emocion, y yo creo que él no tendrá que arrepentirse de la mia. Desde este instante soy vuestro en cuerpo y alma. Alcanzad el perdon de mi padre, y no tendréis servidor más dispuesto que yo á sacrificarse en vuestro obsequio.

— Os creo, amigo mio, repuso el Príncipe de Condé; y por más que la causa de nuestro encuentro sea de las más raras que pueden darse, así como tambien el modo de encontrarnos, no os ocultaré que, en consideracion al motivo que os impulsaba á realizarlo, tengo hácia vuestro intento, por muy reprensible que sea á los ojos de todo hombre honrado, una indulgencia que llega casi hasta la simpatía... Pero quisiera que me respondiéseis á esta pregunta: ¿cómo es que llevais un nombre escocés, siendo el Magistrado Anna Dubourg vuestro padre?

— Nada más fácil de esplicar, Monseñor, como sucede en todas las historias de amor. Hace veintidos años, el Magistrado Anna Dubourg hizo un viaje á Escocia para visitar á Juan Knox, su amigo. Allí conoció á una jóven de Hottain, que es mi madre. Á su vuelta á Paris supo solamente que esta jóven estaba embarazada; y no habiendo tenido nunca ni áun sospecha remota acerca de su virtud, reconoció por suyo el fruto que llevaba en su seno, y lo recomendó á Juan Knox desde el momento que lo diese á luz. Ese niño soy yo, Monseñor, hijo de Anna Dubourg y discípulo de Juan Knox: no estrañeis, por tanto, que yo sea tan poco afecto á la religion católica, y que no tenga hácia los Reyes más respeto que el que puedan inspirarme con sus buenas obras.

— Está bien, señor mio. Y pues que ya sé cuanto sobre el particular necesitaba saber, ocupémonos ahora del modo de salir de aquí.

El Príncipe se adelantó, y entreabrió la puerta del salon de las Metamórfosis.

El corredor habia quedado á oscuras enteramente y solitario, por lo que pudieron avanzar por él con tal cual seguridad.

Al llegar á la puerta del Louvre, el Príncipe echó su manto sobre los hombros del escocés, é hizo llamar á Dandelot.

Dandelot vino.

En dos palabras le informó el Príncipe de lo que habia ocurrido, pero solamente en cuanto al Rey, la Srta. de San Andrés y los torpes y desconcertados visitantes que habian venido á interrumpirlos en sus sueños de felicidad.

Respecto á Roberto Stuard, sólo dijo estas cuatro palabras:

— El señor viene conmigo.

Dandelot comprendió bien la necesidad que tenia Condé de alejarse lo más pronto posible del Louvre.

Mandó abrir una puerta reservada, y el Príncipe y su acompañante se encontraron en la calle.

Uno y otro ganaron apresuradamente la orilla opuesta al rio, sin hablar siquiera una palabra, lo que probaba que los dos sabian el peligro de que habian escapado.

Cuando llegaron á la orilla opuesta, el Príncipe de Condé preguntó al escocés hácia dónde iba.

— Hácia la derecha, Monseñor, contestó éste.

— Y yo hácia la izquierda, dijo el Príncipe. Esta noche á las diez esperadme ante el pórtico de la iglesia de San German de Auxerres, donde creo que podré daros buenas noticias.

— Gracias, Monseñor, dijo el jóven haciendo una profunda reverencia; y permitidme repetiros que en lo sucesivo soy vuestro en cuerpo y alma.

Y cada uno tiró por su lado.

En aquel momento daban las tres.

Cabalmente en aquel mismo instante entraba el Príncipe de Joinville en el dormitorio de la Reina Madre Catalina de Médicis.

¿Cómo entraba el jóven Príncipe á aquella hora, y muy á pesar suyo, en la cámara de la Reina Madre, y con qué derecho el sobrino usurpaba los privilegios del tio?

Vamos á decirlo al punto.

No iba de muy buena gana, ni mucho ménos entraba allí contento el cuitado Príncipe.

Hé aquí, en efecto, lo que habia pasado.

Recordará el lector que la Reina Madre se habia quedado en su cuarto, anunciando que iba á acostarse y que allí esperaria al Príncipe de Joinville, primer fautor de todo aquel escándalo, para que le contase lo que habia pasado.

Lo que pasó ya lo sabemos.

Mas el Príncipe de Joinville, sin dejar de pensar en lo que acababa de ver, era el que entre todos estaba ménos dispuesto á hacerse el historiador de una catástrofe en que su honor conyugal, áun ántes de haberse casado, hacía un papel tan triste.

Sin haber olvidado el compromiso que habia contraido, el Príncipe de Joinville no tenia ninguna prisa por cumplirlo.

Mas Catalina de Médicis estaba muy léjos de participar de la misma indolencia respecto al secreto desconocido para ella.

Habia mandado á sus damas que la hiciesen la *toilette* de noche, de que ella era cuidadosa hasta un punto exagerado; se habia metido en la cama, despedido á su gente, mandando quedar tan sólo á su moza de retrete de más confianza, y habia estado esperando.

Dieron las dos de la mañana.

No era todavía demasiado tiempo para lo que esperaba.

Dieron luégo las dos y cuarto, despues las dos y media, y últimamente las tres ménos cuarto.

Entónces, no viendo parecer por allí ni al tio ni al sobrino, se impacientó.

Llamó á la moza de retrete con su silbato — pues la invencion de las campanillas con sus tiradores no sube más allá de la época de Mme. de Maintenon — y habia dado la órden de que se fuese á buscar al Príncipe de Joinville, y que muerto ó vivo se le condujese allí.

Se habia encontrado al Príncipe en conferencia muy tirada con el Duque Francisco de Guisa y el Cardenal de Lorena.

No hay para qué decir que el consejo de familia habia decidido que el casamiento del Príncipe de Joinville con la Srta. de San Andrés no podia realizarse de ningun modo.

En vista de la órden terminante de la Reina Madre para

que pasase á su cuarto, no habia más remedio que obedecer.

El Príncipe de Joinville habia salido con la cabeza baja, y llegaba al cuarto de la Reina con la cabeza más baja aún que al salir del cuarto de su tio.

Por lo que hace al Príncipe de Montpensier y al Duque de la Roche-sur-Yon, se habian escurrido en la retirada.

Más tarde verémos con qué intencion.

La impaciencia de Catalina subia de punto á cada minuto que pasaba. Si lo avanzado de la hora la prescribia el sueño, la idea de que iba á saber una aventura para confusion de su buena amiga la Almiranta la tenia desvelada.

En el momento que oyó abrir la puerta, esclamó:

— ¡Por fin... ya está ahí!

En el momento que vió al desconcertado jóven,

— Venid acá, M. de Joinville, le gritó con voz bastante ruda: os estoy esperando hace una hora.

El Príncipe se acercó al tálamo balbuceando una escusa, de la cual sólo pudo comprender Catalina las palabras siguientes:

— Dispénseme V. M.

— No os dispensaré, Sr. de Joinville, dijo la Reina Madre con su acento florentino, sino en el caso de que vuestra relacion me divierta tanto como vuestra tardanza me ha incomodado. Tomad un taburete, y sentáos ahí al pié de la cama; pues veo por vuestro continente que han ocurrido allá abajo cosas muy estraordinarias.

— Sí, señora, murmuró el Príncipe; han ocurrido en efecto cosas muy estraordinarias, y que estábamos muy léjos de esperar.

— ¡Mejor, mejor!... esclamó la Reina frotándose las manos. Contadme esas cosas, contádmelas, sin omitir ninguna... Hace mucho tiempo que no he tenido un motivo de satisfaccion igual. ¡Ah M. de Joinville! no se rie ya en la corte.

— En eso teneis razon, señora, respondió M. de Joinville con acento fúnebre.

— Pues bien; cuando se presenta la ocasion de divertirse

un poco, es preciso salirla al encuentro, en vez de dejarla pasar... Ea... empezad vuestra historia, Sr. de Joinville; yo os escucharé, y no temais que deje escapar una sola palabra.

Y en efecto, Catalina se acomodó en su cama como mujer que toma de antemano todas las medidas convenientes para no descomponerse en nada en medio de la satisfaccion que va á disfrutar.

Luégo esperó.

Mas la introduccion era difícil. Mosson de Joinville, como decia Catalina, no sabiendo cómo tomarla, permanecia callado.

La Reina Madre se figuró al pronto que el jóven recogia sus ideas como quien tiene mucho y muy enredoso que decir; pero viendo que su silencio continuaba, alargó la cabeza sin descomponer el resto del cuerpo, y lanzó sobre él una mirada de indescriptible interrogacion.

— ¿Qué haceis ahora? preguntó.

— ¡Ah señora! respondió el Príncipe; os confieso que no sé qué decir y que mi confusion es grande.

— ¡Vuestra confusion!... ¿Por qué?

— Porque no sé cómo poder contar lo que he visto.

— ¿Qué es lo que habeis visto, pues, Sr. de Joinville?... Os digo que me volveis loca de curiosidad... Es verdad que he tenido que esperar un rato, continuó Catalina, frotando sus lindas manos; pero, por lo que voy viendo, no he perdido nada con esperar... Vaya... decidme, ¿era para esta noche la cita?... porque bien recordaréis que el billete decia para esta noche, pero no tenia fecha.

— Sí, señora; para esta noche era.

— ¿De modo que estaban en el salon de las Metamórfosis?

— Sí, señora; allí estaban.

— ¿Y qué cantaban, qué cantaban nuestros enamorados tortolitos?

— ¡Ah!...

— Vamos... ¿qué cantaban?

— No cantaban, señora.

— ¡Cómo que no cantaban!

— No, señora.

— ¿Pues qué hacían?

— Hablar.

— ¡Hablar!

— Sí, señora.

— ¿Los dos solos?

— Los dos.

— Como Marte y Venus... Ya sé quién era la Venus; pero el Marte ¿quién era?

— ¿El Marte... señora?

— Sí, el Marte: yo no sé quién era el Marte.

— En verdad, señora, que no sé si debo decíroslo.

— ¡Cómo que no sabeis si debeis decírmelo!... Yo creo que sí debeis decírmelo; pero si teneis algun escrúpulo, yo os lo dispenso. Decidme, pues, ¿quién es el Marte? ¿es grande, ó es pequeño?

— De mediana estatura, señora.

— ¿Jóven, ó de edad?

— Jóven.

— ¿De buena presencia?

— De buena presencia seguramente.

— Y por lo visto, de buena estirpe.

— De éstirpe principal.

— ¿Qué es lo que me decís, Sr. de Joinville? preguntó la Reina sentándose sobre la cama.

— La verdad, señora.

— ¿Habeis dicho de estirpe principal?

— Sí, señora... puedo jurarlo.

— ¿Pues qué, no es algun pagecillo oscuro é ignorante, deseoso de aprender?

— No es un page, señora.

— Y ese atrevido jóven, preguntó Catalina, que no podia resistir al deseo de burlarse, ni renunciar al tono del sarcasmo, ¿ocupa acaso algun rango en la corte?

— Sí, señora; y muy elevado por cierto.

— ¿Y muy elevado, decís?... Hablad, pues ¡por Dios! Sr. de Joinville. Os haceis arrancar las palabras, como si se tratara de algun secreto de Estado.

— Es que se trata efectivamente de un secreto de Estado, señora, dijo el Príncipe.

— Pues en ese caso, no es una súplica la que os dirijo, sino una órden formal la que os doy. Decidme el nombre de ese personaje.

— ¿Lo quereis absolutamente, señora?

— Lo quiero.

— ¡Señora!...

— Lo mando.

— Pues bien, señora, dijo el Príncipe levantando la cabeza; ese personaje, como V. M. dice, no es otro que el Rey Francisco II.

— ¡Mi hijo!... esclamó Catalina dando un salto sobre su cama.

— Sí, señora; el hijo de V. M.

Un escopetazo disparado de improviso en la cámara, no hubiese producido en el semblante de la Reina Madre una emocion tan violenta, una alteracion tan brusca.

Se pasó primero la mano por los ojos, como si la oscuridad de aquella cámara, alumbrada sólo por una lámpara, la impidiera distinguir los objetos; y luégo, fijando su vista en el Sr. de Joinville, inclinándose y acercándose á él hasta tocarle, le dijo á media voz, pero con un acento que de melífluo y burlon habia ido haciéndose terrible:

— Yo estoy despierta... no sueño... ¿no es verdad, M. de Joinville?... ¿Yo he oido bien?... ¿vos me habeis dicho que el héroe de esta aventura es mi hijo?

— Sí, señora.

— ¿Y os afirmais en ello?

— Si fuera preciso, lo juraria, dijo el Príncipe estendiendo el brazo.

— Está bien, Sr. de Joinville, continuó diciendo Catalina con aire sombrío. Comprendo ahora vuestras vacilaciones, y áun comprenderia vuestro silencio. ¡Oh! la sangre me ahoga... se me sube á la cabeza... ¡Será posible que teniendo mi hijo una esposa jóven y encantadora, se haya apasionado de otra que le duplica la edad!... ¡Mi hijo se habrá pasado á mis enemigos!... ¡Oh!... ¡eso es imposible!... ¡mi hijo no puede ser el amante de la Almiranta!

— Señora, dijo el Príncipe de Joinville, cómo el billete pudiera encontrarse en poder de la Sra. Almiranta, lo ignoro; mas sí sé, por mi desgracia, que no era la Sra. Almiranta la que se encontraba en el salon con el Rey.

La Reina se incorporó otra vez en su lecho.

— ¡Que no era la Almiranta la que estaba con el Rey, me decís! esclamó Catalina.

— No, señora; no era la Almiranta.

— Pues si no era la Almiranta, ¿quién era la que estaba allí?

— ¡Señora!...

— ¿Quién era, os pregunto, Sr. de Joinville? ¡Su nombre!... ¡al instante!

Joinville guardó silencio.

— ¿No habeis oido que quiero saber su nombre?

— Dispénseme de decirlo V. M.

— ¡Dispensaros!... ¿y por qué?

— Porque soy el único de quien nadie tiene derecho á exigir tal revelacion.

— ¿Ni áun yo, Sr. de Joinville?

— Ni áun vos, señora: fuera de que cualquiera otra persona de la corte á quien interrogueis...

— Mas para preguntar á esa cualquiera persona, tendria que esperar hasta mañana, Sr. de Joinville, y yo quiero saber el nombre de esa persona en el acto, ahora mismo. ¿Quién os dice que no tenga yo que tomar medidas que no consienten la menor dilacion?

Y los ojos de Catalina chispeaban de cólera al fijarse sobre el acobardado jóven.

— Señora, buscad entre todos los de la corte el nombre de la única persona que yo no pueda declararos, y dígalo V. M.; que á mí me es imposible.

Y al decir esto, el atribulado jóven se llevó ambas manos á la cara, para ocultar los colores de la vergüenza y las lágrimas de la desesperacion á la par.

Una idea cruzó por la mente de Catalina, parecida á la llamarada de un relámpago.

Y dió un grito, cogiendo y apartando al mismo tiempo las manos de la cara de su interlocutor.

— ¡Ah!... ¡lo adivino! esclamó.

— ¡Señora... por piedad!...

— ¡Ah! ¡la Srta. de San Andrés! dijo.

El Príncipe de Joinville no respondió; mas no responder era contestar afirmativamente.

Ademas, se dejó caer sobre el taburete colocado al lado de la cama.

Catalina le miró con un aire de conmiseracion mezclada de desden.

Y en seguida, con voz que procuró hacer lo más cariñosa que pudo.

— ¡Pobre muchacho! dijo; os compadezco de todo corazon, porque parece que amábais á esa pérfida. Acercáos, dadme vuestra mano, y desahogad vuestros pesares en el corazon de vuestra cariñosa madre Catalina. Comprendo ahora por qué callábais y me pesa ya haber insistido tanto. Perdonadme, pues, mi querido hijo. Y ahora que ya conozco el mal, busquemos el remedio adecuado. Hay muchas otras jóvenes en nuestra corte, que no son la Srta. de San Andrés; y si no la hubiese bastante noble ni bastante hermosa para vos en nuestra corte de Paris, la pedirémos á las cortes de Italia ó de España. Reponéos, pues, mi querido Príncipe, y hablemos sériamente, si es posible.

Mas el Sr. de Joinville, en vez de responder á este discurso, que tenia evidentemente un objeto visible y otro oculto, el de consolarle y el de sondear su valor, cayó de rodillas al pié de la cama de la Reina Madre, y sollozando ocultó su rostro entre las ropas.

— Gracias, señora, esclamó; mil gracias por vuestra tierna solicitud. No me siento ahora con fuerzas sino para contemplar la enormidad de mi vergüenza y la intensidad de mi dolor. Suplico, pues, á V. M. me conceda su permiso para retirarme.

La Reina Madre fijó su mirada llena de desden sobre este pobre jóven anonadado por el dolor, y luégo, sin que su voz indicase nada del sentimiento que se veia en su mirada,

— Marcháos, pues, hijo mio, dijo alargando su hermosa mano hácia el jóven Príncipe, que la besó vivamente; y volved mañana por la mañana, que hablarémos... Conque, buenas noches, y que Dios os libre de mal.

El Príncipe de Joinville aceptó con placer la licencia que se le concedia, y salió á buen paso de la cámara de la Reina Madre.

Catalina le siguió con la vista hasta que desapareció entre los tapices.

En seguida fijó su mirada en el portier, hasta que cesó el movimiento que le habia comunicado al salir el Príncipe de Joinville.

Entónces se reclinó con el codo en la almohada y la mano en la mejilla, y con voz sorda y los ojos iluminados por un fuego sombrío,

— Á partir de hoy, dijo, tengo una rival, y á partir de mañana habré perdido todo mi ascendiente sobre el corazon de mi hijo, si no pongo órden en esto.

Despues de un instante de silencio meditativo, apareció en sus labios una sonrisa de triunfo.

— Sí... ya lo arreglaré, dijo.

CAPÍTULO IV.

Aventuras nocturnas.

HORA, miéntras que el Cardenal de Lorena se hace desnudar por su ayuda de cámara para acostarse: miéntras que Roberto Stuard vuelve á casa de su amigo Patrick: mientras que Monseñor de Condé se acerca á su alojamiento, rabiando y riendo al mismo tiempo: miéntras que la Sra. Almiranta sigue registrando y volviendo todos los bolsillos, en busca del malhadado billete que ha dado ocasion á tal escándalo: miéntras que el Rey pregunta á la Lanoue, para tratar de saber cómo ha podido traslucirse la noticia de su cita nocturna: miéntras que el Mariscal de San Andrés se pregunta á sí mismo si debe dar gracias á Dios ó acusar á la casualidad de lo que le pasa: miéntras que su hija está soñando que tiene á su cuello y en sus brazos las joyas de Mme. de Etampes y de la Duquesa de Valentinois, y en la cabeza la corona de María Stuart; veamos lo que hacen los jóvenes Duque de Montpensier y Príncipe de la Roche-sur-Yon, cuyos pasos hemos dicho que habíamos de seguir.

Los dos elegantes y alegres jóvenes, testigos de un espectáculo que les parecia encantador, se habian visto precisados á contenerse delante de aquellas tres graves figuras, doblemente sérias y graves que de costumbre en aquellos momentos, el Duque de Guisa, el Mariscal de San Andrés y el Cardenal de Lorena.

De la mejor manera que pudieron, les manifestaron su sentimiento por lo ocurrido, como el caso y las circunstancias lo requerian; y en seguida, aprovechando la primera ocasion que el primer ángulo del corredor les proporcionó para ocultarse, permanecieron silenciosos á la sombra, hasta que cada cual de los de la ántes bulliciosa y ahora mustia y desconcertada comitiva se hubo alejado y desaparecido en la direccion que le convenia tomar.

Una vez solos, y bien solos, la risa, contenida con muchísima pena en su pecho, habia estallado con tal ímpetu y tan ruidosas carcajadas, que las vidrieras del Louvre retemblaban como cuando pasa un pesado carruaje.

Apoyados de espaldas cada uno á un lado de la pared y frente uno de otro, con las manos en los vacíos y la cabeza inclinada hácia atrás, se retorcian en tales convulsiones, que se los hubiera creido epilépticos, ó como se decia entónces, *poseidos*.

— ¡Ah querido Príncipe! dijo el Duque de Montpensier respirando el primero.

— ¡Ah querido Duque! respondió el Príncipe de la Roche-sur-Yon haciendo un esfuerzo.

— Cuando se piensa... cuando se piensa... que hay gentes... que dicen que ya no se rie... que no se rie ya en este pobre pais...

— ¡Oh!... son los que tal dicen... mal intencionados que... le calumnian.

—¡Ay Dios mio!... ¡cuán bueno y cuán malo es reir!... ¿Sabeis que estoy deseoyuntado y dolorido de todo mi cuerpo?...

— Ja... ja... ja... ¿Reparásteis la cara de... ja... ja... ja... de Joinville?

— ¿Pues qué me decís... ja... ja... ja... de la... del Mariscal de San Andrés?

— Yo no he sentido más que una cosa, Duque, dijo el Príncipe de la Roche-sur-Yon calmándose un poco.

— Y yo dos, Príncipe, respondió el Duque de Montpensier.

— Lo que siento es no haberme hallado en el lugar del Rey, aunque me hubiese visto todo Paris.

— Y yo, no haber sido visto por todo Paris, hallándome en el pellejo del Rey.

— No os apene eso, Duque; mañana ántes del medio dia lo ha de saber todo Paris.

— Pues si os hallais con los ánimos que yo, esta misma noche lo sabrá toda la ciudad.

— ¿Cómo nos hemos de componer?

— De un modo muy sencillo.

— Pero á estas horas... ¿qué habeis de hacer?

— Pregonarlo en todas partes.

— Pero Paris duerme ahora.

— Pues Paris no debe dormir cuando su Rey vela.

— Teneis razon: yo puedo asegurar que S. M. no ha cerrado todavía los ojos.

— Pues despertemos á Paris.

— ¡Oh! ¡qué calaverada tan magnífica!

— ¡Qué! ¿rehusais?

— No tal... cuando os digo que es una magnífica calaverada, es que estoy deseando realizarla.

— Pues andando.

— Sin perder instante; porque me temo que todo Paris no sepa ya una parte de la historia.

Y precipitándose, que no bajando, por la escalera del Louvre, se hubiera creido que, como Hippómenes y Atalante, iban á disputar el premio de la carrera.

Cuando llegaron al patio, se dieron á conocer á Dandelot, á quien se guardaron bien de decir nada, á causa del papel que habia representado en aquel suceso su cuñada la Almiranta, y por el recelo de que se opusiese á la salida.

Dandelot los reconoció como lo habia hecho con el Príncipe de Condé, y les hizo abrir la puerta.

Los dos jóvenes, cogidos del brazo, riendo siempre bajo sus capas, se lanzaron fuera del Louvre, atravesaron el puente levadizo, y se encontraron á la orilla del rio, donde una brisa glacial comenzó á azotarles la cara. Entónces, á pretesto de entrar en calor, empezaron á coger piedras y á tirarlas á los vidrios de las casas vecinas.

Acababan de hacer pedazos dos ó tres vidrieras, y se prometian continuar esta divertida tarea, cuando dos hombres envueltos en grandes capas, viendo á dos jóvenes que corrian, les atajaron el paso y les dieron la voz de ¡alto!

Los jóvenes se detuvieron, porque, aunque corrian, no huian.

— ¿Con qué derecho nos mandais hacer alto? esclamó dirigiéndose hácia uno de los dos hombres el Duque de Montpensier. Seguid vuestro camino, y dejad que se diviertan á su gusto dos nobles caballeros.

— Dispensad, Monseñor; no os habia conocido, dijo el hombre á quien el Duque de Montpensier se habia dirigido. Yo soy Chavigny, comandante de los cien arqueros de la Guardia, y volvia al Louvre en compañía de M. Carroisin, escudero mayor de S. M.

— Buenas noches, Sr. Chavigny, dijo el Príncipe de la Roche-sur-Yon dirigiéndose al comandante de los cien arqueros y tendiéndole la mano, miéntras que el Duque de Montpensier correspondia con cortesía á los saludos del escudero mayor. ¿Decíais, Sr. Chavigny, que volvíais al Louvre?

— Sí, Monseñor.

— Pues nosotros acabamos de salir.

— ¡Ahora!...

— Observad, Sr. Chavigny, que si es buena hora para entrar, no hay razon para que no sea buena tambien para salir.

— Creed, Príncipe, que desde el momento en que he visto que sois vos, no he tenido intencion de interrogaros.

— Pues haceis mal, mi querido Chavigny, porque podríamos contaros cosas muy interesantes.

— ¿Relativas al servicio de S. M.? preguntó M. Carroisin.

— Justamente; relativas al servicio de S. M.... Habeis acertado con vuestra gran sagacidad, señor escudero mayor, dijo soltando una carcajada el Príncipe de la Roche-sur-Yon.

— ¿De veras? preguntó M. Chavigny.

— Como lo oís.

— ¿Y de qué se trata, Monseñor?

— Se trata del grande honor con que S. M. acaba de distinguir á uno de sus más ilustres capitanes, dijo el Príncipe de la Roche-sur-Yon.

— Y á mi hermano de Joinville, añadió el Duque de Montpensier con viveza juvenil.

— ¿De qué honor hablais, Príncipe?

— ¿Qué ilustre capitan es ese, Duque?

— Señor mio, es el Mariscal de San Andrés.

— ¿Y qué honores nuevos ha podido añadir S. M. á los que ya ha prodigado al Sr. de San Andrés?... Mariscal de Francia, primero; Gentil-hombre de Cámara, Gran Cruz de San Miguel, Caballero de la Jarretiere... ¡Hay, en verdad, personas muy afortunadas!

— Eso es segun cada cual lo entienda.

— ¡Cómo segun cada cual lo entienda!

— Pues es claro. Es un honor que no desearíais, de seguro, Sr. Chavigny, vos que teneis una esposa jóven y bonita, ni vos tampoco, Sr. Carroisin, que teneis una hija bonita y jóven.

— Teneis razon, esclamó M. Chavigny, que empezaba ya á comprender lo de que se trataba.

— ¿Es decir, que sois de nuestro parecer, querido Sr. Chavigny?

—Pero... ¿y el Príncipe de Joinville?... esclamó M. Carroisin.

—¿Pues qué, no es una felicidad ser ántes de casarse lo que otros no llegan á ser sino despues?'dijo el Duque de Montpensier soltando una carcajada. Ahora, no casándose, está seguro de no serlo, por esa parte al ménos.

—Pero ¿estais seguro de lo que decís, Monseñor? replicó M. Chavigny.

—¡Vaya si lo estoy!...

—Es que es cosa grave eso que decís, añadió M. Carroisin.

—Lo será para vos; porque á mí eso me parece cómico á más no poder.

—Pero ¿quién ha podido deciros...?

—Nadie nos lo ha dicho... lo hemos visto.

—¿Visto?...

—Sí, señor; visto por mí y el Príncipe de la Roche-sur-Yon, en compañía del Sr. Mariscal de San Andrés, de mi padre, de mi hermano Joinville; y áun éste ha debido verlo mejor que todos, puesto que llevaba en la mano un candelabro... ¿con cuántas bujías, Príncipe?

—Con cinco, Duque, respondió el Príncipe de la Roche-sur-Yon prorumpiendo en nuevas carcajadas.

—La alianza de S. M. con el Mariscal de San Andrés no es por tanto una cosa dudosa, continuó diciendo con mucha formalidad el Duque de Montpensier; y á partir de este momento, los hereges bien se pueden prevenir!... Es de eso de lo que vamos á informar á los verdaderos católicos de Paris.

—¡Os chanceais sin duda!'esclamaron á una voz los señores Chavigny y Carroisin.

—No tal: es lo que acabo de deciros, señores, ni más ni ménos, dijo el Príncipe. La noticia es fresquita: apénas ha pasado una hora desde eso: de modo que creemos daros una buena prueba de nuestro aprecio al comunicárosla; bien entendido, en tanto, que es á condicion de que la hagais circular, y la comuniqueis á cuantos encontreis al paso.

—Y como á estas horas son pocos los amigos que podréis
encontrar, á ménos de una feliz casualidad como la que nos
ha reunido, os invitamos á hacer lo que nosotros: á obligar á
que nos abran las puertas cerradas, á que se levanten los amigos que duermen, y á decírselo, recomendándoles el secreto,
como lo hacía á las urracas el barbero del Rey Midas: el Rey
Francisco II es el amante de la Srta. de San Andrés.

—Y á fe mia, dijo el escudero mayor, que lo he de hacer
como me lo encargais. El Mariscal de San Andrés es una de las
personas que más me encocoran: y cabalmente tenemos aquí
uno de mis amigos, á quien la noticia ha de dar tanto gusto,
que en cuanto me separe de VV. voy á despertarle, aunque
estuviese en su primer sueño.

—Y vos, mi querido Sr. Chavigny, dijo el Príncipe de la
Roche-sur-Yon, como que tampoco teneis la mayor aficion que
digamos al Príncipe de Joinville, supongo que seguiréis el
ejemplo de M. Carroisin.

—Por lo que á mí hace, respondió M. Chavigny, en vez
de volver al Louvre, me voy á mi casa ahora mismo á contar
el suceso á mi mujer: ántes de las nueve lo sabrán tambien
cuatro de sus amigas; y yo os aseguro que es como si se en-
viaran cuatro trompetas hácia los cuatro puntos cardinales.

Despues de esto, despidiéronse los cuatro interlocutores:
los dos jóvenes se dirigieron por la ribera del Sena hácia la
calle de la Moneda, miéntras que los Sres. Chavigny y Carroisin, en vez de meterse en el Louvre, iban comunicando por otra
parte la gran noticia del dia, ó mejor dicho, de la noche.

Al llegar á la calle de la Moneda, el Príncipe de la Roche-
sur-Yon apercibió por cima de una muestra que ondeaba al
viento, una ventana iluminada.

—Hé aquí, dijo el Duque, una cosa estraña, casi milagrosa: una ventana de algun tendero, iluminada á las tres y media
de la mañana... Apostara que es de alguno que se va á casar,
ó de un poeta que está haciendo versos.

—Es verdad: habeis adivinado lo que es, mi querido Duque, pues yo estaba convidado á la boda... y á fe mia que quisiera poder mostraros á la novia de maese Baltasar en la situacion en que acabamos de ver á la de Joinville... ya veríais que aunque la chica no sea hija de un Mariscal de Francia, no por eso es ménos hermosa... Mas en fin, á falta de la mujer, voy á daros á conocer al marido.

— No sería muy caritativo, querido Príncipe, hacerle salir en este momento á la ventana.

— ¿Y por qué no? preguntó el Príncipe.

— Porque probablemente cogeria un resfriado que le vendria muy mal en esta ocasion.

— Es cabalmente el único hombre que no tiene que temer por ese lado.

— ¿Y por qué?

— Porque lo está siempre: diez años hace que le conozco, y no le he oido todavía decirme con voz clara y limpia: « Buenos dias, Príncipe. »

— Veamos, pues, á ese hombre.

— Con tanto más motivo, cuanto que es bañero y hostelero á la par, que tiene dos establecimientos de baños en el Sena, y mañana al servir á sus parroquianos les referirá indefectiblemente la historia que vamos á contarle.

— ¡Magnífico!

Y nuestros dos jóvenes, como si fueran dos estudiantuelos, se fueron á la orilla del rio y se llenaron los bolsillos de piedras, de que pensaban servirse como si fueran catapultas contra las casas que se proponian atacar.

El Príncipe sacó una piedra del bolsillo, y dando dos pasos atrás como para tomar tino, del mismo modo que lo hemos visto hacer á Roberto Stuard, bien que con más siniestra intencion, la disparó contra la vidriera iluminada.

La ventana se abrió con tanta prontitud como si hubiera sido el canto mismo el que la hubiese abierto.

Un hombre con gorro de dormir apareció en ella con una luz en la mano, y trató de gritar:

— ¡Pillastres!

— ¿Qué dice? preguntó el Duque.

— Ya lo veis... es necesario estar acostumbrados á su voz para comprender lo que dice... Nos ha llamado pillastres.

Y en seguida, volviéndose hácia la ventana,

— ¡Eh! no os incomodeis, maese Baltasar, que soy yo, dijo el Príncipe.

— ¡Vos!... Dispénseme V. A.... y si gusta continuar rompiendo todas las vidrieras de la casa, puede hacerlo.

— ¡Oh Dios mio! esclamó el Duque riendo á carcajadas; ¿en qué idioma nos habla ese buen hombre, Príncipe?

— Las gentes que lo entienden, aseguran que es una jerga que participa del iroqués y del hotentote. Pero no por eso ha dejado de decirnos en su jerigonza una cosa muy atenta.

— ¿Qué ha dicho, pues?

— Que podemos, si es gusto nuestro, romper todos los vidrios de su casa.

— ¡Oh! ¡pardiez!... eso bien merece un *gracias*.

En seguida, volviéndose á Baltasar,

— Amigo mio, le dijo, se ha esparcido en palacio la noticia de que os habíais casado esta noche y que vuestra mujer es muy linda, y hemos salido ambos del Louvre á esta hora con el objeto de daros la enhorabuena.

— Y para deciros, mi buen Baltasar, que hace mucho frio y está un tiempo hermoso para disfrutar de los bienes de la tierra.

— Miéntras que, por el contrario, en el Louvre hace calor, lo que vendrá muy bien para el Mariscal de San Andrés.

— No sé lo que me quiere decir V. A.

— No importa: repetid á cuantos veais lo que os hemos dicho, mi buen Baltasar; ellos lo oirán, y comprenderán lo que con eso os queremos decir... Conque... afectos á madama.

Y los jóvenes continuaron por la calle de la Moneda, riéndose todo á reir, y oyendo refunfuñar y toser al huésped de la *Vaca negra*, que podia cerrar la ventana cuanto quisiera, pero no reponer por de pronto los vidrios rotos.

CAPÍTULO V.

Tira-lanas y Tira-sedas.

os dos jóvenes, que sin dejar de reir subieron toda la calle de la Moneda, llegaron ya á la de Bethiny.

Al dar la vuelta á la esquina, les pareció oir del lado de la casa de Coligny un gran ruido de espadas que chocaban y de voces formidables.

La escena que ocasionaba aquel ruido de armas y aquella confusion de voces, pasaba en la oscuridad, á unos veinte ó treinta pasos de los jóvenes.

Se acoplaron al dintel de la casa que hacía esquina de la calle de la Moneda á la de Bethiny.

— ¡Ah! ¡ah! decia una voz varonil con tono amenazador; ¡sois ladrones, á lo que parece!

— ¡Vive Dios, respondió una voz impudente, que sería bien encontrar á estas horas de la noche unas cuantas personas honradas!

— ¡Bandidos! decia otra voz ménos tranquila que la primera.

—¿Qué ladron hay que no tenga algo de bandido, ni qué bandido que no tenga un poco de ladron? respondió la segunda voz, que parecia ser de algun filósofo.

— Es decir, que quereis asesinarnos...

— No, á fe mia, caballero.

— Pues entónces ¿cuál es vuestro designio?

— Aligeraros de peso los bolsillos, ni más ni ménos.

— Pues yo os digo que sería muy poco lo que encontráseis, si yo, haya lo que quiera, os dejase poner la mano en ellos.

— Mal haceis en resistiros.

— ¡Ea... pronto... paso franco... si no quereis que yo me lo abra!

— Os haré observar, caballero, que sois dos contra once, y áun vuestro compañero no me parece más que un lacayo... conque resistiros es una temeridad.

— ¡Paso, digo! repitió la voz, haciéndose más y más amenazadora.

— Paréceme, caballero, que no conoceis á esta buena ciudad de Paris, dijo la voz que parecia la del jefe de la cuadrilla, y quizá os mostrais tan tenaz, porque temeis quedaros sin cama en que dormir si no llevais el bolsillo repleto. Pero nosotros somos ladrones muy atentos, señor mio, tira-sedas, y no tira-lanas, y sabemos los miramientos que son debidos á un hombre como vos. Dadnos, pues, vuestra bolsa por la buena; que se os devolverá un escudo para que podais pagar la cama, si no preferís que os demos las señas de una escelente hospedería en que, con recomendacion nuestra, seréis muy bien asistido. Un hombre de vuestras circunstancias, no puede ménos de tener muy buenas relaciones en Paris, y mañana, ó mejor dicho, hoy (porque yo no quiero engañaros: son ya las cuatro de la mañana) recurriréis á vuestros amigos, que seguramente no os dejarán pasar apuros.

— ¡Paso! repitió la misma voz. Podréis quitarme la vida, puesto que sois once contra dos; pero lo que es el bolsillo, os digo que no lo veréis.

— Lo que decís no es razonable , señor, replicó el que parecia encargado de llevar la palabra en nombre de la cuadrilla; porque una vez que seamos dueños de vuestra vida , lo serémos tambien de vuestra bolsa.

— ¡Atrás, canalla!... que todavía tenemos en nuestra mano dos espadas y al cinto un puñal que nos ayuden.

— Y ademas la razon... Pero ¿de qué os servirá la razon, si los que no la tenemos somos más fuertes?

— Por de pronto, dijo el caballero que parecia ménos resuelto de los dos, tómate esa.

Y largó un golpe terrible al jefe de la cuadrilla, que acostumbrado sin duda á esta clase de arranques, estaba alerta, y dió un salto atrás tan á punto y con tanta destreza , que sólo le tocó el golpe en la ropa.

En este momento comenzó el choque de las espadas y el griterío que habian oido el Príncipe de la Roche-sur-Yon y el Duque de Montpensier.

Sin dejar de pelear, uno de los dos hombres atacados pedia auxilio á voces.

Pero el otro, como si hubiera comprendido que era escusado pedirlo, ó como si le pareciese indigno , combatia sin decir una palabra, y una ó dos blasfemias proferidas por sus adversarios daban á entender que no siempre heria al aire.

Cuando hemos dicho que el caballero silencioso habia comprendido que era inútil pedir socorro, suponíamos que el lector habia de comprender nuestro pensamiento.

Era inútil pedir socorro á los hombres encargados de prestarlo y de velar por la seguridad de todos , es decir, á los agentes de Mouchy, Gran Inquisidor de la Fe en Francia. Esos agentes, que se llamaban los *mouchys* y tambien los *mouchards*, recorrian la ciudad de dia y de noche con órden de arrestar á todos los que les parecieran sospechosos.

Pero no parecian sospechosas á los señores *mouchys* ó *mouchards*, como quiera llamárselos, las cuadrillas de malhechores que infestaban á Paris; y áun más de una vez, cuando la *oca-*

sion habia parecido oportuna y el botin prometia ser cuantioso, los tales agentes habian prestado auxilio á los sospechosos, sea que éstos perteneciesen á la sociedad de los tira-sedas ó ladrones de caballeros, que nunca asaltaban sino á la gente de valía, ó á la de los tira-lanas, ladrones ménos descontentadizos ó más codiciosos, que asaltaban á todos indistintamente, fuesen nobles ó plebeyos.

Ademas de estas dos grandes categorías ó clases que acabamos de indicar, existian la compañía de los *buenos mozos* (*mauvais garsons*), la sociedad de los *matones* (*bravi*), organizada y dividida en secciones que se alquilaban para asesinar — el Saltabadil de *El Rey se divierte* es el tipo del género — que se alquilaban, decimos, á todos los que los honraban con su confianza, para asesinar. Y digámoslo al paso, como el número de los que en aquellos tiempos de amores, de odios y de venganzas necesitaban sus servicios era muy crecido, habia siempre alguno de quien deshacerse, y nunca les faltaba trabajo en su horrible oficio.

Aquellos no parecian sospechosos á los agentes de Mouchy, porque en general se sabia que trabajaban para altos y opulentos señores, y áun para Príncipes, y no era cosa de perturbarlos en el ejercicio de sus funciones.

Quedaban aún los *guilleris*, los *plumillas* y los *grisones*, que correspondian á nuestros *pañuelistas*, á nuestros *tomadores del dos* y á nuestros *granujas;* pero esta era menudalla, que aunque pareciese sospechosa á los agentes de Mouchy, no la tenian por digna de su alta mision.

— Era, por tanto, muy rara la persona decente que saliese de noche por las calles de Paris, á ménos de ir bien armado, y sobre todo, sin hacerse acompañar por un buen número de criados.

Era, pues, una grande imprudencia de parte de nuestros dos ilustres jóvenes el haber salido á tales horas de la noche sin acompañamiento alguno; y sólo en atencion á la importancia del asunto que los habia hecho salir, les podemos perdonar nosotros el haber comprometido de esta manera su propia seguridad.

Hé aquí por qué el capitan de la cuadrilla de los tira-sedas, al atacar al hombre de la voz amenazadora, habia reconocido que éste debia ser un hidalgo de provincia; y en vista de lo que hemos dicho de las costumbres de los agentes de Mouchy, nadie se estrañará de no ver aparecer ninguno á las voces del criado.

Mas estas voces habian sido oidas, á lo que parece, por un jóven que salia de la casa de Coligny, el que despues de cerrada la puerta, se habia detenido un instante en el dintel de ella; despues de cuyo instante, comprendiendo lo de que se trataba, arrolló la capa al brazo izquierdo, desenvainó la espada, y se lanzó á la pelea gritando:

— ¡Sostenéos, caballero; que allá va quien os auxilie!

— No era yo quien pedia auxilio, respondió el caballero batiéndose con verdadero coraje; ha sido este gallina de la Breche quien se ha creido con derecho de incomodar á un caballero y de despertar á otros sin duda, para defenderse de cinco ó seis miserables asesinos.

— Caballero, nosotros no somos asesinos, como debíais haberlo comprendido por la cortesía con que os acatamos: somos, sí, unos tira-sedas, como ya os lo hemos dicho, ladrones de buena gente, que tienen sus títulos y blasones bien conocidos, y sólo quieren entenderse con generosos caballeros; y en vez de pedir auxilio á un tercero, que no puede hacer más que envenenar el asunto, haríais mucho mejor en rendiros de buena voluntad, y no obligarnos á recurrir á medios violentos, que nos repugnan más de lo que podeis figuraros.

— Vosotros no teneis pistolas, respondió el caballero atacado.

— ¡Ah bandidos!... ¡canalla miserable! gritó lanzándose á la pelea el caballero que salia de la casa de Coligny.

Y uno de los tira-sedas dió un grito que probaba que el recien venido habia acompañado los hechos á las palabras.

— Pues, señores, dijo el capitan de la cuadrilla, ya que os empeñais, preciso será que esto concluya pronto.

Y el grupo informe que formaban los combatientes se hizo más animado; gritos agudos salian de la boca de los heridos, y numerosas chispas saltaban de las espadas y puñales.

La Bréche, defendiéndose y ofendiendo lo mejor que podia, continuaba pidiendo á voces socorro: era, por lo visto, costumbre suya; y podia sostener que era buena, puesto que ya una vez habia surtido efecto.

Sus voces tuvieron el resultado que debian tener, que era la presentacion de nuestros dos personajes en la escena.

— Nosotros no podemos de ningun modo dejar que asesinen á esos dos hombres, dijo el Príncipe de la Roche-sur-Yon desenvainando la espada.

— Teneis razon, Príncipe, contestó el Duque de Montpensier, y casi me avergüenzo de haber esperado tanto.

Y ambos jóvenes, respondiendo al llamamiento de la Bréche, como un momento ántes acababa de hacerlo el caballero que salia de la casa de Coligny, se lanzaron hácia el sitio del combate, gritando á su vez:

— ¡Firmes, señores!... ¡No hay que ceder; que allá vamos nosotros!... ¡Á muerte... ¡á muerte!

Los *tira-sedas*, obligados á hacer frente á tres hombres, y habiendo perdido ya dos camaradas, al ver llégar aquel nuevo refuerzo que venía á atacarlos por retaguardia, resolvieron hacer un esfuerzo supremo, aunque no fuesen ya más que nueve contra cinco. El capitan quedó en el puesto con cinco hombres para hacer frente á los tres primeros atacados, miéntras que cuatro bandidos se destacaron para recibir á los Sres. de Montpensier y de la Roche-sur-Yon.

— ¡Á muerte, pues, caballeros, ya que lo quereis absolutamente! gritó el jefe.

— ¡Á muerte! repitió toda la cuadrilla.

— ¡Conque á muerte, compañeros! dijo el primer caballero atacado.

—Sea á muerte, contestó el caballero que habia salido de la casa de Coligny. ¡Allá va!

Y tendiéndose todo lo que le permitia su corta estatura, pasó con la espada á uno de los salteadores.

El herido lanzó un grito de dolor, y dando tres pasos á la espalda, cayó tendido á lo largo y muerto sobre el empedrado.

— ¡Buena estocada, caballero! dijo el primeramente asaltado. Voy á ver si puedo dar yo otra que se le parezca.

Y colándose á su vez, metió hasta la cruz su espada en el vientre de otro de los bandidos.

Casi al mismo tiempo, el puñal del Príncipe de la Roche-sur-Yon se sepultaba cuan largo era en el cuello de otro.

Los salteadores no eran ya más que seis contra cinco, es decir, que comenzaban á ser los más débiles, cuando de repente la puerta de la casa de Coligny se abrió de par en par, y el Almirante, seguido de dos criados con antorchas y cuatro lacayos armados, apareció bajo la bóveda iluminada, en traje de casa y con la espada en la mano.

— ¡Hola, canalla!... dijo; ¿qué osadía es esta?... ¡Largo de aquí, y pronto, si no quereis que os ensarte á todos como cuervos y os cuelgue del aldabon de la puerta!

Y volviéndose hácia sus lacayos, dijo:

— ¡Á ellos, muchachos!... ¡que no quede vivo ni uno de esos bribones!

Y dando él ejemplo, se lanzó como un rayo hácia aquel campo de batalla.

Ya no habia para los salteadores posibilidad de continuar.

— ¡Sálvese quien pueda! gritó el capitan de la cuadrilla, un poco tarde, parando una estocada que le atravesó el brazo; ¡sálvese quien pueda; que es el Príncipe de Condé!

Y haciendo un rápido movimiento á la izquierda, se puso en fuga á todo correr.

Desgraciadamente, cinco de sus compañeros no pudieron aprovecharse del caritativo aviso de su jefe, pues cuatro yacian tendidos en la calle, y el quinto hacía bastante con poder-

se sostener apoyado á la pared; éste habia sido herido por el
Duque de Montpensier: viniendo á resultar de este modo, que
los cinco caballeros habian desempeñado bien su papel; y aunque leves, más ménos, tambien habian sacado sus señales del
combate; en prueba de que no habia sido tan fácil como podia
suponerse la victoria que acababan de alcanzar.

El caballero atacado primeramente, al saber con gran
asombro que el primero que habia venido á su socorro era el
Príncipe de Condé, se volvió á su lado, é inclinándose respe-
tuosámente,

— Monseñor, le dijo, tengo que dar gracias á la Providencia con doble motivo: el primero, por haberme salvado la vida;
el segundo, por haber escogido como instrumento de mi salvacion — no se ofendan estos honorables caballeros — al hidalgo
más valiente de Francia.

— En verdad os digo, señor mio, que me tengo por muy
dichoso de que la casualidad me haya traido á estas horas de
la noche á casa de mi querido primo el Sr. Almirante, y puesto en el caso de poderos servir de algo. Ahora sí que me hol-
gara de merecer de vos el honor de que me dijérais á quién
me ha cabido la dicha de servir tan de buena voluntad como
lo he hecho.

— Monseñor, mi nombre es Godofredo de Barre...

— ¡Ah! interrumpió Condé; ¡Baron de Perigord, Señor de
la Renaudie!

— Uno de mis mejores amigos, añadió el Almirante, dando
una manq á la Renaudie y la otra al Príncipe de Condé. Pero
si no me engaño, continuó diciendo el Almirante, hace mucho
tiempo que la calle esta no ha visto reunida una compañía tan
distinguida como la que aquí veo; porque estos señores son el
Príncipe de la Roche-sur-Yon y el Duque de Montpensier.

— Los mismos, Sr. Almirante, dijo el Príncipe de la Roche-
sur-Yon, miéntras que la Renaudie se volvia hácia ellos salu-
dándolos con una profunda reverencia.

Y añadió:

— Y si puede ser agradable á estos pobres diablos saber quiénes son los que les han dado su pasaporte para el infierno, que tengan entendido que no pudieron recibirlo de personas más ilustres, y mueran tranquilos y satisfechos.

— Señores, dijo el Almirante, la puerta de la casa de Coligny está abierta: toca ahora á VV. decidir si quieren hacerme el honor de subir á descansar y tomar un refrigerio; en la inteligencia de que me harán mucho favor.

— Gracias, querido primo: bien sabeis que salia hace diez minutos con intencion de volver á mi alojamiento. Yo no pensaba de ningun modo tener el gusto de encontrarme á vuestra puerta con un caballero tan distinguido, con quien me habíais prometido hacer conocimiento.

Y saludó muy cortésmente á la Renaudie.

— Y á fe mia que es valiente, querido primo; pues soy testigo de lo bien que se despacha puesto en tarea, continuó diciendo el Príncipe.

Y en seguida, dirigiéndose á la Renaudie, le preguntó:

— ¿Hace mucho que estais en Paris, Sr. de Barre?

— Acabo de llegar en este instante, respondió la Renaudie con acento de profunda melancolía.

Y dirigiendo su vista hácia el desgraciado que habia tendido en el suelo de su última estocada, que se agitaba con las ansias de la muerte, añadió:

— Y no con la idea, bien lo sabe Dios, de dar muerte á un hombre, ni la de deber la vida á un Príncipe tan distinguido, ántes de pasar media hora dentro del recinto de esta ciudad.

— Sr. Baron, dijo el Príncipe de Condé alargando la mano al jóven con las maneras elegantes y la cortesía que le era habitual; creed que tendré la más completa satisfaccion en volver á veros... los amigos del Sr. Almirante lo son tambien del Príncipe de Condé.

— ¡Bien, mi querido Príncipe! dijo Coligny con un acento que significaba: no es una vana promesa la que nos haceis, y de que tendrémos que hablar.

— Y vos, señores, dijo en seguida volviéndose hácia los dos jóvenes, ¿no me haréis el honor de entrar en mi casa?... Ántes de que rompiese las relaciones íntimas que tenia con vuestro padre, ó mejor dicho, ántes que él las rompiese conmigo, Sr. de Montpensier, éramos dos buenos y alegres camaradas... Mas yo creo, añadió suspirando, que son los tiempos los que han cambiado, y no nuestros corazones.

— Gracias, Sr. Almirante, respondió el Duque de Montpensier en su nombre y en el del Príncipe de la Roche-sur-Yon, porque era á él particularmente á quien habia dirigido la palabra él Almirante. Aceptaríamos con la mayor satisfaccion vuestra hospitalidad, aunque no fuese más que un instante. Mas dista mucho desde aquí el alojamiento del Príncipe de Condé; hay que cruzar los puentes y que atravesar barrios muy peligrosos, y vamos á solicitar del Príncipe el honor de acompañarle.

— En hora buena; señores, y que Dios os guarde; aunque no aconsejaria yo á todos los *tira-sedas* y *tira-lanas* de Paris que se metieran con tres valientes como vosotros.

Toda esta conversacion habia pasado sobre el sitio mismo de la refriega, y los vencedores todos estaban pisando sobre sangre, sin que ninguno de ellos, escepto la Renaudie, hombre que parecia de otra época, echase siquiera una mirada á aquellos cinco desgraciados, tres de los cuales no eran más que unos cadáveres, pero de los que dos todavía estaban vivos.

El Príncipe de Condé, el Duque de Montpensier y el Príncipe de la Roche-sur-Yon saludaron al Almirante y á la Renaudie, y se dirigieron hácia el puente de los Molinos, porque habia una órden que prohibia desatar las barcas despues de las nueve de la noche.

Al quedarse solos, el Almirante dió la mano á la Renaudie.

— Veníais á mi casa, ¿no es verdad, amigo mio? le dijo.

— Sí; que vengo de Génova, y tengo que comunicaros noticias importantísimas.

—Entrad, pues; ya sabeis que de dia y de noche, y siempre, mi casa es la vuestra.

Y le mostró la puerta de su casa abierta y aguardando al huésped que debia venir á ella en nombre del Señor, pues que Dios acababa de salvarle casi milagrosamente.

Al mismo tiempo los dos jóvenes, que, como se entiende bien, habian acompañado al Príncipe, no para escoltarle, sino para informarle de la aventura del Rey y de la Srta. de San Andrés, iban refiriendo, sin omitir ningun detalle, el suceso que él mismo acababa de contar al Almirante con pormenores muy de otra manera circunstanciados.

La noticia era completamente nueva para el Almirante, porque la señora, al volver á casa, se habia encerrado en su habitacion, sin decir una sola palabra, no ya del acontecimiento, que en manera alguna podia prever, pero ni tampoco de la pérdida del billete, causa primera de todo este enredo. De modo que, por bien informado que M. de Condé estuviese de todo lo demas, áun ignoraba — tan cierto es que por mucho que se sepa, siempre hay algo que aprender — de qué modo y en vista de qué indicios toda la corte con el Mariscal de San Andrés y el Príncipe de Joinville al frente habia invadido el salon de las Metamórfosis.

Era este un enigma que podian descifrarle los dos jóvenes.

Le contaron, pues, alternando como los pastores de Virgilio, cómo la Almiranta habia reido tanto, que lloraba: cómo llorando más áun de lo que habia reido, habia sacado el pañuelo de su bolsillo para enjugarse los ojos: cómo al sacar su pañuelo del bolsillo, habia sacado tambien un billete que cayó en el suelo: cómo M. de Joinville habia recogido ese billete: cómo despues de la salida de la Sra. Almiranta, el Príncipe de Joinville habia comunicado este billete á la Reina Madre: cómo la Reina Madre, creyendo que el dicho billete era personal y propiedad de su buena amiga la Almiranta, habia ideado sorprenderla; cómo acordada la sorpresa por unanimidad de votos, habia sido llevada á cabo; y cómo, en fin de cuenta, la sorpresa había recaído sobre aquellos que habían creído sorprender.

Al concluir este relato, habían llegado ya á la puerta de la casa del Príncipe: éste hizo á los dos jóvenes el mismo ofrecimiento que el Almirante había hecho á todos, y que ellos rehusaron del mismo modo, con la sola diferencia de que á éste le dijeron el verdadero motivo de su negativa, que no era otro que el de que, habiéndose perdido mucho tiempo con motivo del encuentro con la Renaudie, necesitaban aprovechar el que les quedaba para ir haciendo la misma relacion á sus amigos.

— Lo que más me encanta de esta aventura, dijo el Príncipe de la Roche-sur-Yon apretando por última vez la mano del Sr. de Condé, es la cara que va á poner el apasionado de la Srta. de San Andrés cuando sepa la noticia.

— ¡El apasionado!... dijo el Príncipe, reteniendo la mano del jóven, que ya estaba á punto de soltar.

— ¡Pues qué! ¿no sabeis eso? volvió á preguntar con cierto aire de estrañeza el Príncipe de la Roche-sur-Yon.

— Es la primera noticia que tengo, repuso el Príncipe riendo. Decidme... decidme...

— ¡Bravo! ¡bien! esclamó el Duque de Montpensier. Es lo más chusco de la historia.

— ¡Ah!... ¿conque no sabíais que la Srta. de San Andrés, ademas de un esposo prometido y de un amante, tenia un apasionado?... replicó el Príncipe de la Roche-sur-Yon.

— Y ese apasionado ¿no se sabe quién es?

— ¡Ah!... esta vez me preguntais una cosa á que yo no puedo contestaros. No sé quién pueda ser.

— ¿Es jóven, ó anciano?

— No se le ha podido ver la cara.

— ¿De veras?

— Lo que os digo. Está siempre envuelto en una capa con que se cubre desde la nariz abajo.

— Será algun español de la corte de Felipe II, dijo el Duque de Montpensier.

— ¿Y dónde se ve á ese apasionado, ó mejor dicho, á esa sombra?

— Si frecuentárais algo más el Louvre, mi querido Príncipe, no haríais esa pregunta, dijo el Duque de Montpensier.

— ¿Y por qué?

— Porque pronto hará seis meses que en cuanto se hace de noche viene á pasear bajo las ventanas de su hermosura.

— ¿De veras?

— Lo que os digo.

— ¿Y no sabeis el nombre de ese hombre?

— No.

— ¿Ni habeis visto su cara?

— Jamás.

— ¿Ni le habeis podido reconocer por su aire y su facha?

— Está siempre embozado en su inmensa capa.

— ¿Ni presumís tampoco quién pueda ser?

— Absolutamente.

— ¿Ni áun siquiera lo habeis sospechado?

— Ni áun sospechado siquiera.

— Sin embargo, se han hecho algunas conjeturas.

— Una de tantas es... dijo el Príncipe de la Roche-sur-Yon.

— ¿Cuál?

— Se ha dicho, añadió el Duque de Montpensier, que érais vos, Príncipe.

— Como tengo tantos enemigos en el Louvre...

— Pero eso no tiene ningun viso de verdad.

— Pues os equivocais; porque era yo...

Y saludando muy cumplidamente con la mano á los dos jóvenes, se metió en su casa, cerró la puerta tras de sí, y dejó al Duque de Montpensier y al Príncipe de la Roche-sur-Yon estupefactos en medio de la calle.

Despues de pasado el primer asombro, el Duque de Montpensier dijo al Príncipe de la Roche-sur-Yon:

— ¿Habeis oido bien, Duque?

— Perfectamente, Príncipe.

— ¿Ha dicho que él era el embozado misterioso, el amante desconocido de la célebre Srta. de San Andrés?

— Eso mismo es lo que ha dicho, ni más ni ménos... Pero ¿qué hacemos aquí parados contemplando la casa del Sr. de Condé?

— Teneis razon, Príncipe; vamos á divulgar nuestras dos grandes noticias por todo Paris.

————

CAPÍTULO VI.

Tal madre, tal hijo.

A Reina Madre no pudo conciliar el sueño en el resto de la noche.

Hasta entónces su hijo, niño endeble, enfermizo, apénas adulto, casado con una Reina jóven, graciosa, alegre y bella, no ocupándose más que de amor, de caza y de poesías, la habia dejado á ella y á los Guisas todo el cuidado de los negocios: lo que los Reyes llaman el peso del Estado, y que sin embargo procuran conservar con tanto celo.

Para Catalina, educada en medio de las intrigas de la política italiana, política mezquina y cicatera, propia de un pequeño Estado como el de la Toscana, pero indigna de un gran reino como entónces empezaba á serlo la Francia, el poder era la vida.

Pero ¿qué veia ella asomar en el lado del horizonte opuesto al suyo?

Una rival, no al amor de su hijo — pues si del amor de su hijo se tratara, ya se hubiese consolado; que quien no ama, no tiene derecho á exigir que se le ame, y ella no amaba ni á Francisco II ni á Cárlos IX.

El único de sus hijos á quien amaba, era el Duque de Anjou; y se daba una esplicacion á esta preferencia, y es: que era hijo del amante, en vez de ser hijo del marido.

Sobre todo, le amaba porque era su último hijo.

Corrian con este motivo los rumores más estraños acerca de los medios que empleaba Catalina para mantener en su debilidad á sus dos hijos mayores Francisco y Cárlos, que debian reinar primero.

Para reproducir estos rumores, necesitaríamos del idioma y del escalpelo de Suetonio.

Buscad, pues, en Suetonio el pasaje de las correrías en litera que Neron hacia con Agripina, y encontraréis el equivalente de lo que nosotros queremos decir.

La previsora florentina se habia espantado al reconocer en su hijo un sentimiento que la era desconocido, que no le habia sido inspirado por ella, que se habia desenvuelto sin ella, y que se manifestaba de repente en medio de la corte sorprendiéndola, y á ella por consecuencia áun más que podia sorprender á todos.

Y se espantaba más principalmente, porque conociendo á la jóven á quien se habia dirigido, habia visto resplandecer con fulgurantes llamaradas la ambicion de la mujer al través de sus diez y séis años.

Cuando se hizo de dia, mandó que dijeran á su hijo que se hallaba indispuesta, y que le rogaba pasara á su cámara.

En su habitacion, Catalina se encontraba en la situacion de un hábil actor en su teatro, libre para escoger su puesto y dirigir la escena.

Ella se colocaba á la sombra, donde quedaba medio invisible, y ponia á su interlocutor donde la luz le diera en la cara y donde pudiera verlo de piés á cabeza.

Hé aquí por qué, en vez de ir á ver á su hijo, se fingia indispuesta y le mandaba recado de que viniese.

El mensajero volvió diciendo que el Rey dormia aún.

Catalina aguardó con impaciencia una hora.

Mandó otro recado.

Le trajeron la misma respuesta.

Y aguardó con mayor impaciencia otra hora.

El Rey no se habia levantado aún.

— ¡Oh! los Príncipes de Francia no acostumbran á levantarse tan tarde, aunque hubiesen pasado la noche distraidos... Sueño tan obstinado, decia Catalina para sí, no puede ser natural.

Y se echó fuera de su cama, donde habia estado aguardando con el objeto de representar el papel que se habia propuesto, medio oculta por las colgaduras, y dió la órden de que se la vistiese.

El teatro cambiaba.

Todo lo que á Catalina habria servido en su cámara, le faltaria en la de su hijo.

Pero ella se tenia por actriz bastante hábil para que este cambio de escenario pudiera influir en nada sobre el desenlace.

La *toilette* fué breve, y en cuanto terminada, se dirigió presurosa al cuarto del Rey.

Entraba en él á todas horas, como una madre entra donde vive su hijo: ninguno de los ugieres ni oficiales de servicio, mayordomos ó lo que fuesen, se hubiera atrevido á detencrla.

Cruzó, pues, el primer salon que conducia á la cámara, y levantando el *portier* del dormitorio, le vió, no acostado, no dormido, sino sentado á una mesa colocada en el hueco de una de las ventanas.

Con el codo apoyado en la mesa, y vuelto de espaldas á la puerta, miraba un objeto con tanta atencion, que no sintió levantarse ni caer el *portier* al entrar su madre.

Catalina se detuvo en pié á la puerta.

Sus ojos, que en el primer instante se habian dirigido hácia el dormitorio, se fijaron despues en Francisco II.

Su mirada despidió una centella en que de seguro habia más de odio que de amor.

En seguida avanzó lentamente, y sin más ruido que el que hubiera hecho una sombra se apoyó sobre el respaldo del sillon y miró por cima de los hombros de su hijo.

El Rey no la habia sentido hasta entónces: se hallaba absorto contemplando un retrato de la Srta. de San Andrés.

La espresion de su rostro se hizo grave, y por una rápida contraccion muscular, de grave pasó á la del enojo más pronunciado.

En seguida, por una poderosa reaccion sobre sí mismo, todos los músculos de su rostro se distendieron, la sonrisa reapareció en sus labios, é inclinó su cabeza hasta tocar con la de su hijo.

Francisco II se estremeció de terror al sentir el aire tibio de un aliento sobre sus cabellos.

Se volvió con viveza, y reconoció á su madre.

Con un movimiento rápido como el pensamiento, dió la vuelta al retrato, que dejó sobre la mesa con la pintura mirando al tapete, y lo cubrió con la mano izquierda. En seguida, en vez de levantarse y besar á su madre como acostumbraba, hizo rodar el sillon y se apartó de Catalina.

Y despues de esto la saludó con frialdad.

— Decidme, hijo mio, ¿qué es lo que sucede? preguntó la florentina sin aparentar que hubiese reparado en lo poco afectuoso del saludo.

— ¿Me preguntais qué es lo que sucede?

— Sí.

— Pues, que yo sepa, no sucede nada, madre mia.

— Dispensadme, hijo mio; pero algo estraordinario debe de haber.

— ¿Y por qué?

— Porque, como no teneis costumbre de estar acostado hasta esta hora... Bien es verdad que podria habérseme informado mal, ó que mi mensajero no haya entendido el recado.

Francisco guardó silencio, mirando á su madre casi tan fijamente como ésta le miraba á él.

— He mandado, continuó Catalina, cuatro recados desde esta mañana, y á todos se me ha contestado que dormíais.

Aquí hizo una pausa, como quien espera una esplicacion; pero el Rey guardó el mismo silencio, mirándola siempre como para decirla:

— Adelante.

— De modo, continuó Catalina, que intranquila en vista de un sueño tan pertinaz, he temido que estuviéseis indispuesto, y he venido á veros.

— Os doy gracias, señora, dijo el Príncipe inclinándose.

— Y no quisiera que me pusiéseis sin motivo en tal cuidado, Francisco, continuó la florentina; pues sabeis cuánto os amo y cuánto es para mí preciosa vuestra salud. No jugueis, pues, con la inquietud de vuestra madre; que hartos disgustos tiene por otro lado, para que sus hijos vengan á darla nuevos pesares con su indiferencia y desvío.

El Rey parecia haber formado una resolucion. Una sonrisa indiferente asomó á sus labios, y tendiendo la mano derecha á su madre, miéntras que con la izquierda continuaba cubriendo el retrato,

— Gracias, madre mia, la dijo. Hay algo de verdad, bien que aumentado con mucha exageracion, en lo que se os ha dicho. He estado un si es no es indispuesto... he pasado una noche agitada, y me he levantado dos horas más tarde que lo acostumbrado.

— ¡Oh! ¿conque habia algo?... dijo Catalina con acento de pena.

— Mas ya, continuó diciendo Francisco II, me encuentro completamente repuesto, y pronto á trabajar con vos, si es ese vuestro gusto.

— ¿Y por qué, mi querido Francisco, dijo Catalina, cogiendo la mano de su hijo en una de las escenas en que ella acostumbraba á llevarla al corazon, y pasándole la mano por la

cabellera; por qué habeis pasado esta noche en esa agitacion?
¿No me he reservado yo todo el peso de los negocios, deján-
doos todos los placeres del reinar? ¿De dónde viene que alguno
se haya permitido imponeros una fatiga que yo me he impuesto?... Porque presumo que son los negocios del Estado los que
os han traido inquieto, ¿no es verdad?

— Sí, señora, contestó Francisco con tanta precipitacion,
que su madre hubiera conocido que mentia, aunque no hubiera sabido de antemano la verdadera causa de la agitacion de
aquella noche tan agitada efectivamente.

Mas ella se guardó bien de manifestar el menor asomo de
duda; por el contrario, aparentó dar entero crédito á las palabras de su hijo.

— Alguna gran resolucion que tomar, ¿no es así? Continuó
Catalina, decidida visiblemente á estrechar á su hijo hasta el
fin; algun enemigo á quien combatir, alguna injusticia que reparar, algun impuesto que hacer ménos oneroso, alguna sentencia de muerte que ratificar...

Francisco II pensó en efecto, al oir estas palabras, que se le
habia pedido en la tarde anterior fijar para aquella misma noche la ejecucion del Magistrado Anna Dubourg, y aprovechó
con viveza la réplica que se le habia indicado.

— Eso cabalmente, respondió; se trata de una sentencia de
muerte; y una sentencia de muerte que debe decretarse por un
hombre, aunque ese hombre sea un Rey, contra otro hombre,
una sentencia de muerte, digo, es siempre una cosa tan grave, que me ha ocupado y tenido inquieto toda la noche.

— Temeis firmar la muerte de un inocente, ¿no es eso?

— Del Magistrado Dubourg; sí, señora.

— Teneis un corazon escelente, Francisco; sois un hijo digno de vuestra madre. Mas en este caso no hay, por fortuna,
peligro de equivocarse: el Magistrado Dubourg ha sido reconocido culpable de heregía por tres jurisdicciones diferentes, y la
firma que se os pide para que la ejecucion se verifique esta noche es una mera formalidad.

— Eso es lo que me parece más terrible, madre mía, dijo Francisco: que una simple formalidad baste para decidir de la vida de un hombre.

— Teneis un corazon de oro, hijo mio, dijo Catalina. ¡Cuán orgullosa estoy de que seais mi hijo!... Sin embargo, es preciso que os tranquiliceis: la salvacion del Estado es más que la vida de un hombre. Y en este caso teneis tanto ménos motivo para dudar, cuanto que es preciso que el Magistrado Anna Dubourg muera: primero, porque su muerte es justa; segundo, porque es necesaria.

El Rey lanzó un profundo suspiro.

— ¿Ignorais, madre mia, dijo despues de un momento de vacilacion y perdiendo el color, que he recibido dos cartas amenazadoras?

— ¡Embustero y cobarde! dijo para sí Catalina.

Y luégo con una sonrisa dijo:

— Cabalmente por eso, hijo mio, porque habeis recibido dos cartas amenazadoras con motivo de la condenacion de Dubourg, es por lo que hay que ajusticiarle. De otro modo se creeria que habíais cedido á las amenazas y que vuestra clemencia era hija del miedo.

— ¡Ah! dijo Francisco, ¿es ese vuestro parecer?

— Sí, hijo mio, respondió Catalina. Miéntras que si, por el contrario, haceis publicar esas dos cartas á son de trompeta, y á continuacion de las dos cartas la sentencia de muerte, os reportará una gran gloria á vos, y una vergüenza inmensa á Dubourg. Todos los que hasta ahora se muestran indecisos, se pondrán de vuestra parte.

Francisco parecia que reflexionaba.

— Por la índole de esas cartas, dudo aún si habrá sido un amigo ó un enemigo quien las haya escrito.

— ¡Un amigo, señora!...

— Sí, un amigo, repitió Catalina; un amigo celoso á la par de la gloria del Rey y de la felicidad del reino.

El jóven bajó sus ojos desmayados ante la mirada penetrante de su madre, y despues de un instante de silencio, levantando la cabeza, dijo:

— Sois vos quien me ha hecho escribir esas cartas... ¿no es verdad?

— ¡Oh! dijo Catalina con un tono que desmentia sus palabras; yo no digo eso.

Catalina tenia dos razones para dejar creer á su hijo que las dos cartas de que se trataba procedian de ella: la una, hacerle avergonzarse de su cobardía; la otra, desvanecer la impresion de terror que pudieran haberle causado.

El jóven, á quien las dos cartas habian alarmado cruelmente, y que conservaba en el fondo de su alma una duda, lanzó sobre su madre una mirada de cólera y de odio.

Catalina se sonrió.

— Si pudiera estrangularme ahora, dijo para sí, lo haria seguramente; pero afortunadamente no puede.

Y como la simulacion de ternura maternal, las protestas de abnegacion y de interés, las caricias felinas de Catalina no habian podido mellar el corazon de Francisco, comprendió la Reina Madre que lo que habia temido iba á realizarse, y que estaba á punto de perder su predominio, si no se aprovechaba al instante del que le quedaba: cambió, pues, completamente y en el instante mismo de táctica.

Dió un suspiro, movió la cabeza, y su rostro espresó el más profundo abatimiento.

— ¡Ay hijo mio! esclamó; ¡preciso es que me convenza de lo que me costaba mucho trabajo creer, pero de lo que ya no me queda la menor duda!

— ¿De qué hablais? ¿qué me quereis decir, señora? preguntó Francisco.

— ¡Hijo mio!... ¡mi querido hijo! dijo Catalina, procurando llamar en su auxilio una lágrima; ¡ya no teneis confianza en vuestra madre!

— No sé lo que me quereis decir, respondió el jóven con un aire de sombría impaciencia.

—Quiero decir, Francisco, que olvidais de repente quince años de angustias mortales, quince años de vigilias á la cabecera de vuestro lecho: quiero decir que olvidais de repente las angustias que me hacía sufrir vuestra infancia enfermiza, los cuidados incesantes que mi amor os ha prodigado desde la cuna.

El Rey miró á su madre algunos instantes en silencio. Despues dijo:

—Ahora os entiendo ménos, señora; pero estoy habituado á la paciencia, y escucho y espero.

La mano crispada del jóven desmentia la mansedumbre de que se preciaba, apretando el retrato de la Srta. de San Andrés con un movimiento casi convulsivo.

Catalina prosiguió, como si nada hubiera advertido:

—Pues ahora vais á comprenderme. Digo que, gracias á esos cuidados incesantes que he tenido por vos, Francisco, os conozco tan bien como vos mismo podeis conoceros... Yo sé muy bien que esta noche ha sido para vos muy agitada; pero no porque hayais pensado en el bien del Estado, no porque hayais vacilado entre el rigor y la clemencia, sino porque se ha descubierto el secreto de vuestros amores.

— ¡Madre mia!... eselamó el jóven, á quien subia á la cara todo lo que habia devorado de vergüenza y de ira durante la noche precedente.

—¿Me lo negaréis cuando os diga, hijo mio, que habeis pasado, ya que no la noche entera, una buena parte de ella en compañía de la Srta. de San Andrés?

Francisco, habitualmente pálido y de palidez mate y enfermiza, se sonrojó como si una nube de sangre hubiera pasado por su rostro. Se puso en pié, aunque apoyando la mano en el respaldo del sillon.

— ¡Ah! ¿conque sabeis todo eso?

— ¡Qué niño sois, Francisco! dijo Catalina con esa bondad que sabia afectar con tanta propiedad. Las madres saben todo lo que se refiere á sus hijos.

Francisco permaneció silencioso, con los dientes apretados y las mejillas temblorosas.

Catalina continuó diciendo con la mayor dulzura al parecer:

— Vamos á ver, hijo mio, ¿por qué no haberme confiado el secreto de esa pasion? Yo indudablemente os hubiera hecho alguna reconvencion, os hubiera recordado vuestros deberes de esposo, hubiera procurado hacer resaltar á vuestros ojos la hermosura, el talento, las gracias de la Reina.

Francisco meneó la cabeza con una sonrisa sombría.

— Con esto no hubiera adelantado nada, continuó Catalina. Viendo que el mal era incurable, no me hubiera empeñado en combatirlo; os hubiera aconsejado: una madre es la providencia visible de sus hijos... Viéndoos tan tiernamente enamorado de la Srta. de San Andrés—porque amais mucho á la señorita de San Andrés, ¿no es verdad?

— Mucho; sí, señora.

— Pues bien, yo hubiera cerrado los ojos. Esto me hubiera sido más fácil hacerlo como madre que como esposa. ¡Pues qué! ¿durante quince años, no he visto á Madama de Valentinois compartir conmigo el corazon de vuestro padre, y áun á veces usurparlo por completo? Creed, por tanto, que lo que una mujer ha hecho por su marido, puede hacerlo mejor una madre por su hijo. ¿No sois vos mi orgullo, mi alegría, mi felicidad? ¿Cómo, pues, habeis amado tan apasionadamente sin decírmelo?

— Madre mia, respondió Francisco II con una sangre fria que hubiera hecho honor á su disimulo ante qualquiera que hubiese podido adivinar lo que iba á decir en seguida; madre mia, sois tan buena para mí y tan indulgente, que siento no habéroslo confiado más pronto: confieso, sí, que amo á la señorita de San Andrés.

— ¡Ah! bien veis... dijo Catalina.

— Advertid, madre mia, añadió el jóven, que es la primera vez que me hablais de este amor, y que si ántes me hubiérais hecho alguna insinuacion, no teniendo razon alguna para ocultároslo, en atencion á que no solamente existe en mi corazon, sino en mi voluntad, si ántes me hubiéseis hablado de eso, digo, ántes lo hubiese confesado.

— ¿En vuestra voluntad, habeis dicho? le preguntó Catalina asombrada.

— Sí, en mi voluntad. ¡Qué! ¿os admira que tenga una vez voluntad? Pues otra cosa hay que me admira á mí tambien, dijo Francisco mirándola de hito en hito, y es que hayais venido esta mañana á representar delante de mí esa farsa de ternura maternal, cuando sois vos la única causante de todo lo que ha sucedido.

— ¡Francisco!... esclamó la Reina, cada vez más asombrada.

— No dormia, continuó el jóven, no dormia, señora, esta mañana cuando me hicísteis llamar: recogia todas las reseñas que pudieran conducirme al orígen del escándalo, y de todas ellas resulta para mí la certidumbre de que sois vos quien me ha tendido la red en que he sido cogido.

— Cuidado, hijo mio, con lo que decís, respondió Catalina con los dientes apretados y echando sobre su hijo una mirada brillante y acerada como la hoja de un puñal.

— Por de pronto, señora, partamos de este supuesto, que ya no hay entre los dos ni hijo ni madre.

Catalina hizo un movimiento que participaba tanto de amenaza como de terror.

— Hay un Rey que, gracias á Dios, ha llegado á su mayor edad, y hay una Reina regente que nada tiene que hacer ya, si ese Rey no quiere, en los asuntos del Estado; porque en Francia se reina á los catorce años, y yo tengo diez y seis; y estoy ya cansado de este papel de niño que continuais imponiéndome, cuando he salido ya mucho de esa edad; estoy cansado de sentirme ceñido por los riñones con el fajero, como si estuviese aún en mantillas; y en fin, para decirlo de una vez, desde hoy en adelante ocuparémos cada uno nuestro puesto, si bien os parece : yo soy vuestro Rey, señora, y vos uno de mis súbditos.

Un rayo que hubiese estallado en la habitacion, no hubiera producido un efecto más terrible que el que produjo esta apóstrofe tremenda al caer en medio de los proyectos de Catalina.

¿Conque lo que habia creido decir en su hipócrita burla era verdad? ¿Era verdad que habia perdido diez y seis años en criar, cuidar, conducir, guiar, instruir y formar á ese niño enteco y raquítico?

¿Habia hecho un sér débil, enfermizo, sumiso y pasivo; y como los domadores de fieras de nuestros dias, habia empobrecido, enervado, aniquilado á aquel cachorro de leon, y de repente el leoncillo despertaba, gruñia, mostraba sus garras, clavaba en ella sus ojos ardientes, y se lanzaba contra ella cuanto se lo permitia la longitud de la cadena que lo aprisionaba?

¿Quién podia responder de que, si llegaba á romper esa cadena, no la devoraria?

Esta idea la hizo estremecerse de espanto.

CAPÍTULO VII.

Continuacion del capítulo.

PARA una mujer como Catalina de Médicis, habia, en efecto, motivo de temblar por lo que acababa de ver y lo que acababa de oir.

Y lo que acaso la hacía temer más, no era la esplosion final, sino el disimulo inaugural.

Saber disimular era para ella todo lo que habia que saber. La fuerza de aquella política cautelosa que habia importado de Florencia, consistia en el disimulo.

¡Y era una mujer, una muchacha, casi una niña, la que habia producido aquel cambio, regenerado aquella criatura enfermiza, y dado á aquel sér *débil* la osadía necesaria para decir estas estrañas palabras:

« Á partir desde hoy, yo soy vuestro Rey, y vos uno de mis súbditos! »

— La mujer que ha verificado esta asombrosa trasformacion, pensó Catalina, la mujer que ha hecho de este niño un hombre, de este esclavo un Rey, de este pigmeo un gigante, digna es de que me ponga en lucha con ella.

Y luégo, más bajo todavía, y como para inspirarse valor, añadió:

— Y en verdad, ya me cansaba de no tener que luchar sino con un fantasma.

— Segun eso, dijo á Francisco, resuelta á sostener la lucha, por desesperada que fuese, ¿es á mí á quien acusais de ser la autora del escándalo de esta noche?

— Sí, respondió secamente el Rey.

— ¡Acusais á vuestra madre sin estar seguro de que sea culpable!... ¿Es eso de un buen hijo?

— ¿Negaréis, señora, que el golpe ha salido de vuestro cuarto?

— Yo no digo que el golpe no haya salido de mi cuarto; mas sí os afirmo que el golpe no ha partido de mí.

— ¿Quién, pues, ha vendido el secreto de mi cita con la Srta. de San Andrés?

— Un billete.

— ¡Un billete, decís!...

— Un billete caido del bolsillo de la Almiranta.

— ¡Un billete caido del bolsillo de la Almiranta!... Eso es una burla.

— ¡Dios me libre de burlas, tratándose de una cosa que tanto os afecta, hijo mio!

— Y ese billete ¿por quién estaba firmado?

— No tenia firma.

— ¿Por quién estaba escrito?

— No he podido reconocer la letra.

— Mas en fin, ¿qué se ha hecho de ese billete?

— Aquí lo teneis, dijo la Reina, que se lo habia guardado.

Y presentó el billete al Rey.

— ¡Letra de Lanoue!... esclamó el Rey.

Y un segundo despues, con asombro creciente,

— ¡Mi billete!... dijo.

—Sí; mas convenid en que sólo vos podiais reconocerle.

—¿Y decís que este billete se le habia caido á la Almiranta del bolsillo?

—Y tan caido del bolsillo de la Almiranta, que todo el mundo creyó que era de ella de quien en él se trataba, y que era á ella á quien se iba á sorprender; sin lo cual, añadió Catalina encogiéndose de hombros y sonriendo con desden, ¿cómo podian ser las primeras personas que hubiéseis visto al abrir los ojos, el Mariscal de San Andrés y el Príncipe de Joinville?

—¿Y el secreto de toda esta intriga dirigida contra mí y contra la mujer que yo amo?

—Sólo la Almiranta os lo puede descifrar.

Francisco llevó á sus labios un silbato de oro, y le hizo exhalar un silbido agudo.

Un mayordomo levantó el *portier*.

—Inmediatamente vaya uno á casa del Almirante, calle de Bethiny, y que se diga á la Almiranta que el Rey quiere hablarla en el instante mismo.

Al volverse Francisco encontró la mirada fija y sombría de su madre clavada sobre él.

Sintió subírsele los colores á la cara.

—Ruégoos me dispenseis, madre mia, dijo avergonzado casi de que su acusacion hubiera dado en vago; os pido perdon, repito, por haber sospechado de vós.

—Habeis hecho más que sospechar de mí, Francisco; me habeis acusado grave y duramente. Mas yo no soy madre vuestra en vano, y estoy dispuesta á soportar muchas otras acusaciones.

—¡Madre mia!

—Dejadme continuar, dijo Catalina frunciendo el entrecejo; porque conociendo que su adversario cedia, creyó que era el momento de cargar sobre él.

—Os escucho, señora, dijo Francisco.

—Os habeis engañado en esto primero; y despues os habeis engañado, y mucho más grandemente, llamándome súbdita vuestra. Yo no soy vuestra súbdita, más que vos sois ni seréis jamás mi Rey : sois mi hijo, y yo vuestra madre ; nada más, ni nada ménos.

El jóven rechinó los dientes y palideció hasta ponerse lívido.

— ¡Sois mi madre!... dijo con una energía que Catalina no esperaba encontrar. Sois vos quien se engaña estrañamente. Soy vuestro hijo, es verdad; pero es porque soy vuestro hijo mayor por lo que soy al mismo tiempo el Rey, y yo os lo demostraré, madre mia.

— ¡Vos!... dijo Catalina mirándole como una víbora dispuesta á lanzarse para picar; ¡vos Rey!... ¡y me probaréis que lo sois, décis!...

Y soltó una carcajada desdeñosa y provocativa.

— ¿Y cómo me lo vais á probar? continuó. ¿Os creeis cápaz acaso de luchar en política con Isabel de Inglaterra y con Felipe II de España?... ¿Me lo probaréis restableciendo la buena armonía entre los Guisas y los Borbones, entre los hugonotes y los católicos?... ¿Me lo probaréis poniéndoos á la cabeza del ejército, como vuestro abuelo Francisco I ó vuestro padre Enrique II?... ¡Pobre niño!... ¡vos Rey!... ¿Pero no sabeis que yo tengo en mis manos vuestros destinos y vuestra existencia? Bastaríame decir una palabra, y la corona se os escurriria de la cabeza : no tendria más que hacer una señal, y el alma se os saldria del cuerpo... ¿Os creeis acaso amado y tal vez popular? Se hace creer siempre á los Reyes que lo son. Pues bien, Rey popular, Rey muy amado, paseáos una sola hora á pié y solo por las calles de vuestra capital; mirad y escuchad, si es que teneis ojos y oidos, y veréis, señor hijo mio, cómo trata el pueblo á su Rey... ¡Vos Rey!... ¡Infeliz! ¿no sabeis que el Rey es el más fuerte? Miráos bien ahora, y miradme luégo á mí.

Al pronunciar estas últimas palabras, el semblante de Catalina estaba terrible de ver.

Se aproximó amenazadora como un espectro al Rey, que

retrocedió tres pasos y fué á apoyarse en el respaldo de la silla como si temiera desmayarse.

— ¡Ah! dijo la florentina; bien veis que yo soy siempre la Reina, y que vos no sois sino una caña endeble y rugosa que el menor viento doblega hasta tocar en el suelo... ¡Y sois vos el que quiere reinar!... Mas buscad en torno vuestro los que reinan en Francia, los que se proclamarian reyes si no estuviera yo aquí para rechazarlos cada vez que se acercan á poner el pié en la primera grada de vuestro trono. Ved á M. de Guisa, por ejemplo, ese vencedor en cien combates, ese expugnador de ciudades, alto de cien codos, á quien vos, señor, mi hijo, con corona y todo no alcanzais al calcañar.

— Pues bien, heriré en el calcañar al Duque de Guisa — y es por el talon, si no se me ha enseñado mal, por donde Aquiles fué muerto — y reinaré á pesar de M. de Guisa y á pesar vuestro.

— Eso es... y cuando hayais mordido á Guisa el talon, cuando vuestro Aquiles haya muerto, no por la mordedura, sino por el veneno que hayais dejado en ella, ¿á quién pondréis contra los hugonotes?... No os hagais ilusiones : vos no sois hermoso como París ni valiente como Héctor... ¿Sabeis vos que despues del Duque de Guisa no hay en Francia más que un gran capitan?... porque yo creo que no tendréis en concepto de tal á vuestro idiota Condestable de Montmorency, que ha perdido cuantas batallas ha dado, ni á vuestro cortesano el Mariscal de de San Andrés, que no ha vencido sino en las antecámaras. No, ya no teneis más que un gran capitan, y ese es M. de Coligny. Pero ese gran capitan, con su hermano Dandelot, casi tan grande como él, estará mañana, si ya no lo está hoy, á la cabeza del más formidable partido que haya amenazado á un Estado. Miradlos y miráos: comparáos con ellos, y veréis que son encinas fuertemente arraigadas en la tierra, y que vos no sois sino una miserable caña que se doblega al soplo de todos los partidos.

— Mas en fin, ¿qué es lo que exigís de mí?... Me resignaré á no ser más que un instrumento en vuestras manos : será preciso que continúe siendo el juguete de vuestra ambicion.

Catalina reprimió una sonrisa de alegría próxima á manifestarse en sus labios y á descubrir sus intenciones.

Empezaba á recobrar su prestigio. Tocaba ya con la punta de los dedos el hilo del muñeco que un momento habia tenido la pretension de danzar por sí solo, ó iba á manejarlo y hacerle danzar á su gusto.

Pero no queria de ningun modo dejar entrever la satisfaccion de su triunfo; y contenta con este principio de victoria, resolvió completarla simplemente.

— Lo que yo quiero, lo que exijo de vos, hijo mio, dijo con su voz hipócrita, más terrible en la gazmoñería que en la amenaza, es una cosa muy sencilla : que me dejeis consolidar vuestro poder y asegurar vuestra felicidad, ni más ni ménos. ¿Qué me importa lo demas? ¿Por ventura pienso yo en mí al hablaros como lo hago y al hacer lo que digo? ¿Creeis acaso que el peso de un gobierno sea cosa tan apetecible y tan fácil de llevar?... Habeis dicho no sé qué de mi ambicion. No os negaré que la tengo; pero mi ambicion no tiene otro objeto que el de luchar hasta que consiga derrocar á vuestros enemigos, ó al ménos, hasta que se hayan devorado unos á otros... No, Francisco, añadió con un aparente abandono; el dia en que yo os vea hombre como deseo, rey como yo lo quiero, os pondré con mucha satisfaccion mia, creedlo, la corona en la cabeza y el cetro en las manos. Si yo lo hiciera hoy, sería una caña, y no un cetro, lo que os entregaria; sería una corona de espinas lo que os pusiera en la cabeza, en vez de una corona de oro. Creedme: fortificáos, madurad á la vista de vuestra madre, como un árbol bajo la mirada del sol, y entónces, ya hombre fuerte y maduro, sed Rey.

— ¿Y qué es preciso hacer para eso, madre mia? esclamó el Rey con un acento casi desesperado.

— Voy á decíroslo, hijo mio. Es preciso renunciar á la mujer que ha sido la causa primera de todo esto.

— ¡Renunciar á la Srta. de San Andrés!... esclamó Francisco, que lo esperaba todo ménos esta condicion. ¡Renunciar á la Srta. de San Andrés!... repetia con un acento de ira reconcentrada. ¡Ah! ¿era á eso á donde queríais venir á parar?

— Sí, hijo mio, dijo friamente Catalina; renunciar á la señorita de San Andrés.

— ¡Jamás! respondió Francisco con tono resuelto y con esa energía de que habia dado ya pruebas dos ó tres veces desde el principio de la conversacion.

— Os ruego que me dispenseis, Francisco, dijo la florentina con el mismo tono de dulzura, pero tambien de resolucion. Es preciso renunciar á ella; es la condicion que pongo á nuestra reconciliacion: si no, no.

— Pero ¿vos no sabeis, madre mia, que la amo frenéticamente?

Catalina se sonrió al ver esta ingenuidad de su hijo.

— ¿Pues en qué consistiria el mérito del sacrificio, si no la amárais?

— Pero ¿por qué ha de ser preciso que renuncie á ella?

— Por el bien del Estado.

— ¿Qué tiene que ver la Srta. de San Andrés con el bien del Estado? dijo Francisco II.

— ¿Quereis que os lo diga? preguntó Catalina.

Mas el Rey la interrumpió, como si de antemano estuviese persuadido del efecto de lo que iba á decir.

— Escuchad, madre mia, dijo. Yo reconozco el genio estraordinario que Dios os ha concedido; reconozco la molicie y la inercia que hay en mí; reconozco, en fin, vuestra autoridad suprema en lo presente y en lo porvenir, y defiero ciegamente á vos en todo lo relativo á la política, y cuando se trate de los intereses del reino, que gobernais con tanta sabiduría. Mas ha de ser con esta condicion: que en precio de esta cesion que os hago de todos mis derechos, que para otros serian de tanta estimacion, me dejeis, os lo suplico, la gestion libre de mis asuntos particulares, íntimos.

— En cualquiera otra ocasion, accederia : bien que hasta ahora pocas reconvenciones me teneis que hacer sobre este punto : mas hoy, no.

— Pero ¿por qué no hoy? ¿por qué esta severidad, justamente cuando se trata de la única persona que yo haya amado de corazon?

— Porque esa mujer más que otra alguna puede encender la guerra civil en vuestros Estados, y porque es hija del Mariscal de San Andrés, uno de vuestros más leales servidores.

— Pues enviaré al Mariscal de San Andrés á mandar en alguna de las principales provincias, y cerrará los ojos... Y por otra parte, el Mariscal está ahora completamente absorbido por el amor que tiene á su jóven esposa, y ésta se alegrará mucho de alejarse de una hija tan rival suya en talento y hermosura.

— Es posible que esto se arregle como decís con el Mariscal de San Andrés, cuyos celos se han hecho proverbiales, y que tiene encerrada á su mujer, ni más ni ménos que un español del tiempo del Cid. Pero el Príncipe de Joinville, que amaba apasionadamente á la Srta. de San Andrés y que estaba para casarse, ¿cerrará los ojos? Y si consintiera él en cerrarlos por respeto al Rey, ¿los cerrarán su tio el Cardenal de Lorena y su padre el Duque de Guisa?... En verdad, Francisco, que sois un diplomático de muy corta vista, permitidme que os lo diga; y si vuestra madre no velase por vos, ántes de ocho dias os habria quitado la corona de la cabeza el primer ladron de coronas que se presentase, con la misma facilidad que un tiralanas quita la capa de los hombros á un pelgar cualquiera... Conque por última vez os digo que renuncieis á la Srta. de San Andrés, y con esta condicion, y no de otra suerte, nos reconciliarémos francamente, os lo repito; y dejadme, que yo arreglaré el asunto con los Guisas. ¿Me comprendeis? ¿Estais dispuesto á obedecerme?

— Sí, señora, os comprendo, dijo Francisco II; pero no estoy dispuesto á obedeceros.

— ¿No?...

— No, señora.

— ¿Conque no estais dispuesto á obedecerme? esclamó Catalina, que por la primera vez se debatia con una terquedad que, parecida al gigante Anteo, recobraba sus fuerzas cuando se la creia vencida.

— No os obedeceré, continuó Francisco II, ni puedo obedeceros. Os he dicho que amo, que estoy en las primeras horas de mi primer amor, y nada podria obligarme á renunciar á él. Yo sé que estoy empeñado en un mal paso, en un camino escabroso y lleno de dificultades, que acaso me conduzca á un fin fatal. Mas ya os lo he dicho: amo, y no quiero ver ni saber nada más allá.

— ¿Estais resuelto á ello, hijo mio?

Habia en estas dos palabras, *hijo mio*, regularmente tan dulces en la boca de una madre, un tono de indescriptible amenaza.

— Sí, señora; decididamente, contestó Francisco II.
— Pensadlo bien.
— Lo he pensado ya.
— ¿Aceptais las consecuencias de vuestra insensata obstinacion, cualesquiera que ellas sean?
— Cualesquiera que sean esas consecuencias, las acepto; sí, señora.
— Pues en ese caso, quedad con Dios: ya sé yo lo que tengo que hacer.
— Id con Dios, señora.

Catalina dió unos pasos hácia la puerta, y se detuvo.

— Es que no culpeis sino á vos mismo de lo que suceda, dijo intentando el último esfuerzo.

— Á nadie culparé más que á mí.

— Pensad que yo no tengo la menor parte en esa loca resolucion que habeis formado de luchar contra vuestros verdaderos intereses, y que si alguna desgracia nos sobreviniese á vos ó á mí, toda la responsabilidad pesará sobre vos.

— En hora buena: acepto toda la responsabilidad.

— Adios, pues, Francisco, dijo la florentina con una sonrisa y una mirada terribles.

— Adios, señora, contestó el jóven con una sonrisa no ménos maligna y una mirada no ménos amenazadora.

El hijo y la madre, la madre y el hijo se separaron con un sentimiento de odio profundo y recíproco.

CAPÍTULO VIII.

En que M. de Condé aconseja al Rey la rebelion.

ECORDARÁ el lector la promesa que el Príncipe de Condé habia hecho en la noche anterior á Roberto Stuard, y la cita que le habia dado para la tarde siguiente al anochecer, en la plaza de San German de Auxerre.

El Príncipe de Condé entraba en el Louvre en el momento mismo en que la Reina Madre salia del cuarto de su hijo.

Venia á cumplir su promesa, pidiendo al Rey el perdon de Anna Dubourg.

Se le anunció en el cuarto del Rey.

—Que éntre; respondió éste con voz apagada.

Entró el Príncipe, que encontró al Rey tirado, más que sentado, en su sillon, y enjugándose con el pañuelo la frente cubierta de sudor.

Tenia los ojos apagados, la boca entreabierta y el rostro lívido.

Se hubiera dicho que era una estátua del miedo.

— ¡Hola!... dijo el Príncipe para sí; el niño está de mal humor...

Téngase presente que el Príncipe habia sido testigo de la última escena entre el Rey y la Srta. de San Andrés, y habia oido los ofrecimientos que éste habia hecho á su concubina.

Al apercibir el Príncipe el semblante del Rey, lo vió aclararse.

El sol en persona que hubiese entrado en la sombría estancia donde se encontraba, no lo hubiera iluminado con más prontitud. Se hubiera dicho que el jóven Francisco II acababa de hacer algun gran descubrimiento en aquel instante: el pensamiento irradió sobre su frente, parecido á una esperanza. Se levantó, y salió al encuentro del Príncipe.

Al pronto se hubiera creido que iba á echarse en sus brazos y á besarlo.

Era la fuerza que atraia á la debilidad hácia sí, de la misma manera que el iman atrae al hierro.

El Príncipe, que parecia cuidarse muy poco del abrazo, se inclinó en cuanto el Rey dió el primer paso hácia él.

El Rey, reprimiendo á su vez aquel primer impulso, se contuvo, y alargó la mano al Príncipe.

Éste, no pudiendo dispensarse de besar la mano que se le ofrecia, tomó resueltamente su partido.

Sólo que, al tiempo de besarla, se ofreció á su imaginacion esta idea :

— ¿Qué diablos esperará éste de mí, que tan obsequiosamente me recibe hoy?

— ¡Oh! ¡cuánto me alegro de veros, primo mio! dijo el Rey con ternura.

El Príncipe se inclinó respetuosamente.

— Es para mí una felicidad y un honor al mismo tiempo, que pueda complaceros mi venida.

— No podíais haber llegado en mejor ocasion para mí.

El Príncipe se volvió á inclinar, asombrado de aquel recibimiento.

— ¿Tanta es mi fortuna, señor? dijo.

— Sí; estaba horriblemente aburrido.

— Efectivamente, señor, al entrar me pareció ver en el rostro de V. M. las señales de un disgusto profundo.

— Decís bien, Príncipe; estoy disgustado, horrible, estensa, desmedidamente disgustado.

— Disgustado *realmente*, en fin, dijo el Príncipe inclinándose y sonriendo.

— Y lo que hay de más triste en todo esto, amigo mio, dijo Francisco II con un acento de profunda melancolía, es no tener siquiera un amigo á quien confiar mis penas.

— ¡Cómo! ¿el Rey tiene penas?

— Sí; y muy graves, y muy verdaderas, primo mio.

— ¿Y quién es el osado que se atreve á apesadumbrar á V. M.?

— Una persona que por desgracia tiene el derecho de hacerlo, primo.

— No reconozco en nadie ese derecho.

— ¿En nadie?

— En nadie, señor.

— ¿Ni áun en la Reina Madre?

— ¡Hola! ¡hola!... dijo para sí el Príncipe; parece que la Reina Madre ha azotado al niño...

Y luégo en voz alta

— Ni áun en la Reina Madre, señor, repitió el Príncipe.

El Rey le miró fijamente.

— ¿Lo creeis así, primo? dijo.

— No sólo lo creo yo, señor, sino que lo creerán tambien todos los súbditos fieles de V. M.

— ¿Sabeis que es cosa muy grave lo que me decís, Príncipe?

— ¿Y qué tiene eso de grave, señor?

— Que predicais á un hijo la rebelion contra su madre.

Y dijo estas palabras mirando en torno de sí como quien teme que le escuchen, aunque al parecer estuviese solo.

En efecto, Francisco no ignoraba que, para quien conociera sus secretos, las murallas del Louvre dejaban pasar los sonidos como los filtros dejan pasar el agua.

Y la Reina Madre ¿no podia estar oculta tras cualquiera de los paños de la tapicería de aquella cámara del Louvre, la cual tenia en aquella época un escotillon para los cómicos reales del tiempo, como le tienen los teatros de nuestros dias?

No atreviéndose, pues, á manifestar todo su pensamiento, se contentó con decir:

— ¿Conque es vuestro parecer que la Reina Madre no tiene derecho á apesadumbrarme ni á reconvenirme?... ¿Y qué haríais vos, primo, siendo Rey de Francia, si la Reina Madre os apesadumbrase; en una palabra, si estuviérais en mi lugar?

El Príncipe comprendió cuál era el temor del Rey; pero como habia contraido el hábito de decir siempre lo que pensaba, le dijo:

— ¿Quiere V. M. saber lo que yo haria en su caso?

— Sí.

— Pues yo, en el caso de V. M., me rebelaria.

— ¿Conque os rebelaríais? dijo Francisco lleno de gozo.

— Sí, á fe mia, contestó el Príncipe lisa y llanamente.

— ¿Y cómo, mi querido Luis? preguntó Francisco acercándose al Príncipe.

— Como todo el mundo lo hace: rebelándose. Preguntad á los que están versados en las profundidades filológicas, y os dirán que para espresarlo no hay más que una palabra, miéntras que para demostrarlo hay mil maneras: no obedeciendo, por ejemplo, ó haciendo todo lo posible por sustraerse á una autoridad injusta, á una tiranía implacable.

— Primo mio, respondió Francisco pensativo y meditando evidentemente las palabras del Príncipe; segun eso, un siervo puede rebelarse contra su amo; mas un hijo no puede, á lo que me parece, en el sentido absoluto de la palabra, rebelarse contra su madre, ni un súbdito contra su Rey.

— Hé ahi en lo que no estoy de acuerdo con V. M.

— ¿No?

— No, señor.

—¿Conque los súbditos pueden rebelarse contra sus Reyes?

—Sí, señor.

—¿Sabeis, primo, que lo que me decís es terrible?

—Pero es verdadero, señor... Mirad en derredor vuestro, y veréis lo que sucede.

—¡Ah!

—Por todas partes cunde la rebelion de una manera espantosa.

—Es verdad.

—Conque, señor, bien puede hacer V. M. como hacen todos.

—Eso sería dar mal ejemplo.

—¡Ah señor! ¡si el mal ejemplo está ya dado hace mucho tiempo!... V. M. no tiene que hacer sino seguirlo.

—Primo... primo... casi me asustais.

—Señor...

—¡Me estais predicando la rebelion!

—¿Yo, señor?

—Sí, primo.

—V. M. me hace el honor de preguntarme, y yo respondo; V. M. me pide mi parecer, y yo se lo doy.

—Sí, Príncipe, respondió Francisco, que de pensativo fué pasando á sombrío; sí, teneis razon, y os agradezco mucho que me hableis con esa franqueza... Os veo con poca frecuencia, primo, sin embargo de que sois, entre los individuos de mi familia, el hombre en quien tengo más confianza, y entre los caballeros de la corte, el que más estimo, hácia quien tengo más amistad. Desde mi infancia, querido Príncipe, he sentido hácia vos un afecto y una simpatía que vuestra generosa franqueza justifica completamente. Ninguno me habria hablado como vos lo habeis hecho, y os lo agradezco doblemente. Y para daros una prueba de mi gratitud, voy á haceros una confianza que á nadie he hecho, y que la Reina Madre acaba de arrancarme en este instante.

—Hablad, señor.

El Rey echó su brazo al cuello de Condé.

— Y bien, podrá suceder, mi querido Príncipe, continuó diciendo, que no sólo tenga necesidad de vuestro consejo, como ya os le he pedido, sino tambien de vuestro apoyo.

— Estoy siempre, señor, á las órdenes de V. M.

— Pues bien, primo, estoy perdidamente enamorado.

— ¿De la Reina María?... Ya lo sé, señor, dijo Condé, y que eso causa estrañeza en la corte.

— No; de una de sus damas de honor.

— ¡Ah!... dijo el Príncipe aparentando grande asombro. Por supuesto que será correspondido V. M...

— Me ama lo que no es decible, primo.

— ¿Y ha dado á V. M. pruebas de ese amor?

— Todas las que puede dar una mujer.

— Me sorprenderia, señor, que no fuese así.

— Pero ¿no me preguntais quién es, Luis?

— Jamás me permitiria yo preguntar á mi Rey; mas espero que tenga la dignacion de completar la confidencia.

— Luis, es la hija de uno de los principales señores de la corte.

— ¡Oh! el primer señor de la corte no podría amar sino á la hija de uno de los principales señores de ella.

— Es la hija del Mariscal de San Andrés, Luis.

— Recibid mi sincero parabien, señor. La Srta. de San Andrés es sin disputa una de las más hermosas criaturas que hay en Francia.

— ¿De veras es ese vuestro parecer? ¿lo creeis así? esclamó el Rey en el colmo de la alegría.

— Hace mucho tiempo, señor, que tengo la misma opinion que V. M. acerca de la Srta. de San Andrés.

— Es una simpatia más entre los dos, primo mio.

— No seria yo osado á vanagloriarme de ello.

— ¿Conque á vos os parece que tengo razon?

— Diez, veinte, ciento y mil razones. Cuando se encuentra al paso una hermosa jóven, sea Rey ó sea patan, quien la en-

cuentre, tiene razon siempre para quererla, y sobre todo para
hacerse querer de ella.

— ¿Es eso tu parecer, Príncipe?

— Y será el de todo el mundo, escepto de M. de Joinville,
á quien felizmente el Rey no se le irá á pedir, á lo que creo. Y
como es probable que ignore siempre el honor que el Rey hace
á su prometida.

— En eso te engañas, Luis, le dijo el Rey, porque lo sabe.

— V. M. querrá decir que sospecha alguna cosa.

— Te digo que lo sabe todo.

— ¡Oh! eso parece imposible.

— Cuando yo te lo digo...

— Habrán informado mal á V. M.

— Es mi Majestad, por el contrario, dijo el Rey gozoso de
poder decir un chiste que creia muy ingenioso, es mi Majestad
quien ha engañado al Príncipe de Joinville.

— Pero ¿quién ha podido vender el secreto de V. M. en favor, ó mejor dicho, disfavor de M. de Joinville?

— Nadie.

— ¡Cómo que nadie!

— No; lo ha visto todo.

— ¡Visto!... esclamó el Príncipe fingiendo una duda suprema, el colmo de la admiracion. ¡Visto!... ¿Dónde? ¿cómo?

— Visto, visto con sus propios ojos, os digo. ¿Dónde? En
el salon de las Metamórfosis. Nos ha visto, nos ha sorprendido, si así os parece mejor, mi querido Príncipe; sorprendido, y
en ocasion que quisiéramos más no haberlo sido.

— Pero eso parece increible, señor.

— Increible, decis bien; y sin embargo, hay que creerlo...
Todavía, continuó diciendo el Rey con cierto ceño, eso sería lo
de ménos, ó no tendria para mí gran importancia el suceso, si
no hubiera venido acompañado de circunstancias estraordinariamente graves, que han dado lugar á la escena violenta que
ha pasado entre la Reina Madre y yo, de que os he hecho alguna indicacion.

— Pero ¿qué puede haber acontecido de más grave, señor, que una jóven desposada sorprendida de este modo por su prometido en el dia de sus esponsales y en la víspera de su casamiento?

— Ha sucedido una cosa de que yo os permito reir á carcajadas, puesto que no sois interesado en el asunto. Ha sucedido, que no sólo el esposo, sino su padre y sus amigos, y hasta el padre de la señorita, se encontraron allí.

— Pero ¿cómo?

— Presentes en carne y hueso, mi querido Príncipe.

— ¿De veras, señor?

— Figuráos, Luis, las fisonomías y el continente de los diversos miembros de la familia de San Andrés.

— No sé lo que hubiera dado por verlos.

— Desgraciadamente eso era imposible.

— Donde yo estaba, sí, señor.

— Es igual: relos.

— ¡Ah señor! no me atrevo.

— Si os habeis de reir despues, reíos ahora delante de mí.

— Me reiré pues; ya que V. M. me lo permite.

Y en efecto, el Príncipe se dió á reir lo mejor que pudo, pero con tan mala gracia, que el Rey le dijo:

— Príncipe, os reis de mala gana, ¿Estaríais acaso apasionado de la Srta. de San Andrés?

— ¡¡Yo, señor!... esclamó el Príncipe echándose á reir.

El Rey le acompañó con aquella risa nerviosa y agitada peculiar de los Príncipes de la casa de Valois, y que al lado de su espresion de alegría parecia llevar siempre una amenaza.

— Y ahora, dijo el Rey dejando repentinamente de reir y dando al semblante su espresion habitual, todo esto como si se verificase un cambio de decoraciones por la virtud de la varita encantada de una hada; ahora, habiendo ya reido un rato, tengamos formalidad; y escuchadme.

El Príncipe dió á su semblante la espresion adecuada á la insinuacion y al ejemplo del Rey.

— Ya estoy yo tambien serio, señor, dijo.

— Ahora bien, Príncipe, dijo el Rey sombreándosele el rostro; ¿sabeis quién es el causante de todo este escándalo?

— No, señor.

— Es la Reina Madre... ¡Oh! ¡si no fuera mi madre!... añadió Francisco con una entonacion amenazadora y haciendo saltar un rayo de sus ojos.

— Señor, yo espero que V. M. tendrá la bondad de informarme á fondo de este misterio, dijo con aire de ingenuidad el Príncipe de Condé, quien mejor que nadie conocia el asunto de que se trataba.

En seguida el Rey se puso á contar con voz quejumbrosa que de cuando en cuando recobraba cierta firmeza feroz, la escena violenta que acababa de tener con su madre.

El Príncipe escuchaba con la mayor atencion.

Y cuando hubo concluido,

— Bien, señor, dijo; me parece que habeis sostenido bien la posicion, y que por esta vez no habeis necesitado de nadie para salir del paso.

El Rey miró al Príncipe y le cogió del brazo.

— Sí, primo mio; he sostenido bien mi posicion, miéntras estuvo ahí al ménos. Algo parecido á la alegría del esclavo que rompe sus cadenas, me sostenia y confortaba. He dejado marchar á la Reina en la creencia de que mi rebelion era formal; mas en cuanto cerró la puerta tras de sí y me quedé solo — ¿qué quereis? es preciso que os confiese la verdad — todos los músculos de mi cuerpo, todas las fibras de mi voluntad se distendieron y aflojaron, y si no hubiérais llegado tan pronto, primo mio, creo que hubiera ido como en otro tiempo á buscarla, á echarme á sus piés y pedirla perdon.

— ¡Oh! guardáos de hacer semejante cosa, señor, ó sois perdido, esclamó el Príncipe de Condé con viveza.

— Bien lo sé, dijo el Rey estrechando el brazo de Condé como un náufrago aprieta el tablon flotante de que espera su salvacion.

Mas en fin, para causaros tal terror, preciso es que la Reina Madre os haya amenazado con alguna gran desgracia ó con algun grave é inminente peligro.

— Me ha amenazado con la guerra civil.

— ¡Ah! ¿y dónde ve S. M. la guerra civil?

— ¿Dónde?... ¡Ah primo! el partido hugonote es poderoso; pero el Duque de Guisa, enemigo suyo, es poderoso tambien. Ahora, como mi madre no ve por otros ojos que los de los Guisas, y no gobierna el reino sino por los Guisas, y me ha casado con una mujer que es parienta de los Guisas, mi madre me ha amenazado con el enojo, y lo que es peor, con el abandono de M. de Guisa.

— Y el resultado de todo eso ¿cuál habia de ser, segun ella?

— Que los hereges se hiciesen dueños del reino.

— ¿Y qué habeis respondido á eso, señor?

— Pero, Luis, ¿qué habia yo de responder á eso?

— ¡Oh! muchas cosas podríais haber respondido.

El Rey se encogió de hombros.

— Una entre otras, continuó el Príncipe.

— ¿Cuál?

— Que habia un medio de impedir que los hereges se hiciesen dueños de la corona.

— ¿Y qué medio es ese?

— Poneros vos á la cabeza de ellos.

El jóven Rey permaneció un momento pensativo, y con el entrecejo fruncido

— Sí, dijo; es esa una idea magnífica, primo mio, uno de esos juegos de báscula que entiende tan bien mi madre Catalina... Mas el partido protestante me aborrece.

— ¿Y por qué os aborrece, señor? Porque sabe que hasta ahora no habeis sido más que un instrumento á los ojos de vuestra madre.

— ¡Un instrumento!... ¡un instrumento! repitió Francisco.

— Pero ¿no lo decia V. M. mismo hace un instante?

— ¡Teneis razon, respondió.

— Pues bien, señor, el partido hugonote no ha hecho nada contra el Rey; sólo aborrece á la Reina Madre: hé aquí todo.

— Tambien yo la aborrezco, murmuró el jóven entre dientes.

El Príncipe sorprendió estas palabras, por más que hubiesen sido pronunciadas con voz casi ininteligible.

— ¿Qué dice V. M. ahora?

El Rey miró á su primo.

— Pues si el consejo os parece bueno, ¿por qué no lo adoptais?

— No me creerian, Luis; seria preciso darles una garantía, y no sé qué garantía les puedo dar.

— En eso teneis razon. Mas la ocasion es propicia. En este momento mismo les podeis dar una prenda, y prenda real en toda la estension de la palabra: la vida de un hombre.

— No sé á qué aludís, dijo el Rey.

— Podeis perdonar al Magistrado Anna Dubourg.

— ¡Oh primo mio! dijo el Rey mudando de color; hace un instante que aquí mismo me estaba diciendo mi madre que es necesario que muera.

— Y vos la diríais que será preciso que V. M. lo consienta...

— ¡Oh! ¡perdonar á Anna Dubourg!... murmuró el Rey mirando en torno de sí, como asustado por la sola idea de que podia ocurrírsele perdonarle.

— ¿Y qué ve V. M. de estraordinario ni de asombroso en perdonar á Anna Dubourg?

— Cierto que no es una gran cosa.

— ¿No es prerogativa de V. M. el perdonar?

— Sí; prerogativa del Rey es.

— ¿Y no es V. M. el Rey?

— Hasta ahora por lo ménos, no.

— Pues, señor, es inaugurarse de una manera feliz, entrar á reinar por una puerta hermosa, subir al trono por una grada de brillantes.

— Pero el Magistrado Anna Dubourg...

— Es uno de los hombres más virtuosos de vuestro reino,

señor... Preguntádselo á Mr. de L'Hôpital, que le conoce bien y entiende de esas cosas...

—Sí, yo tambien que es un hombre honrado, un Magistrado probo y un ciudadano intachable.

—Pues si sabeis eso, ¿á qué esperais? ¿qué más quereis saber?

—¿Qué más quiero saber?...

—Un Rey no puede consentir que muera un hombre á quien tiene por honrado.

—Pero es hombre peligroso.

—Un hombre honrado no es peligroso para nadie.

—Mas si se encuentra en el partido contrario al nuestro...

—Y eso ¿qué importa?

—Pero el Duque de Guisa le detesta.

—¡Ah!...

—Y mi madre tambien.

—Una razon más para empezar vuestra rebelion contra el Duque de Guisa y la Reina Madre otorgando el perdon del Magistrado Anna Dubourg.

—¡Primo!...

—Creo, señor, que V. M. no se tomará la pena de ponerse en rebelion contra la Reina Madre sólo para darla gusto.

—Es verdad, Luis... Pero la muerte del Magistrado Dubourg está convenida entre los Guisas, mi madre y yo, y no puedo retractarla.

El Príncipe de Condé no pudo ménos de echar una mirada de desden sobre aquel Rey idiota, que consideraba como cosa convenida y que no podia retractarse la muerte de uno de los Magistrados más probos y distinguidos del reino, cuando este Magistrado estaba vivo aún, y no habia más que una palabra que decir para que no muriese.

—Puesto que es una *cosa convenida*, como decis, repuso Condé con acento de profundo desprecio, no hablemos más de ella.

Y se disponia á saludar al Rey para retirarse.

Mas el Rey le detuvo.

—Sí, sí, dijo; no hablemos más de eso... no hablemos ya del Magistrado; pero hablemos de otra cosa.

—¿Y de qué, señor? contestó el Príncipe, que no había ido para hablar de otro asunto.

—Mas en fin, mi querido Príncipe, ¿no hay más que un medio para salir de una situacion embarazosa? Vuestro génio es de inventiva: indicadme algun otro medio.

—Es Dios quien os ha puesto en la mano el primero; los hombres no podemos escogitar otro que se le parezca siquiera.

—Mas en fin, si el Magistrado Dubourg muriese, ¿qué podria ocurrir?

—Ocurrirá, señor, que ántes de tres meses estará ardiendo la Francia por sus cuatro costados.

—¡Pues qué! ¿es tan grande el prestigio de ese Magistrado?

—Es inmenso, señor.

—En verdad, primo mio, dijo el Rey, yo mismo estoy trémulo al considerar que puedo hacer morir á un inocente.

—Entónces, señor, contestó el Príncipe con solemnidad, oid sólo la voz de vuestra conciencia. La bondad tambien es fecunda, y hará florecer en el corazon del sugeto el amor á su Rey. Perdonad á Dubourg, y el dia que hagais esta gracia, es decir, el dia que useis de este real derecho, todo el mundo sabrá que sois vos quien reina soberanamente.

—¿Lo quereis así, Luis?

—Señor, os lo pido como gracia, y esto, os lo juro, está en el interés de V. M.

—Pero ¿qué dirá la Reina?

—¿Qué Reina, señor?

—La Reina Madre.

—Señor, en el Louvre no debe haber otra Reina que vuestra virtuosa esposa. Madama Catalina es Reina porque se la teme: haceos vos amar, señor, y no habrá otro Rey que V. M.

El Rey pareció que hacia un esfuerzo y que habia tomado una resolucion suprema.

—Pues bien; yo repetiré la palabra que vos, Príncipe, habeis comentado con tanto talento: es cosa convenida, mi querido Luis. Os doy las gracias por vuestros buenos consejos, y os agradezco que me insteis á hacer este acto de justicia, quitándome un remordimiento. Dadme una pluma y un pergamino.

Inmediatamente el Príncipe aproximó el sillon del Rey á la mesa.

El Rey se sentó.

Entónces el Príncipe le presentó el pergamino que habia pedido.

El Rey tomó la pluma que el Príncipe le presentaba, y escribió la fórmula de estilo:

«Francisco, por la gracia de Dios, Rey de Francia: á todos, presentes y venideros, salud...»

Llegaba aquí, cuando el oficial que habia mandado á la casa de Coligny entró y anunció á la Almiranta.

El Rey interrumpió su escritura en el punto que hemos indicado; se levantó repentinamente, y de afable que estaba su rostro, pasó á una indefinible espresion de ferocidad.

—¿Qué os pasa, señor? preguntó el Príncipe, admirado de aquel cambio tan brusco de su fisonomía.

—Ahora lo sabréis, primo mio.

Y en seguida, volviéndose hácia el oficial,

—Haced que éntre la Sra. Almiranta, dijo el Rey.

—La Sra. Almiranta tiene sin duda que conversar con V. M. de asuntos personales, señor, dijo el Príncipe. Me retiraré, pues, si V. M. me lo permite.

—No tal: quiero que esteis presente, primo, que asistais á nuestra conversacion, que no perdais ni una palabra de ella... Sabeis ya cómo perdono, añadió enseñándole el pergamino; voy á mostraros ahora cómo castigo.

El Príncipe de Condé sintió pasar por todo su cuerpo algo parecido á un escalofrío; comprendió que aquella venida de la Almiranta al cuarto del Rey, por donde nunca aparecia sino á disgusto y por fuerza, tenia relacion con el asunto que á él mismo le habia traido, y tuvo como un vago presentimiento de que iba á pasar alguna cosa terrible entre el Rey, la Almiranta y él.

Despues de unos segundos de haber sido anunciada la Almiranta, entró.

FIN DEL LIBRO TERCERO.

LIBRO CUARTO.

CAPITULO PRIMÉRO.

En que el Rey cambia de opinion respecto al Príncipe de Condé y al Magistrado Anna Dubourg.

A Sra. Almiranta, ántes de ver al Rey, habia apercibido al Príncipe de Condé, á quien se disponia á echar una mirada sonriente y afectuosa, cuando esta mirada tropezó inesperadamente con el rostro del Rey.

La espresion de cólera marcada en aquel semblante la hizo bajar la cabeza, y se aproximó temblorosa.

Al llegar ante el Rey hizo un saludo respetuoso.

—Os he mandado venir, Sra. Almiranta, dijo el Rey con los labios trémulos y los dientes apretados, para pediros la esplicacion de un enigma que procuro inútilmente adivinar desde esta mañana.

—Estoy siempre á las órdenes de mi Rey, balbuceó la Almiranta.

—¿Aun para descifrar enigmas? repuso Francisco. Tanto

mejor, y me alegro mucho de saberlo. Vamos ahora mismo á probar vuestra habilidad.

La Almiranta volvió á inclinarse.

—¿Tendréis la bondad de esplicarnos á nuestro querido primo de Condé y á Nos, repuso el Rey, cómo ha sido que un billete escrito por mandato nuestro á una persona de la corte ha podido perdérseos ayer noche en el cuarto de la Reina Madre?

Tocó á su vez al Príncipe comprender lo que queria decir aquel escalofrio que habia esperimentado al oir anunciar á la Almiranta.

Toda la verdad apareció á sus ojos como si brotara de la tierra, y empezaron á zumbar en sus oidos aquellas terribles palabras: «voy á mostraros ahora cómo castigo.»

Miró entónces á la Almiranta.

Esta tenia los ojos fijos en él como para preguntarle:

—¿Qué respondo yo al Rey?

El Rey no comprendió la pantomima de los dos cómplices, y continuó:

—Y bien, Sra. Almiranta, hé ahí el enigma enunciado; dadnos ahora su solucion.

La Almiranta permaneció en silencio.

El Rey continuó:

—Quizás no hayais entendido bien mi pregunta. Os la repetiré. ¿Cómo es que una carta que no iba dirigida á vos se ha encontrado en vuestro poder, y por qué torpeza ó qué perfidia esa carta ha caido de vuestro bolsillo sobre la alfombra del cuarto de la Reina Madre, y ha pasado desde la alfombra del cuarto de la Reina Madre á las manos del Príncipe de Joinville?

La Almiranta habia tenido tiempo de reponerse:

—Muy fácilmente, señor, contestó recobrando su sangre fria. He encontrado esa carta en el corredor del Louvre que conduce al salon de las Metamórfosis; la recogí, la leí, y no conociendo la letra, la llevé al cuarto de la Reina Madre, con ánimo de preguntarla si sabia algo más que yo sobre el particular. Habia en el cuarto de S. M. gran concurso de poetas

y de escritores, y entre ellos M. de Brantôme, que contó tan
chistosos chascarrillos, que todos rieron á lágrima viva, y yo
como los demas, señor; tanto que riéndome saqué el pañuelo,
y al tirar de él vino detrás y cayó al suelo, sin que la viese,
la malhadada carta, de que me habia olvidado! Cuando quise
buscarla, no la encontré ni en el bolsillo ni alrededor de mí,
y presumo que M. de Joinville la habria ya recogido.

— La cosa es muy verosímil, dijo el Rey con sonrisa burlona; pero por verosímil que parezca, yo no la tengo por verdadera.

— ¿Qué quiere decir V. M.? preguntó la Almiranta con inquietud.

— ¿Habeis encontrado vos esa carta? preguntó el Rey.

— Sí, señor.

— Pues entónces, nada más fácil que decirme en qué estaba envuelta.

— Señor, balbuceó la Almiranta, la carta no estaba envuelta en nada.

— ¿No estaba envuelta en nada, decís?

— Nó, señor, dijo la Almiranta; estaba plegada simplemente en cuatro hojas.

Un relámpago iluminó el entendimiento del Príncipe de
Condé.

Evidentemente la Srta. de San Andrés habriá esplicado al
Rey la pérdida de su carta por la pérdida de su pañuelo. Por
desgracia, la cosa, que era muy clara para M. de Condé, quedaba muy oscura para la Sra. Almiranta.

Bajó, pues, su cabeza bajo la mirada escudriñadora del
Rey, trémula cada vez más, confesando con su silencio que
habia merecido la cólera que sentia pesar sobre sí.

— Sra. Almiranta, dijo Francisco, una persona devota como vos, no negará que esa es una mentira de las más atrevidas.

— ¡Señor!... balbuceó la Almiranta.

— ¿Son esos los frutos de la nueva religion, señora? continuó el Rey. Hé aquí á nuestro primo de Conde, que aunque Príncipe católico, nos predicaba un momento hace la reforma en términos verdaderamente seductores. Responded, pues, vos mismo á la Sra. Almiranta, nuestro querido primo, y decidle de nuestra parte, que sea la que quiera la religion que se profese, hace muy mal todo el que se propone engañar á su Rey.

— ¡Perdon, señor! esclamó la Almiranta con los ojos preñados de lágrimas, al ver la cólera del Rey que iba subiendo con la rapidez de la marea.

— ¿Y con motivo de qué me pedís perdon, Sra. Almiranta? dijo Francisco. Porque yo hubiera puesto una mano en el fuego, hace sólo una hora, si algo se me hubiera dicho de vos, y hubiera afirmado que erais la persona más escrupulosamente veraz de mi reino.

— Señor, esclamó la Almiranta levantando resueltamente su cabeza; vuestra cólera venga en hora buena, pero no vuestra burla. Es verdad; no he encontrado esa carta.

— ¿Conque lo confesais? dijo con aire de triunfo el Rey.

— Sí, señor, respondió secamente la Almiranta.

— ¿Es decir, que alguno os la ha entregado?

— Sí, señor.

El Príncipe seguia la conversacion, con ánimo decidido de intervenir cuando creyera llegado el momento oportuno.

— ¿Y quién os la entregó, Sra. Almiranta? preguntó el Rey.

— No puedo nombrar á esa persona, señor, respondió firmemente la Almiranta.

— ¿Y por qué no, prima mia? dijo el Príncipe de Conde interviniendo y cortándola la palabra.

— ¿Y por qué no? repuso el Rey, contento de que le viniese tal refuerzo.

La Almiranta miró al Príncipe como para pedirle la esplicacion de la palabra que acababa de pronunciar.

— Por mi parte, continuó el Príncipe respondiendo á la pregunta muda de la Almiranta, no tengo razon ninguna para ocultar la verdad al Rey.

—¡Hola! dijo el Rey volviéndose hácia el Príncipe de Condé, ¿conque sabías la palabra misteriosa de esta historia?

— Perfectamente, señor.

— ¿Y cómo la sabíais?

— Porque yo he jugado en ella el principal papel.

— ¡Vos, Príncipe!...

— Yo, señor.

— ¿Y cómo no me habíais dicho nada hasta ahora?

— ¿Por qué, señor? respondió el Príncipe sin desconcertarse. Porque no me habíais hecho el honor de preguntarme, y yo no podia permitirme contar una anécdota, fuera la que quisiera, á mi bondadoso soberano, sin estar de antemano autorizado por él.

— Pláceme vuestra deferencia, primo Luis, dijo Francisco. Sin embargo, el respeto tiene sus límites, y puede prescindirse de las preguntas del soberano cuando se cree poderle ser útil y aún solamente agradable. Hacedme, pues, el obsequio de decirme todo lo que sepais sobre este asunto, y qué especie de papel habeis hecho en toda esta historia.

— Mi papel es el de la casualidad. Fuí yo quien encontró la carta.

— ¡Ah! ¡fuisteis vos quien encontró la carta!... dijo el Rey frunciendo el ceño y mirando severamente al Príncipe. Entónces, no me admiro ya de que aguardáseis mis preguntas. ¡Sois vos quien ha encontrado la carta!...

— Sí, señor; yo la he encontrado.

— ¿Dónde?

— En el corredor que conduce al salon de las Metamórfosis, como tenia el honor de decirlo hace un momento la Sra. Almiranta.

La mirada del Rey iba desde el Príncipe á la Almiranta y de la Almiranta al Príncipe, como si tratara de penetrar qué especie de connivencia habia entre ellos.

— Pues que sois vos quien la ha encontrado, debeis saber en qué iba cerrada.

— No estaba cerrada, señor.

— ¡Cómo que no estaba cerrada!.. esclamó el Rey poniéndose lívido. ¿Os atreveis á negar que la carta estaba cerrada?

— Sí, señor; tengo el atrevimiento de decir la verdad, y tengo el honor de decir á V. M. que la carta no estaba cerrada, sino envuelta con mucha delicadeza.

— Envuelta ó cerrada, M. de Condé, ¿no viene á ser lo mismo?

— ¡Ah señor! dijo el Príncipe; hay entre las dos palabras una diferencia estraordinaria. Se cierra ó se encierra á un prisionero; mas se envuelve una carta.

— No creí que fuéseis tan gran lingüista, primo mio.

— Los ratos de ocio que me proporciona la paz, los dedico al estudio de la gramática.

— Concluyamos, M. de Condé; decidme en qué estaba envuelta ó cerrada la carta.

— En un pañuelo finísimo bordado de las cuatro puntas, y en una de esas puntas estaba la cartita anudada.

— ¿Dónde está ese pañuelo?

El Príncipe sacó el pañuelo del bolsillo.

— Héle aquí, señor.

El Rey arrancó violentamente el pañuelo de las manos del Príncipe de Condé.

— En hora buena; pero ¿cómo el billete encontrado ha venido despues á manos de la Almiranta?

— Muy sencillamente, señor. Bajando las escaleras del Louvre, encontré á la Sra. Almiranta, y le dije: ¿Prima mia, hé aquí una cartita perdida por algun caballero ó señora de la corte; tened la bondad de informaros quién puede haberla perdido, pues á vos os es fácil por conducto de Dandelot que está de guardia, y entregadla á su dueño.»

— Es muy natural en efecto, primo mio, dijo el Rey, que no creia ni una palabra de toda esta relacion.

— En ese caso, dijo el Príncipe de Condé en actitud de

disponerse á marchar; puesto que he tenido el honor de satisfacer completamente á V. M....

Mas el Rey le detuvo con ademan imperativo.

— Una palabra aún, primo mio, si os place.

— ¡Ah señor! con mucho gusto.

— Sra. Almiranta, dijo el Rey dirigiéndose á la esposa de Coligny, os reconozco por súbdita leal, porque en la situacion en que os veíais respecto al Príncipe de Condé, me habeis dicho todo lo que podíais decirme. Os ruego me dispenseis el disgusto que os haya podido causar. Quedais libre, y os conservo en mi gracia. El resto de la esplicacion concierne á M. de Condé.

La Almiranta saludó y se retiró.

El Príncipe hubiera querido hacer otro tanto; mas estaba retenido por la órden del Rey.

Éste se acercó al Príncipe con los dientes apretados y los labios de color de violeta.

— Príncipe de Condé, dijo, ninguna necesidad teníais de recurrir á la Almiranta para saber á quién iba dirigida la carta,

— ¿Y cómo, señor?

— Porque hé aquí en una de las puntas del pañuelo las iniciales, y en la otra las armas de la Srta. de San Andrés.

Llegó á M. de Condé la vez de tener que bajar la cabeza.

— Sabíais que el billete pertenecia á la Srta. de San Andrés, y sabiéndolo, habeis espuesto este billete á caer en manos de la Reina Madre.

— Al ménos, V. M. me hará la justicia de reconocer que ignoraba que estuviese escrito por su órden y que conocido podia comprometerle.

— Señor mio, vos que conoceis tan bien el valor de las palabras de la lengua francesa, debíais saber que no hay cosa que pueda comprometer mi MAJESTAD. Hago lo que se me antoja, y nadie tiene nada que hacer ni nada que decir; y la prueba...

El Rey se dirigió á la mesa y tomó el pergamino ya rayado por una línea y media de escritura de su puño.

— Y la prueba... miradla.

É hizo ademan de ir á rasgar el pergamino.

— ¡Ah señor! en todo caso, que vuestra indignacion recaiga sobre mí, y no sobre un inocente.

— En el momento que mi enemigo le protege, ya no es inocente para mí.

— ¡Yo vuestro enemigo, señor!! esclamó el Príncipe. ¡El Rey me considera su enemigo!!

— ¿Y por qué no, puesto que desde este momento lo soy yo de vos?

Y al decir esto rasgó el pergamino.

— Señor, señor, ¡en nombre de Dios!! esclamó el Príncipe.

— Esto respondo á las amenazas que momentos ántes me hacíais en nombre del partido hugonote. Yo le desafio, Príncipe, y á vos con él, si por casualidad os place poneros á su frente. Esta misma noche será ajusticiado el Magistrado Anna Dubourg.

— Señor, es la sangre de un inocente, es la sangre de un justo la que va á correr.

— Pues bien; que corra, y que caiga gota á gota sobre la cabeza de quien la derrama.

— ¿Y quién es ese, señor?

— Sois vos, Príncipe de Condé.

Y señalando la puerta con el índice de la mano derecha tendida,

— ¡Salid! le dijo.

— Pero, señor... insistió el Príncipe.

— ¡Que salgais de aquí, os digo! repitió el Rey dando una patada. No habria seguridad para vos si estuviéseis diez minutos más en el Louvre.

El Príncipe hizo una reverencia y salió.

El Rey, quebrantado, cayó en su sillon con los codos apoyados en la mesa y la cabeza entre sus manos.

CAPÍTULO II.

Declaracion de guerra.

S e comprende fácilmente que si el Rey estaba furioso, el Príncipe de Condé no dejaria de estarlo tambien, y áun en grado más alto.

Y esta exasperacion habia de ser tanto más íntima y acerba, cuanto que no tenia nadie á quien culpar, sino á sí mismo, por todo lo que le sucedia, puesto que él era quien habia ido á casa de la Srta. de San Andrés, él quien habia descubierto la cartita en el pañuelo, él en fin quien la habia puesto en poder de la Almiranta de Coligny.

Y como todos los que por culpa suya se encuentran empeñados en una mala situacion, resolvió llevar el asunto hasta el fin, y quemar hasta el último navío en que pudiera salvarse.

Por otra parte, despues de haber sufrido todo lo que le habia hecho sufrir la Srta. de San Andrés, su mayor desesperacion, porque se hubiera parecido á una vergüenza y á una impotencia, hubiera sido retirarse sin disparar al mismo tiempo esa flecha del Partho, que tan á menudo viene á herir en el corazon al enamorado que la dispara: la venganza.

Su venganza contra el Rey la habia ya resuelto.

Su venganza contra la Srta. de San Andrés la estaba meditando aún.

Un instante hubo en que se puso á reflexionar sobre si en cierto modo no era una bajeza para un hombre vengarse de una mujer.

Mas en el instante de hacerse mentalmente esta pregunta, le ocurrió la respuesta de que no era un enemigo débil la jóven de corazon disimulado y vengativo que iba á ser reconocida aquel dia mismo tal vez por favorita del Rey.

De seguro era ménos arriesgado mandar un cartel de desafío al más valiente y más diestro caballero de la corte, que el romper sin miramiento ni esperanza de reconciliacion con la poderosa favorita.

Sabía bien que al romper con ella de este modo tenia que sostener una guerra á muerte, sin paz ni tregua posibles, y que esta guerra duraria tanto como el amor del Rey, siempre fecunda en peligros, en emboscadas y ataques manifiestos ú ocultos.

Y presumia tambien que con la belleza deslumbrante de su enemiga, con su carácter múltiple que se adaptaba á todas las circunstancias, y con su temperamento ardiente y su talento lleno de recursos, ese amor, como el de Enrique II á la Duquesa de Valentinois, podia durar tanto como la vida del Rey.

No corria, pués, el peligro del hombre valeroso que va cara á cara á luchar con un leon, mas sí el de otra manera serio, aunque en apariencia ménos grave, del viajero imprudente que armado de una simple varita va á importunar á esa bellísima serpiente de coral, cuya más leve picadura acarrea irremisiblemente la muerte.

Este peligro era tan grande en realidad, que el Príncipe se detuvo á reflexionar un instante sobre si era necesario añadir

este nuevo rayo á los relámpagos y á los truenos que estalla-
ban pavorosos sobre su cabeza.

Pero así como habia titubeado cuando ántes de reflexionar
habia temido caer en una bajeza, del mismo modo se sintió
irresistiblemente impelido cuando consideró que su accion, cobarde en apariencia, era en realidad temeraria hasta la locura.

Si hubiera habido que bajar una escalera, que atravesar un
patio, que subir á otro piso, algo en fin que hubiera entretenido tiempo y dado lugar á reflexionar un poco, entre su salida
del cuarto del Rey y su entrada en el de la Srta. de San Andrés, tal vez la razon hubiera venido en su ayuda, y como la
Minerva antigua sacando á Ulises por la mano de en medio
de la refriega, la fria diosa hubiera sacado al Príncipe del
Louvre.

Pero por desgracia el Príncipe no tenia que hacer sino seguir el corredor en que se encontraba, para hallar á su izquierda despues de uno ó dos recodos la puerta de la habitacion de
la Srta. de San Andrés.

Sentia que cada paso que daba le aproximaba á aquella
puerta, y á cada paso su corazon sentia redoblar la rapidez y
la violencia de sús latidos.

Al fin se encontró enfrente de ella.

Podia volver la cabeza, pasar de largo y continuar su
camino.

Sin duda era este el consejo que le daba su buen genio
tutelar; pero no escuchó sino al malo.

Se detuvo como si sus piés echaran raices en el pavimento,
y Daphne convertida en laurel no parecia más fija que él á la
tierra.

En fin, despues de un instante, no de vacilacion, sino de
reflexion, lanzando como César la jabalina del lado de allá del
Rubicon,

— Adelante, dijo; *alea jacta est.*

Y llamó á la puerta.

La puerta sé abrió.

Aun podia suceder, para fortuna del Príncipe, ó que la señorita de San Andrés hubiese salido, ó que no quisiera recibirle.

Mas el destino lo queria de otro modo: la Srta. de San Andrés estaba en su cuarto, y estas dos palabras «que pase» llegaron á sus oidos.

En el corto tiempo que invirtió en pasar el Príncipe de Condé desde la antecámara en que esperaba la respuesta al gabinete en que la respuesta habia sido pronunciada en voz bastante alta para poderse oir, nuestro héroe sintió pasar como una nube ante sus ojos y su corazon. Todo el vasto panorama de los seis meses que acababan de pasar desde el dia en que á consecuencia de una espantosa lluvia de tormenta habia encontrado á aquella jóven en la mala posada de las inmediaciones de Saint-Denis, hasta la hora en que la habia visto entrar en el salon de las Metamórfosis con un ramo de mirto entrelazado á sus cabellos, y en que su mirada indiscreta no la habia perdido un instante hasta que se hubo despojado de todos sus adornos, escepto del dichoso ramo; todo este panorama, decimos, se presentó á su memoria.

Y á medida que este vasto panorama se iba desarrollando ante sus ojos, por rápido que fuese, vió pasar durante una noche en Saint-Cloud aquella escena entre la señorita y el page: reaparecia en seguida á la orilla del hermoso canal, envuelta en la penumbra que proyectaban sobre ella los plátanos y los sauces: se representaba luégo á sí mismo de pié, inmóvil bajo los balcones de su habitacion, esperando que se entreabriese una celosía y que cayese á sus piés una flor ó una cartita; y por fin, se contemplaba agazapado bajo aquella cama donde la primera noche habia estado esperando en vano á una persona que no habia aparecido, y donde á la otra habian venido no sólo los que estaba esperando, sino tambien otros muchos de quienes en el momento no se acordaba. Todas estas sensaciones, todos estos recuerdos, el encuentro en la posada, el acecho celoso en el parque, la contemplacion de su belleza reflejada por las aguas, su impaciente espectativa bajo los balcones, sus angustias de amante en el salon de las Metamórfosis; todas estas sensaciones, todos estos recuerdos se agolparon á su memoria, haciendo estallar sus sienes, romperse su corazon, desgarrarse sus entrañas.

En esta situacion, trémulo y demudado por los celos, por el despecho, por el amor, por la vergüenza y el odio, tuvo que presentarse á la Srta. de San Andrés.

La Srta. de San Andrés estaba sola.

Al ver al Príncipe, que ocultaba todo aquel tropel de recuerdos y de sensaciones opuestas bajo un esterior quizás un poco impertinente y osado; al ver, decimos, una sonrisa burlona pendiente de sus labios como se cuelga de las ramas de un árbol el *burlon* de la América, la Srta. de San Andrés frunció el ceño, bien que imperceptiblemente, pues bajo el punto de vista del disimulo y de la afectacion eran su carácter y su genio muy de otra manera fuertes que los del Príncipe de Condé.

El Príncipe la saludó con aire desembarazado.

La Srta. de San Andrés comprendió muy bien por el modo del saludo que era un enemigo el que se presentaba.

Mas ella no dejó traslucir nada de esta impresion que la habia producido el saludo desenfadado del Príncipe, y á su sonrisa burlona no dió otra contestacion que la de una larga y graciosa reverencia.

Despues de lo cual, sonriendo con su más encantadora sonrisa, mirándole de la manera más afectuosa, y dirigiéndole la palabra con su voz más dulce,

— ¿Á qué santo, Príncipe, preguntó, deberé dar las gracias por esta visita tan temprana como inesperada?

— Á Santa Aspasia, contestó el Príncipe inclinándose con afectado respeto.

— No creo que sea una santa oficialmente reconocida ni solemnemente canonizada, que yo sepa, Monseñor, respondió la jóven; y dudo mucho, añadió, poderla encontrar en el calendario del año de gracia de 1559, por mucho empeño que me tomase en buscarla.

— Vaya, señorita, si es empeño formal el que teneis de dar gracias á alguna santa por tan escaso favor como es el de mi visita, esperad á que Madama de Valentinois muera y sea canonizada, lo cual podria suceder si se lo recomendáseis al Rey.

— Como dudo yo que mi influjo alcance á tanto, Monseñor, me limitaré á daros las gracias y á suplicaros muy humildemente me digais á qué debo atribuir el placer de veros.

— ¡Pues qué! ¿no lo habeis adivinado?

— No, á fe mia, Monseñor.

— Pues vengo á daros la enhorabuena más cordial á consecuencia de las noticias que corren acerca del favor con que S. M. os honra.

La Srta. de San Andrés se puso de color de púrpura, y un instante despues por una reaccion súbita sus mejillas palidecieron con palidez mortal.

Y sin embargo, estaba muy léjos de sospechar la realidad: creyó únicamente que se tratara de simples y confusos rumores cuyo eco hubiera podido llegar al Príncipe.

Se contentó, pues, con mirar al Príncipe con una espresion que podia traducirse por interrogacion y por amenaza.

El Príncipe aparentó no comprender la mirada.

— ¿Qué sucede pues, la preguntó sonriendo, para que el parabien que he tenido el honor de dirigiros haya dado á vuestras mejillas el color de vuestros labios, y en seguida os hayais puesto blanca como el pañuelo que me hicísteis el honor de regalarme la otra noche?

El Príncipe recalcó el acento sobre estas últimas palabras de una manera tan significativa, que no podia caber duda acerca de la espresion que al oirlas habria tomado el rostro de su sagaz é impresionable interlocutora.

Efectivamente, era la de la amenaza.

La Srta. de San Andrés le miró unos instantes en silencio.

— Mirad lo que haceis, Monseñor, dijo con voz tanto más terrible cuanto que afectaba una calma perfecta. Veo que habeis venido con ánimo deliberado de insultarme.

— ¡Yo!...

— Vos, Príncipe.

— ¿Me creeis capaz de tal osadía, señorita?

— Ó de tal bajeza, Monseñor. Ved cuál de las dos palabras es más adecuada al caso en que nos encontramos.

— Es lo que yo me preguntaba al llegar á la puerta de vuestra habitacion, señorita, y me he respondido *audacia*, y he entrado.

— ¿Confesais, pues, que ha sido vuestra intencion insultarme?

— No diré que no. Mas pensándolo mejor, he preferido presentarme á vos en otro concepto.

— ¿Cuál?

— El de antiguo adorador de vuestra sin par belleza, trasformado en cortesano de vuestra fortuna.

— ¿Y sin duda en tal concepto venís á pedirme un favor?

— Un favor inmenso, señorita.

— ¿Cuál?

— Que me perdoneis el haber sido el causante de la desdichada visita que tan bruscamente os ha sacado anoche del sueño de felicidad en que os encontrábais con el Rey.

La Srta. de San Andrés miró al Príncipe con ojos de duda, porque no podia figurarse que un hombre pudiera marchar tan imprudente y tan directamente á precipitarse en el abismo de la perdicion.

— Esplicáos, le dijo, porque no os comprendo.

— Es sin embargo muy claro, dijo riendo el Príncipe. He creido que habiendo llegado al pináculo del favor y de la fortuna que ambicionábais, no os incomodaria hacer testigos de ello á los individuos de vuestra familia.

La Srta. de San Andrés, pálida ántes, se puso lívida al oir estas palabras.

— ¿Es verdad, Príncipe, que habeis hecho lo que acabais de decir?

— Sí, señorita.

—Pues siendo así, permitidme deciros que habeis perdido completamente el juicio.

—Creo todo lo contrario; creo firmemente que lo tenia perdido hasta aquel momento, y que desde ese momento lo he recobrado.

—Pero ¿creeis que tal insulto puede quedar impune? Porque, aunque seais Príncipe, no espereis que deje de ponerlo en conocimiento del Rey.

—Sería trabajo escusado.

—¡Cómo que escusado!...

— ¡Oh!... y muy escusado; porque un instante hace que se lo acabo yo de decir al Rey.

— ¿Y le habeis dicho tambien que al salir de su cuarto íbais á venir al mio?

—No, porque no habia pensado en ello; esta idea me ha ocurrido al paso. He encontrado la puerta de vuestra habitacion al retirarme, y como conoceis el proverbio que dice « la ocasion hace al ladron,» me he dicho que sería una cosa curiosa y digna de saberse, si acaso era yo el primero que os felicitara por vuestra fortuna... ¿Lo soy?

— Sí, señor; y esa felicitacion, dijo resueltamente la señorita de San Andrés, la recibo con mucho gusto, porque prefiero ser la favorita del Rey dé Francia á la esposa legítima de un segundon de Navarra.

— ¡Ah! puesto que no lo tomais á mal, voy á permitirme dirigiros otra felicitacion.

— ¿Sobre qué? ¿con qué motivo?

— Con motivo de vuestro esquisito gusto para arreglaros la *toilette* de noche; y al mismo tiempo os manifestaré el sentimiento que me causó el que el accidente ocurrido á S. M. la Reina María Stuart hiciera inútil la noche precedente tan bien entendido cuidado.

La Srta. de San Andrés se mordió los labios. El Príncipe la llevaba á un terreno en que no podia defenderse con ventaja.

— Soís hombre de imaginacion brillante, Monseñor, y gra-

cias á ella, haceis honores muy superiores al mérito del prendido que llevaba en realidad.

— Nó teneis razon: era muy sencilló, tan sencillo eomo el
de una ninfa de los bosques; sobre todo, lucia en él un ramito
de mirto prendido en esa hermosa cabelléra...

— ¡Un ramo de mirto!... esclamó la jóven. ¿Y cómo habeis
podido saber que yo llevaba un ramo de mirto prendido á la
cabéza ?

— Lo he visto.

— ¡Que lo habeis visto!...

— Y muchas cosas más tambien.

La Srta. de San Andrés empezaba á no comprender nada
de lo que oia, y sentia irle faltando la serenidad y sangre fria
que hasta entónces habia podido mostrar.

— Ea, Príncipe, continuad, dijo la jóven; las fábulas me
divierten estraordinariamente.

— Pues bien; debeis acordaros en ese easo de la fábula de
Narciso, de Narciso enamorado de sí mismo, mirando su imágen en un arroyo y estremeciéndose de félicidad y de placer
contemplándola.

— ¿Y qué tiene que ver eso conmigo?

— Os lo diré. Ayer he visto yo algo parecido á eso, ó mejor
dieho, mucho más maravílloso que eso : una jóven enamorada
de sí misma, contemplándose en un espejo con no ménos vo-
luptuosidad que Narciso podia mirarse en su arroyo.

La Srta. de San Andrés lanzó un grito, porque era impo-
síble que el Príncipe hubiera inventado eso, ni que se lo hubiera contado nadie: estaba sola, ó mejor dicho, se creia sóla en
el salon de las Metamórfosis cuando habia sucedido lo que el
Príncipe acababa de indicar con tanto aplomo y carácter de
seguridad.

El carmin de sus mejillas subió de punto y tomó el tinte
de la púrpura.

— Mentís, dijo; no habeis visto lo que decís.

— No creais que miento; al contrario. Y para que más os

persuadais de que es así, os diré que ví hasta el lunar encantador que la bella voluptuosa intentaba tocar con sus labios, aunque inútilmente, porque estando demasiado bajo, era imposible conseguirlo á pesar de todos los esfuerzos imaginables, esfuerzos por lo demas de que, como podeis suponer, estoy muy léjos de quejarme.

La Srta. de San Andrés rugió entre dientes, bien que procuró disimular este rugido con una ruidosa carcajada.

—¡Oh! ¡qué cuento tan delicioso me estais relatando!

—Decís muy bien; el relato es delicioso. Pero ¿qué vale el cuento en comparacion de la realidad? Desgraciadamente la realidad fué instantánea y pasajera como un sueño. La bella ninfa esperaba á un dios que deseaba una felicidad tranquila, y hé aquí que ese dios no pudo venir, porque la diosa su consorte se habia caido del caballo como una pobre mortal, y como tal se habia lastimado.

—¿Teneis algo más por el estilo que añadir á eso, señor mio? refunfuñó la Srta. de San Andrés, próxima á dejarse arrebatar por la cólera.

—Sólo una palabra, y es: que la cita quedó revocada, y la entrevista aplazada para la noche siguiente.

—¿Y á la noche siguiente...?

—Y á la noche siguiente, el tal dios pudo ver, que si los placeres tranquilos son difíciles de alcanzar en el Olimpo, lo son más aún en la mísera tierra esta; porque apénas habia tenido tiempo para contemplar un momento extasiado á su bella ninfa, cuando un mal genio, un encantador maléfico á quien no se habia querido convidar á la fiesta, abrió las puertas con un golpe de su varita mágica, y mostró á todo el Olimpo á la hermosa... á la hermosa... ¿cómo queria yo decir?... á la hermosa Dánae... sí, ese es el nombre que yo buscaba... á la hermosa Dánae en los brazos de Júpiter.

—¿Conque, segun eso, estábais allí, Príncipe? esclamó la turbada jóven.

—Sí, allí estaba yo.

— Mentís, repito; porque yo no os ví; y os digo que mentís, porque yo ví bien á todos los que fueron.

— Es que todos los que fueron estaban en círculo en torno vuestro...

— Y bien...

— Miéntras que yo...

— ¡Qué!... ¿miéntras que vos...?

— Miéntras que yo me encontraba al revés que vos, que estábais muy á gusto en el espacioso y mullido confidente...

— ¿Dónde estábais?

— Muy á disgusto á fe mia, bajo la cama. Por lo que espero que un dia ú otro, mi bella Dánae, aunque no sea sino por lástima y consideracion á lo mucho que he sufrido, querais darme el desquite.

— ¡Oh!

— Esto era lo que tenia que deciros; con lo cual, y con la esperanza puesta en lo porvenir, puesto que no tenia otro objeto mi visita, permitidme concluir como si fuera Rey: ruego á Dios os tenga en su santa y digna guarda.

Y con esto efectivamente el Príncipe de Condé salió con esa impertinencia que dos siglos despues hizo famosos á los Lauzun y los Richelieu.

Al llegar al primer descansillo de la escalera, se detuvo, y volviendo la vista atrás, dijo:

— Pues señor, está bien: héteme aquí indispuesto con la Reina Madre; héteme aquí indispuesto con el Rey; héteme aquí indispuesto con la Srta. de San Andrés; y todo esto de un golpe... ¡Buena mañana á fe para un segundon de Navarra!... Pero ¿qué importa? añadió filosóficamente; en cambio los segundones pasan por donde no pueden pasar los primogénitos.

Y continuó bajando la escalera, atravesó como lo que era el patio, saludó á los centinelas, que le presentaron las armas, y salió del Louvre diciendo:

— Creo, por vida mia, que hubiera hecho mejor en dejar al escocés en completa libertad.

CAPÍTULO III.

Un justo.

NA hora despues de los sucesos que acabamos de referir, cuatro heraldos precedidos de trompetas cabalgaban por la ciudad pregonando que aquella noche sería ejecutado en la plaza de la Greve el Magistrado Anna Dubourg, condenado por el Parlamento á ser quemado vivo.

En vano habían llegado mil protestas de Alemania contra semejante condenacion; en vano un Príncipe del Sacro Imperio habia mandado embajadores estraordinarios al Rey suplicándole le concediera la vida de Anna Dubourg para ponerle al frente de la enseñanza de su universidad.

El Rey, ó mejor dicho, el Cardenal de Lorena, se mostró implacable.

Séanos permitido decir algunas palabras acerca de este hombre eminente que se llamaba Anna Dubourg.

Despues de los dias de efervescencia y pasion en que los jueces preocupados condenan, vienen los dias de rehabilitacion

en que la historia imparcial juzga á su vez, y en que los teni-
dos por culpables, y que en tal concepto sucumbieron desdi-
chadamente, se levantan mártires, y su alma, exhalada de la
tierra entre las imprecaciones de los hombres, llega al cielo á
los piés del Altísimo entre los cánticos celestiales.

Ademas, tocamos ya al fin de la primera parte de este
libro; y como la muerte en el cadalso de Anna Dubourg es la
causa primitiva de las turbaciones, guerras y parcialidades que
van á desenvolverse á los ojos de nuestros lectores en el resto
de esta historia, nos parece necesario dar á este suceso deplorable la importancia que en realidad tuvo: causa suficiente
y justa cuanto pudo haberla, porque como dice un cronista de
aquellos tiempos al hablar de este proceso famoso y de la sentencia inicua que condenó á tan bárbara pena á un hombre tan
ilustre por sus virtudes como por su ciencia, « de la injusticia
proceden todos los males. »

Y en verdad, no hay nada en este vasto martirologio de los
grandes hombres que se llama la historia, comparable con la
serenidad de alma del Magistrado Anna Dubourg, con la estension de sus miras; con la sinceridad de sus convicciones,
con la rectitud de sus juicios.

No se ve en él la fe militante, apasionada é invasora de Lutero, ni la docta rebelion de Calvino. Es un grito de dolor que
arranca la conciencia á un hombre honrado; es la sencillez y
la modestia del hombre fuerte cual Horacio lo define; es la
admiracion ingénua del sabio y circunspecto, que no comprende la inquisicion de las opiniones para hacer de ellas un capítulo de acusaciones capitales, y que responde á los inquisidores
preocupados, injustos, suspicaces y crueles, cuya jurisdiccion
enemiga no tacha ni recusa como incompetente, creyendo en
su corazon que la lealtad y la virtud son bastante fuertes por sí
mismas para imponerse y salir triunfantes, sin necesidad de recurrir á subterfugios ni supercherías ni esfuerzos de habilidad,
contra la injusticia y la obcecacion de los perseguidores.

Al ver las contestaciones que da á los seis emisarios nombrados por el Rey para instruir su proceso y el de sus cólegas, no se sabe qué admirar más, si su sencillez, si su espontaneidad, si su grandeza. Diríase que era el interrogatorio de Sócrates traducido en el siglo XVI.

Despues de pedir, como estaba en su derecho, que se le juzgase por el tribunal del Parlamento, se resigna sin embargo á responder á los comisarios delegados por el Rey.

Protesta, es verdad, pero en los términos más comedidos, ¿contra qué? contra las acusaciones que se le hacen de falta de sumision, de respeto y fidelidad á su señor, á su Rey.

— No es ni ha sido mi ánimo, esclama, hacer nada ni decir cosa alguna que redunde en menoscabo del prestigio y honorabilidad de la magistratura ni del órden eclesiástico, ó que no sea conforme á los mandamientos de Dios y de su Iglesia; y ruega á Monseñor el Obispo de Paris, su pastor, le advierta si se extralimitase, le rectifique si incurriese en error.

Por nuestra parte, remitimos al lector que quiera conocer á fondo la historia de este hombre probo, de este mártir humilde de sus creencias, y al cronista que quiera completar la historia de las persecuciones religiosas, las de Juan Huss y de Servet con la de Anna Dubourg; remitímosles, repetimos, al primer volúmen de las *Memorias del Príncipe de Condé,* donde encontrarán el interrogatorio, respuestas, réplicas y ampliaciones, la profesion de fe y su confesion á Dios, con toda la estension que puedan apetecerlas.

Véanse particularmente sobre puntos de dogma y de disciplina de la Iglesia que estamos muy léjos de aceptar, resueltos como están en sentido contrario por varios Concilios, pero que, despues de todo, no habian salido de la esfera de las opiniones, en la parte que se referia al probo Magistrado.

Él sólo hablaba en aquella sazon instado á responder y obligado bajo juramento á decir la verdad, es decir, lo que sentia, y lo iba esponiendo todo á lo largo con la ingenuidad, la sinceridad, la lealtad y la bonhomía de quien creyendo firmemente deseaba sin embargo conocer algo mejor para adoptarlo.

Su gran crímen era haber buscado con fe la verdad en lo concerniente á su salvacion y al gobierno de los pueblos en lo espiritual y temporal.

— Mi creencia, decia, está basada principalmente en la palabra de Dios. Dios ha escrito la ley que tenemos consignada en los libros santos, y particularmente en los Profetas, los Evangelios y los Apóstoles, en que se halla todo lo concerniente á nuestra salvacion.

Todas sus respuestas están fundadas en algun testo de los libros santos.

El Deuteronomio, el Exódo, el libro de Isaias, el de los Proverbios, el Evangelio de San Mateo, se hallan citados reiteradamente, y en todas sus palabras resplandecen la claridad, la concision y la conviccion más profunda. Se ve al hombre grave, sincero, honrado y virtuoso, que ha hecho todo lo posible por darse cuenta de lo que debe á Dios, al hombre y á sí mismo; y cualesquiera que sean los puntos de discordancia que pueda encontrar el teólogo más consumado con las decisiones y doctrina de la Iglesia, en nada tampoco puede encontrar el moralista más rígido cosa que tachar, y sí mucho que recomendar, sobre todo retrotrayéndose al tiempo en que tales doctrinas se profesaban con la sinceridad y la austeridad de Anna Dubourg, en medio de una sociedad minada por todos los vicios, manchada con las más horribles iniquidades, de que es una muestra pálida lo que hemos visto en los capítulos que preceden.

Á la distancia á que nos encontramos de aquellos tiempos, no parece creible que se dejaran pasar impunes tantas abominaciones: que se prescindiera tanto de los preceptos morales y de los deberes más obvios y capitales del hombre, miéntras se perseguian y se inquirian con tanto furor las opiniones teológicas: que se castigaran con tanta crueldad apreciaciones individuales, tan falsas como quieran suponerse, miéntras pululaban por las ciudades y por los campos bandas de malhechores y compañías organizadas de asesinos y sicarios á la órden de los que tuvieran bastante dinero y cobardía para encomendarles la satisfaccion de sus venganzas y resentimientos personales: que se inventaran suplicios nuevos, y se fomentaran todas las pasiones de la muchedumbre fanática y desenfrenada, para oprimir y vejar á los que conservando en su corazon el fuego santo de la virtud y del deber, protestaban contra la corrupcion universal de las costumbres, muy de otra manera pervertidas que en las épocas más calamitosas que nos recuerda la tradicion ó nos describe la historia: y por fin, que la ignorancia, la hipocresía y la avaricia sirvieran de instrumento á las ambiciones más bastardas y á los cálculos de una política mezquina contra los que tenian el valor y la abnegacion suficiente para ser probos, leales, austeros y verídicos, y no adherirse cobardemente á aplaudir los estravíos de una corte corrompida.

Tal era Anna Dubourg, y tal en suma el capítulo de culpas que debia expiar en una hoguera en la noche del 23 de Diciembre de 1559.

No hay quien ignore que Anna Dubourg fué condenado á muerte y ajusticiado: todo el mundo sabe que esta ejecucion dió lugar á aquella serie de guerras civiles, de revueltas, de campañas y batallas, de las cuales fué uno de tantos episodios la famosa degollacion de la Saint-Barthelemy. Pero no todos saben la causa de su condenacion, ni las ideas que al ajusticiarlo se quisieron sofocar y destruir por la mano del verdugo.

Nos ha parecido conveniente insistir sobre las cualidades de este hombre y las culpas que se le achacaron, no tanto para arrancar al lector un sentimiento de simpatía y de conmiseracion hácia él tres siglos despues de su muerte, como para que se comprenda bien la índole y el orígen de los sucesos que hemos de narrar en lo que nos resta de esta obra, y la causa de la tenacidad con que se sostuvo por uno y otro partido una contienda tan prolongada y sangrienta.

Añadirémos á las pocas palabras que damos como una escusa de ser justos con un justo, que en aquella época, el siglo XVI, en que la lengua francesa se estaba desvastando y puliendo en el cerebro de algunos precursores, los documentos en que están consignadas las respuestas, declaraciones, réplicas, esposicion de fe y confesion á Dios de Anna Dubourg, son verdaderos modelos de estilo claro, correcto, elegante y hasta poético.

En cuanto á lo demas, cualesquiera que fuesen las opiniones del Parlamento y su modo de apreciar las de su cólega, ¿de qué podian servir contra la voluntad esplícita y el tenaz empeño del Rey, de la Reina Madre y del Cardenal de Lorena, que le presentaban al pais en vísperas de ser puesto en combustion por aquella tea llamada la reforma?

Hasta entónces los sacrílegos que se habian permitido poner la mano en los vasos sagrados, los blasfemos que habian gritado por las calles palabras subversivas, los habladores que habian predicado, los impíos que habian maldecido, los que habian sido atormentados, quemados y decapitados en los calabozos, todos éstos no eran nada ni valian uno solo de los cabellos del Magistrado Anna Dubourg, individuo de los más caracterizados y bien quistos de Francia, que proclamaba con su austera virtud y su plácida sencillez la eficacia de la doctrina reformista.

Por consecuencia, á toda costa, y áun á riesgo de romper con el Príncipe del Sacro Imperio, que pedia con todo empeño la vida del Magistrado, y de atraerse la animadversion de la vieja Alemania, era preciso deshacerse de un hombre cuyo nombre significaba probidad, honor, virtud, pues disonaba en los oidos de los Guisas y de la Reina Madre.

Publicóse, pues, como lo hemos indicado al principio de este capítulo, la sentencia que para conocimiento de nuestros lectores insertamos á continuacion, copiada literalmente del proceso registrado que se conserva en el archivo de la Notaría del Crímen del Parlamento de Paris:

«Á los 25 dias del mes de Diciembre de 1559.

»Visto por la Sala el proceso criminal seguido contra M. Anna Dubourg, Magistrado por el Rey en dicho tribunal, acusado del crímen de heregía: su interrogatorio y confesion, reiterada y reproducida en el dicho tribunal por el dicho Anna Dubourg: su declaracion de fe, por él pronunciada, por él escrita y por él ratificada ante este tribunal, con la defensa por él presentada en juicio: y el mismo Dubourg varias veces oido en el dicho tribunal, y todo lo demas consultado:

»Falla: que el dicho tribunal ha declarado y declara al dicho Dubourg convicto y confeso del crímen de heregía, más por estenso mencionado en el proceso criminal contra él seguido; y como á herege sacramentario, pertinaz y obstinado, le ha condenado y condena á ser colgado y suspendido de una horca que será colocada y puesta en la plaza de la Greve frente á la casa de la ciudad de Paris, como sitio más cómodo; por bajo de cuya horca se hará una hoguera, en la cual el dicho Dubourg será echado hasta que sea consumido y reducido á cenizas.

»Y ha declarado y declara todos los bienes que le pertenezcan y se hallen en pais sujeto á confiscacion, confiscados en beneficio del Rey, segun los edictos y ordenanzas de S. M.—Firmado: Delhou y Barthelemy.»

«Se ha acordado y reservado *in mente Curiæ*, que el dicho Dubourg no sienta de ningun modo el fuego, y que ántes de encenderse la hoguera y de ser echado en ella, sea extrangulado; y que en el caso en que quisiera dogmatizar ó arengar, sea amordazado, para evitar cualquiera escándalo público.»

Fué, pues, el sábado 23 de Diciembre de 1559 cuando se firmó el decreto que condenaba á Anna Dubourg.

Al oir la notificacion de tal sentencia, los ojos del Magistrado brillaron; y su frente se iluminó con uno de esos esplendorosos rayos que Dios parece que envia del cielo para marcar la frente de todos los que padecen por una causa justa, y á quienes su conciencia y su vida pura sirven de consuelo y sosten en los momentos supremos de la desgracia.

El Magistrado oró en seguida y dió gracias á Dios que le deparaba y dejaba ver el dia de su libertad, que deseaba tan de veras y esperaba desde tanto tiempo.

Dijo tambien que pedia á Dios que perdonara á sus jueces, que le habian juzgado segun su conciencia, por más que no lo hubieran hecho ni segun la ciencia de los hombres ni segun la sabiduría de Dios.

Se le trasladó en seguida á la Consergería entre doscientos ó trescientos hombres armados, porque se temia que conocida la noticia de esta condenacion, se intentase frustrarla por medio de algun golpe de mano.

El temor era infundado.

La muchedumbre compacta que circundaba el palacio del tribunal era sí muy considerable, como de costumbre; pero nada indicaba una emocion nueva y particular en los semblantes de aquel populacho que se tenia por afecto á Anna Dubourg.

De entre esa muchedumbre de colores abigarrados se destacaban dos personajes vestidos de color oscuro, de frente pálida, con los ojos fijos y los labios trémulos.

No podemos decir si sería la casualidad quien los reuniese; pero todo induce á creer que no se conocian, puesto que ni una sola palabra se habia cambiado entre ellos.

Al ver aparecer á Anna Dubourg, uno de ellos se lanzó en su direccion con tal espresion de ternura en su rostro, que el segundo le detuvo, enseñándole al mismo tiempo á uno de los de la escolta que con espada en mano avanzaba ya amenazador á su encuentro al observar su actitud.

El jóven, cediendo á la presion de la mano que le detenia, retrocedió y recobró su puesto entre la muchedumbre.

—Os doy gracias, amigo, dijo el que acababa de recibir este servicio. Probablemente me habeis salvado la vida; porque iba, si no me hubiéseis detenido, á echarme en medio de esas gentes, sin saber ni poder hacer otra cosa que morir. Y así, para si puedo serviros de algo en otra ocasion, sabed que me llamo Roberto Stuard.

—Y yo, camarada, repuso el segundo de estos dos personajes, me llamo Poltrot de Meré.

— Creo que se le haya indultado, como se me ha prometido muy formalmente, dijo Roberto Stuard. Pero yo tengo la vista turbada, y no puedo ver nada. Decidme, el semblante del Magistrado no revela ninguna emocion sombría, ¿no es verdad?

— Al contrario, respondió Poltrot; revela la mayor serenidad, casi la beatitud.

— ¡Ah! bien, bien, murmuró Roberto Stuard. El Príncipe habrá cumplido su palabra, y habrá obtenido siquiera que no le quiten la vida.

El Magistrado venía avanzando siempre.

Pasó á corta distancia de ellos, precedido, flanqueado y seguido de toda su escolta. La muchedumbre se abrió á derecha é izquierda formando calle.

Algunos más atrevidos ó más inquietos trataron de preguntar á los soldados; pero éstos permanecieron silenciosos, como si fueran formando escolta á un cortejo funerario.

Este silencio empezó á despertar las dudas en el corazon de Roberto Stuard, y acabó por alarmarle de tal manera, que precipitándose hácia el séquito del Magistrado, tomó la mano de uno de los de la escolta en el momento en que el preso se perdia entre las sombrías bóvedas de la Consergería, y mirándole con ojos y actitud suplicante,

— Por piedad, decidme, se le ha indultado, ¿no es verdad?

— No sé si se le ha indultado, contestó el interpelado; mas sí sé que entre tanto se le va á ahorcar y quemar esta misma noche en la plaza de la Greve.

CAPÍTULO IV.

El hijo del condenado.

Hemos dicho que el Príncipe habia citado á Roberto Stuard entre siete y ocho de la noche de aquel dia en la plaza y ante la iglesia de San German de Auxerre.

Mas para ir á la cita podia muy bien dirigirse por el puente de Notre-Dame ó por el de los Molinos; pero una fuerza irresistible, un iman le atraia hácia el Louvre, y atravesó el rio por la barca y llegó ante la torre de Madera.

Su camino era á la derecha, y sin embargo torció á la izquierda.

Iba al peligro como mariposa nocturna, falena imprudente, va á la luz que la puede devorar al menor descuido.

Conocia muy bien aquellos sitios, que durante seis meses habia frecuentado con constancia pertinaz, esperando siempre lo que no llegaba.

Cuando ya no tenia nada que esperar, ¿por qué iba?

Anduvo, pues, aquel camino tan conocido de él, y cuando llegó bajo las ventanas de la Srta. de San Andrés, se detuvo como tenia costumbre de detenerse.

Conocia demasiado bien aquellas ventanas.

Las tres primeras eran las de la sala, gabinete y dormitorio de la señorita encantadora.

Las otras cuatro eran las del despacho, salon de recibo y antesala del Mariscal.

Despues habia otra ventana en que él hasta entónces no habia reparado.

Esta ventana habia estado siempre cerrada, ó no la habia visto nunca alumbrada, sea que no estuviese habitada, ó que espesos cortinajes interceptasen la luz.

Esta vez no hubiera reparado en ella más que las otras, si no hubiese creido oirla girar sobre sus goznes, y ver pasar una mano por las entreabiertas contraventanas, y de esta mano salir volando un papel como una mariposa nocturna, que parecia animado por un genio que lo conducia en alas del viento de la noche á su destino.

Desapareció en seguida la mano, y se cerró la ventana, ántes aún que el papel llegase al suelo.

El Príncipe le cogió en el aire, sin poderse dar cuenta ni de lo que era, ni de si iba dirigido á él ó no.

Y como las siete y media daban en el reloj de San German de Auxerre, se acordó de su cita, y se dirigió hácia el sitio donde el eco de la campana parecia llamarle.

En tanto volvia y revolvia entre sus dedos el papelito.

Pero la oscuridad de la noche no le permitia averiguar lo que pudiese valer su endeble conquista, su ténue adquisicion.

Mas en una rinconada de la calle de Chelperie habia una pequeña posada, y en la pared una pequeña hornacina, y en ella una escultura de talla más pequeña todavía, que representaba á la Vírgen, ante la cual ardia una lámpara miserable, especie de antorcha que indicaba á los celosos católicos una posada cristiana y un devoto hospedaje, pero que para los transeuntes rezagados alumbraba el letrero siguiente: «Posada para· dormir. »

El Príncipe de Condé se aproximó á la casa; subió sobre el poyo de piedra que habia al lado de la puerta, y colocándose bajo los rayos vacilantes del exiguo faro, leyó las líneas siguientes, que le llenaron de asombro.:

«El Rey se ha reconciliado momentáneamente con la Reina Madre: esta noche asisten á la ejecucion del Magistrado Anna Dubourg.

»No me atrevo á deciros que huyais; mas sí os prevengo que de ningun modo entreis en el Louvre, pues en ello va vuestra existencia.»

El asombro que habian causado al Príncipe las primeras líneas, se convirtió en estupefaccion al leer la última frase.

¿De dónde le venía este aviso?

¿Quién le habia escrito aquellas líneas?

Evidentemente un amigo; un amigo necesariamente. Pero ¿de qué sexo era éste amigo? ¿era amigo ó amiga?

Amiga debia ser, porque un hombre no se hubiera dirigido á otro de ésa manera.

Por otra parte, en aquel palacio del Louvre no habia hombres, habia sólo cortesanos, y un cortesano se hubiera mirado mucho, ántes de incurrir en la desgracia que aquel acto de caridad llevaba consigo.

No era, pues, un hombre el que le habia dado el aviso.

Pero si era una mujer, ¿quién podia ser ella? ¿qué mujer podia interesarse tan vivamente por él, que no temiera incurrir en animadversion, caso de que el aviso caritativo cayera en cualquiera otra mano, con el Rey, con la Reina Madre, con la Srta. de San Andrés y con todos los poderosos de la corte?

¿No podria ser la misma Srta. de San Andrés?

Un solo momento de reflexion bastaba para que el Príncipe comprendiera que ésta no podia ser.

Habia lastimado demasiado cruelmente á aquella leona, y

43

la leona debia estar todavía lamiéndose la herida que la habia hecho.

Es verdad que habia en el Louvre más de una á quien el Príncipe hubiese hecho el amor.

Pero habia tronado con todas, y las mujeres, cuando no aman, aborrecen.

En una sola tal vez podia quedar un resto de cariño hácia él.

Era ésta la graciosa Srta. de Limeuil; pero conocia desde mucho tiempo las patitas de mosca que hacía en vez de letras la encantadora dama, y no se parecian en nada á la letra del papelito, y bien se entiende que para tales casos no se buscan amanuenses.

Pero despues de bien mirado, se conocia que la letra era de mujer.

El Príncipe se empinó sobre la punta de los piés cuanto pudo para aproximarse á la oscilante luz, y el exámen le dió por resultado afirmarse en la idea de que la letra era de mujer, y esto de una manera indudable; porque á pesar de lo cursiva y bien formada, un esperto como lo era el Príncipe en esto de letras de mujer, á fuerza de haber visto tantas, no podia desconocer que la finura de los perfiles marcaba lo que habia en el conjunto de gracioso y afeminado.

Por otra parte, el papelito en su misma exigüidad estaba tan limpia y esmeradamente recortado, era tan fino, tan glaseado, tan sedosito, y exhalaba un perfume tan delicado de tocador ó de escritorio femenino, que no cabia género de duda acerca de su procedencia.

Todo esto examinado, volvia siempre á su imaginacion la reiterada pregunta á que no podia darse satisfactoria contestacion:

— ¿Qué mujer es la que esto ha escrito, me ha acechado, y me lo ha dirigido desde las habitaciones del Mariscal de San Andrés?

El Príncipe de Condé, que habia olvidado, en su preocupacion por indagar la procedencia del caritativo aviso, la cita que tenia con Roberto Stuard, hubiera pasado allí la noche entera buscando el nombre de la autora, y á lo que parece, sin visos de resultado; si afortunadamente para él, Roberto Stuard, que le contemplaba desde léjos encaramado sobre el poyo ó banco de la puerta de la posada, y cuyo corazon estaba agitado por otra preocupacion mucho más séria y muy de otro modo importante, no hubiese aparecido de repente, como si hubiese brotado de la tierra, dentro del círculo de luz que proyectaba el exiguo y vacilante faro.

El aparecido saludó al Príncipe con una profunda reverencia.

El Príncipe casi se sintió avergonzado de que le hubiese sorprendido leyendo aquel billetito, y en la manera de avergonzarse por esto encontró una nueva razon para creer que procedia de una mujer.

— Soy yo, Príncipe, dijo el preocupado jóven.

— Bien véis que yo cumplo mi palabra, le dijo el Príncipe saltando al suelo desde el poyo de piedra en que estaba encaramado.

— Y yo, dijo Roberto Stuard, espero la ocasion de acreditaros que sé tambien cumplir las mias.

Los dos guardaron silencio por algun tiempo.

— Tengo que daros noticias muy poco favorables, muy tristes, amigo mio, dijo el Príncipe con voz conmovida.

El jóven se sonrió con amargura.

— Hablad, Príncipe, hablad, le repuso; ya estoy preparado para todo.

— Señor mio, dijo el Príncipe con una gravedad que nadie hubiera podido presumir en un hombre á quien se tenia por el más frívolo de su tiempo; vivimos en una época en que las nociones del bien y del mal andan confundidas, indecisas, vacilantes. Se diria que el mundo está hace unos cuantos años en una especie de parto, y que los dolores que son consiguientes á ese estado producen en el alma de algunos estrañas elucubraciones, miéntras que sumergen las de otros en profundas tinieblas. Lo que ha de resultar del choque de las pasiones que se debaten en este momento, lo ignoro. Mas sí sé que no se pueden imputar con justicia á nadie todos los males que esperimentamos; sé que no conviene hacer á un solo hombre responsable de este trastorno universal; en fin, y para decirlo de una vez, á mí me parece que sería sobre manera injusto condenar y maldecir á quien los pueblos han confiado el poder y Dios la espada de la justicia.

—No os entiendo, Príncipe, contestó el jóven, con la intencion sin duda de obligar á su interlocutor á decírselo todo.

—Voy á esplicarme, amigo mio. Decia en este momento, ó mejor dicho, quería daros á entender que me parecería soberanamente injusto que un hombre, á pretesto de que la Greve está más alta de lo que debería estar, ó lo que es lo mismo, porque se ajusticie á un inocente, fuese al patíbulo y tratara de estrangular al verdugo, diciéndole: «tú eres el que mató á mi amigo, tú quien mató á mi hermano, tú quien mató á mi padre;» porque el verdugo no es más que el ejecutor de las órdenes del Rey... Yo creo que en esto convendréis conmigo.

—Seguid, seguid, Monseñor; bien veis que os estoy escuchando con calma y con atencion.

Esa calma y esa atencion eran precisamente lo que hacía estremecer al Príncipe: le hubiera importado mucho ménos verle frénetico y desesperado.

—Pues bien; lo que me parecería soberanamente injusto tratándose del verdugo, me parecería muy de otra manera injusto y horrible si se aplica al Rey.

—Esplanad, Monseñor, vuestro pensamiento, dijo el jóven con la misma calma; os escucho con toda mi atencion.

—Quiero deciros, que ni vos ni yo tendríamos derecho para vengar en el Rey la muerte de un amigo, de un hermano ó de un padre; porque si el verdugo es el ejecutor de los decretos de la ley...

—¿Por qué, Príncipe, no decirme de una vez y sin rodeos: jóven, tu padre está condenado á muerte; yo te había prometido el perdon de tu padre, y ese perdon me ha sido denegado; yo te habia dicho que tu padre no moriria, y tu padre va á morir esta misma noche?

—Amigo mio, dijo el Príncipe, casi avergonzado de la mentira con que se proponia engañar al jóven; quizá no esté tan próxima como os figurais esa catástrofe.

—¿Me quereis decir, Príncipe, que no desespere? repuso Roberto Stuard.

Condé no se atrevió á responder.

Habia en la mirada del jóven una espresion de dolor calmoso y de resolucion obstinada, que helaba la palabra en sus labios.

—Es que si me hubiérais dicho que esperase, Monseñor, os hubiera respondido: Príncipe, subamos á lo largo del muelle hasta llegar á la plaza de la Greve, donde veréis lo que se prepara: una horca encima de una pira. ¿Para quién es aquella horca? ¿para quién es aquella hoguera? ¿para quién ese suplicio ignominioso y cruel? ¿Es acaso para algun Rey que ha disipado los caudales y la sangre de su pueblo? ¿es para algun Obispo que ha falseado la palabra de Dios y que ha predicado el Evangelio con el puñal en la mano? ¿es para alguna mujer impía y adúltera que ha deshonrado el tálamo régio? ¿Dios se cansa en fin de que se profane su santo nombre, de que se blasfeme contra su santísima esencia, suponiendo que toma por sus ministros frenéticos ó idiotas ú homicidas?... No: esa horca es para un inocente, esa hoguera para un justo, ese suplicio ignominioso y cruel es para mi padre, el hombre mejor por su virtud, por su austeridad, por su rigidez para consigo mismo y por su dulzura y su tolerancia para con los demas.

—Y bien, ¿qué vais á hacer?

—Voy á cumplir mi juramento, respondió friamente Roberto Stuard.

—Os ruego que recordeis que ese juramento era matar al Rey si no os concedia el perdon de vuestro padre.

— Vos me dijísteis que en ese caso no os opondríais á mi resolucion, cualquiera que ella fuese. Quedad con Dios, Monseñor: yo soy libre. Vos os habíais obligado á salvar á mi padre, y no lo habeis podido conseguir: yo os levanto la palabra que me empeñásteis, y á mi vez recojo la que os empeñé.

— ¿Qué vais á hacer? esclamó el Príncipe asiéndole por el brazo, que tenia apoyado en la guarnicion de la espada.

— Ya le he prevenido, continuó Roberto Stuard con la misma calma formidable. Yo he escrito á su vista en los muros del Louvre las tres palabras de fuego que la mano invisible escribió en los muros del salon del festin de Baltasar, y no han comprendido que esas palabras eran una sentencia de muerte... Todos tenemos una mision en este mundo. Tu vida la has pasado, padre mio, enseñando, amando, bendiciendo, y te dan la muerte en pago... Pues mi vida pasará odiando, persiguiendo, hiriendo... yo los mataré como lo hacen contigo, sin misericordia y sin piedad. Tus amigos te han precedido en la muerte, y tus enemigos te seguirán. Consuélate... ¡oh! sí; subirás con un gran acompañamiento de suspiros, de lágrimas y de sangre, ante la presencia de nuestro Dios.

— ¡Oh! por las virtudes de vuestro padre, en nombre suyo y por su memoria, os prohibo, jóven, ser injusto... os prohibo ser cobarde... os prohibo poner la mano sobre el Rey... Pero ¿qué digo?... yo me equivoco... á quien vos amenazais no es un rey, es un niño cuya débil mano firma con la misma indiferencia un perdon que una sentencia de muerte, segun la voluntad del que le dirige, segun las miras de uno ó el capricho de otro.

— Príncipe, repuso el jóven, mi padre va á morir, y puesto que su virtud le lleva al suplicio miéntras que el crímen sostiene á otros en el trono, no me hableis de virtud.

— Pues en nombre de ese padre que va á morir mártir de su virtud, esclamó enérgicamente el Príncipe, reteniendo siempre al jóven del brazo, no mancheis su memoria con un asesinato. Si estuviera aquí en lugar mio, áun cuando supiera que ese asesinato le podia salvar la vida, os suplicaria como yo os suplico que renuncieis á semejante medio... Esperad, continuó reteniendo siempre al jóven: os conozco hace muy poco tiempo, y os he encontrado en ocasion en que apénas pudimos cambiar algunas palabras; y sin embargo, os lo digo ingénuamente, vuestro carácter me cautiva, y os estimo de corazon. La noche que nos encontramos, ayer noche, por formidable que fuese vuestro designio, por horrendo que sea el crímen de asesinar á un Rey, lo hubiera comprendido, ya que no pudiera disculparlo; porque entre ayer y hoy habia la aparicion de un Rey nuevo que podia perdonar á vuestro padre, el decreto de su muerte no estaba aprobado aún, no estaba firmado por el Rey. Hoy, á pesar de mis esfuerzos, está firmado, y áun se ha dado la órden quizás de que dentro de una hora sea ajusticiado, y en una hora vos no podeis haber ejecutado vuestro designio... y despues de muerto vuestro padre, ¿de qué os podia servir la muerte del Rey?

— En una hora, murmuró sordamente Roberto Stuard, pueden hacerse muchas cosas.

— Pues yo quiero suponer que en ese tiempo pudiéseis llevar á cabo vuestro designio; que el Rey muriese como murió Mynard, como murió el escribano Freme; — ya veis de qué han servido esos dos asesinatos; — quiero suponer, digo, que de aquí á una hora, que ántes de media hora el Rey no exista. ¿Adelantaríais algo? El primer acto de su sucesor sería hacer ejecutar el último decreto del Parlamento... Nada, nada... conformáos, resignáos, ponéos en manos de Dios, y que su voluntad se haga... Hay algo que me dice que esa raza de Valois está maldecida, condenada irremisiblemente en los consejos de la Providencia. Los reyes castigan los crímenes de los hombres; pero Dios, juez muy de otra manera justo, muy de otra manera infalible, muy de otra manera conócedor de los corazones, castiga los crímenes de los reyes... y si vuestro padre muere, levantad vuestros brazos inermes hácia Dios; los brazos inermes y suplicantes son verdaderamente mortíferos.

— Teneis razon, Príncipe, dijo el jóven. Dejadme marchar; yo os empeño mi palabra de que en esta noche al ménos no intentaré nada contra el Rey.

Y en seguida, desprendiéndose de la mano que le tenia asido por el brazo, dijo:

— Pero ya que otra cosa no sea, quiero ver á mi padre por última vez ántes de que muera.

— ¡Infeliz! no os lo permitirán.

— Conozco á uno de los carceleros.

— Os detendrá el centinela.

— Mataré á ese centinela.

— Iréis á estrellaros en otro.

— Le mataré tambien como al primero.

— ¿Y si el carcelero no os lo dejase ver?

— Le mataré tambien.

El Príncipe se sintió conmovido profundamente por la compasion más cordial, al oir decir á aquel jóven palabras tan insensatas, que sólo pueden salir de corazones desgarrados por la desesperacion.

Á la compasion sucedió, sin desvanecerla en tanto, un sentimiento de dolorosa admiracion á la vista de un hijo que se sentia con fuerzas para desbaratar á un ejército por ver y por abrazar á un padre desventurado que iba á morir.

En seguida, con el acento de la más dulce y más afectuosa benevolencia, esclamó el Príncipe:

— ¡Infeliz! os hace enloquecer el dolor; peró vuestra locura es santa. Yo os encomiendo á la misericordia de Dios, y le suplico de corazon que os preserve de una desgracia. Haced lo que querais, hijo mio; os dejo en libertad.

El Príncipe habia comprendido que el hombre, cuando llega á tan alto grado de exaltacion, se rebela contra todo lo que se opone á su designio, miéntras que, por el contrario, toda su resolucion se desploma cuando se le abandona á sí mismo.

Esto es lo que sucedió á Roberto Stuard.

Apénas libre, se lanzó frenético y dió unos veinte pasos en

direccion á la Consergería ; y luégo , volviendo hácia el Príncipe y cogiéndole la mano , que besó y bañó con sus lágrimas,

— Á partir de hoy, á partir de esta hora, á partir desde este
instante, Príncipe, le dijo, no tendréis servidor más fiel ni más
decidido que yo. Mi cuerpo, mi alma, mi cabeza, mi corazon,
mi brazo, son vuestros, y os consagro mi vida hasta el último
momento, y mi sangre hasta la última gota.

Y en seguida , esta vez ya á paso lento, desapareció por el
ángulo del muelle, despues de saludar con una reverencia al
Príncipe, que le seguia con la vista, profundamente afectado
por la contemplacion de un dolor tan sublime, de un infortunio
tan inmerecido.

CAPÍTULO V.

Ya no soy page.

LEGABA ya el conturbado jóven á la altura del puente de la *Cité*, y el Príncipe permanecia aún en el sitio en que habia pasado la escena anterior, absorto en su meditacion.

¿Quién sabe si esta meditacion recaia, por uno de esos caprichos de la memoria que nadie puede esplicar, desde Roberto Stuard y sus dolores y angustias, tan interesantes por su sublimidad como respetables por su intensidad, al billetito que habia caido de una de las ventanas del Louvre, que el Príncipe habia leido una hora ántes á la indecisa y oscilante lámpara de la Vírgen?

Fuera la que quisiese la causa de esta pertinaz preocupacion, fué distraido de ella por un incidente nuevo é inesperado.

Un jóven con la cabeza descubierta, en mangas de camisa y la respiracion anhelante, salia del Louvre y atravesaba la plaza corriendo tan desesperadamente como si viniera huyendo de un perro rabioso que le fuera á los alcances.

El Príncipe creyó reconocer en él al page del Mariscal de San Andrés, á quien habia visto por primera vez en la posada del *Caballo rojo*, á las inmediaciones de Saint-Denis, y por segunda vez en los jardines de Saint-Cloud.

— ¡Eh!... le gritó el Príncipe cuando le vió á diez pasos de sí; ¿á dónde vais de ese modo, mi buen page?

El jóven se detuvo tan súbitamente como si se hubiera encontrado de pronto con un obstáculo insuperable en su carrera.

— ¡Sois vos, Monseñor!... esclamó á su vez reconociendo al Príncipe á pesar de la capa de color oscuro que le envolvia y del sombrero de anchas alas que le cubria hasta los ojos.

— Sí, yo soy... Y vos, si no me engaño, sois Mezieres, es decir, el page del Mariscal de San Andrés...

— Sí, Monseñor.

— Y si he de juzgar por las apariencias, el amante de la señorita Carlota, añadió el Príncipe.

— ¡Ah!... teneis razon... estaba enamorado de ella; pero ya no lo estoy.

— ¿De veras?

— Os lo juro por esta cruz.

— Fortuna teneis, jóven, añadió el Príncipe entre alegre y triste, en poder desprenderos de ese modo de vuestras pasiones. Pero ¡qué quereis!... no puedo yo creer eso.

— ¿Y por qué, Monseñor?

— Si no estuviérais enamorado como un loco, ó loco como un enamorado, no podria esplicarme de ningun modo esta carrera desaforada en mangas de camisa, en el rigor del invierno y á estas horas de la noche.

— Monseñor, repuso el page, acabo de recibir el ultraje más fiero que hombre ha podido recibir jamás.

— Pues si es un hombre de quien se trata, observó el Príncipe sonriendo, no seréis vos.

— ¡Cómo que no seré yo!...

— Como que todavía sois un niño.

— Os digo, Monseñor, continuó el jóven, que he sido mal-tratado de la manera más cruel y vergonzosa, y que hombre ó niño, como que tengo derecho á llevar una espada al lado, me he de vengar.

— Pues si teníais derecho á llevar una espada, ¿por qué no hicísteis uso de ella?

— ¡Ah Monseñor!... me agarraron una porcion de lacayos, me ataron de piés y manos hasta agarrotarme, y luégo...

El jóven se detuvo, haciendo un gesto de inesplicable ira, y de sus ojos azules brotaron dos centellas, como fulguran los de los animales nocturnos en la oscuridad.

Por esta señal reconoció el Príncipe al hombre rencoroso y sanguinario.

— Y... repitió el Príncipe.

— Y azotado, Monseñor, dijo el jóven lanzando un grito de furor.

— Bien veis, dijo el Príncipe chanceándose, que no os han tratado como á un hombre, sino como si fuérais un niño.

— Monseñor, Monseñor, los niños se hacen muy pronto hombres cuando tienen diez y siete años é injurias como esta que vengar.

— Seá en hora buena, jóven, dijo el Príncipe tomando el acento de la formalidad. Á mí me gusta que se hable así... ¿Y qué habeis hecho para dar lugar á tal afrenta?

— Estaba, Monseñor, como acabais de decirlo, frenética-mente apasionado por la Srta. de San Ándrés... perdonadme esta confesion hecha á vos...

— ¿Y qué tengo que perdonaros yo por eso?

— Como la amábais tanto casi como yo...

— ¡Ah! ¡ah!... ¿conque sabíais vos eso, jóven?

— ¡Ah Monseñor!... no me retribuiréis jamás en bien, por mucho que me querais hacer, los tormentos que me habeis hecho sufrir.

— Pshe... ¡quién sabe!... Pero continuad.

— Hubiera dado mi vida por ella, continuó diciendo el page; y cualquiera que sea la distancia que el nacimiento haya puesto entre los dos, es decir, entre ella y yo, me creia destinado, si no á vivir, al ménos á morir por ella.

— Comprendo eso muy bien, dijo el Príncipe sonriendo con amargura y haciendo con la mano un movimiento como si quisiera apartar de sí un objeto desagradable. Continuad.

— La amaba tanto, Monseñor, que hubiera aceptado con gusto verla unida á otro que la hubiese amado y respetado como yo la amaba y la respetaba. Viéndola dichosa, amada y honrada, hubiera estado satisfecho y contento... Ya veis, Monseñor, á dónde alcanzaban mi ambicion y mis amantes desvaríos.

— Pero bien, ¿qué es lo que ha pasado?

— Escuchad. Cuando he sabido que era la favorita del Rey; cuando he sabido que ella engañaba no solamente á mí, que era no sólo su amante, sino su esclavo; no solamente á mí, digo, sino á vos, Monseñor, que la adorábais; al Príncipe de Joinville, que iba á tomarla por esposa; á toda la corte, que en medio de esa falange de jóvenes descaradas y perdidas, la creian una niña pura, casta, cándida é incapaz de dolo... cuando he tenido esta revelacion, Monseñor; cuando he sabido que era la concubina de otro hombre...

— No de otro hombre, M. Mezieres, dijo Condé con un acento inesplicable; de un rey.

— Sea de un rey; pero no por eso es ménos cierto que me ha venido á la cabeza la idea de matar á ese hombre, siquiera fuese un rey.

— ¡Oh! ¡qué cosa tan particular!.., murmuró el Príncipe. Parece esto una epidemia... todos quieren matar al Rey... Pues si de esta acierta á escapar, casi me atrevo á creer que S. M. ha de quemar más de un cirio en mi honor.

Y luégo en voz alta,

— ¡Diablo... diablo... mi buen page!... dijo. ¡Pues no era nada la diablura!... ¡querer matar al Rey por una aventura de amor!... Pues si por tal idea no han hecho más que azotaros, me parece que no teneis razon para decir que os hayan tratado del todo mal.

— No es por eso por lo que me han azotado, contestó Mezieres.

— ¿Pues por qué, si no?... ¿Sabeis que vuestra historia empieza á interesarme?... Sólo que os dará lo mismo contármela andando: primero, porque se me van quedando los piés yertos; y segundo, porque tengo algo que hacer allá hácia la plaza de la Greve.

— Poco me importa, Monseñor, la direccion por donde me querais llevar, con tal de que me vaya alejando del Louvre.

— Pues bien, esto cuadra perfectamente á vuestro deseo, dijo el Príncipe haciendo resonar las botas sobre el pavimento. Veníos conmigo; ya os escucho.

Y luégo, mirándole y sonriéndose,

— Reparad en tanto, le dijo, lo que es una desgracia comun. Ayer era yo el que creíais amado, y á quien acaso tuviérais el deseo de matar; hoy que es el Rey á quien se ama, nos reune el infortunio, y héteme aquí vuestro confidente, y confidente en cuya lealtad confiais con tanta seguridad, que venís á confesarme vuestro deseo de matar al Rey,... Pero por supuesto, no habréis intentado siquiera poner en ejecucion tan horrendo designio, ¿no es así?

— No lo he intentado; pero he pasado una hora en mi cuarto, poseido de una fiebre ardiente.

— Á éste le sucede lo que á mí, murmuró el Príncipe.

— Al cabo de esa hora, no habiendo tomado resolucion ninguna, me dirigia á la habitacion de la Srta. de San Andrés, para echarla en cara su infame conducta...

— Lo mismo que yo, dijo para sí el Príncipe.

— Mas la señorita no estaba en su cuarto...

— Aquí desaparece ya la semejanza; yo fuí más afortunado que vos.

— Y fué el Mariscal quien me recibió. El Mariscal me queria

mucho, ó por lo ménos, lo decía así. Al verme tan demudado, se alarmó.

— «¿Qué teneis, Mezieres? me preguntó. ¿Estais enfermo?

— No, Monseñor, le respondí.

— ¿Qué os ocurre pues, que os ha impresionado hasta ese estremo?

— ¡Ah señor!... tengo el corazon henchido de amargura y de rencor.

— ¡De rencor á vuestra edad!... El rencor cuadra muy mal en la edad del amor.

— Monseñor, yo aborrezco, yo quiero vengarme, y venía á tomar consejo de la Srta. Carlota.

— ¡De mi hija!...

— Sí; y ya que no está...

— Ya veis que no.

— Pues será á vos, Monseñor, á quien lo pida.

— Hablad, pues, querido.

— Monseñor, proseguí, yo amaba con delirio á una jóven...

— Bien, Mezieres; me alegro, dijo el Mariscal sonriendo, me alegro de que me hableis de amores; palabras de amor vienen tan naturalmente en los labios de los jóvenes, como en la primavera las flores en los jardines... Y bien, la que amábais con tanto delirio como decís, ¿os correspondia?

— ¡Ah Monseñor!... ni siquiera me atrevia á esperarlo: era tan superior á mí por su nacimiento y por su fortuna, que la adoraba en el fondo de mi corazon como á una divinidad á quien apénas me atrevia á besar en la orla de sus vestiduras.

— ¿Segun eso, es alguna dama de la corte?

— Sí, Monseñor, respondí balbuceando.

— ¿Y yo, por consecuencia, debo conocerla?

— ¡Oh! sí.

— Vaya, pues, decidme lo que os ha pasado, Mezieres. ¿Va á casarse vuestra divinidad, va á ser mujer de otro, y esto es lo que os trae tan turbado?

— No, señor, respondí yo, enardecido por la cólera que estas palabras despertaban en mí. No; la mujer que yo amo no va á casarse; la mujer que yo amo no puede casarse ya.

— ¿Y por qué no puede casarse? me preguntó el Mariscal con aire inquieto.

— Porque esa mujer á quien yo amaba, es ya, á ciencia de todos, la concubina de otro.

Á estas palabras, le llegó su vez de turbarse al Mariscal.

Se puso pálido como un muerto, y dando un paso hácia mí, sin quitarme la vista y con aire desabrido,

— ¿De quién me quereis hablar? me preguntó con voz alterada por el furor.

— Bien os lo podeis figurar, Monseñor, respondí; y cuando vengo á hablaros de mi venganza, es porque presumo que en estos momentos estaréis preparando los medios para la vuestra.

En aquel momento anunciaron al capitan de los guardias de S. M.

— ¡Silencio!. me dijo. ¡Cuidado!... os va en ello la vida.

Y luégo, como si hubiera creido más prudente alejarme de su cuarto,

— Marcháos, me dijo.

Yo comprendí, ó mejor dicho, creí comprender, que si sucedia alguna desgracia al Rey, y esta desgracia le sobrevenia por mi conducto, el Mariscal, á quien el capitan de los guardias habria visto conmigo, estaba comprometido.

— Sí, Monseñor, le dije; me retiro.»

Y me lancé por una de las puertas de escape de lo interior, para no encontrarme con el capitan de los guardias, ya en el corredor, ya en la antesala. Sólo que una vez fuera de la sala, una vez fuera de la vista, me detuve, volví atrás de puntillas, y apliqué el oido á la tapicería, único obstáculo que me impedia ver lo que pudiera pasar, pero no oirlo con toda claridad. Juzgad cuál sería mi asombro, á qué punto llegaria mi indignacion, Monseñor: era el nombramiento de Gobernador de Lyon lo que se le traia al Mariscal de San Andrés; eran yo no sé qué otros favores destinados á honrar las casas, y que los reyes desvian de su objeto para emplearlos en deshonor de las familias. El Mariscal recibió el nombramiento y los favores con la humildad de un súbdito reconocido, y el oficial fué portador de las manifestaciones de agradecimiento del padre al amante de la hija. Apénas hubo salido, cuando de un solo salto me puse desde donde estaba oculto hasta enfrente del Mariscal... No sé lo que le dije, ni con qué clase de injurias interpelé á aquel padre que así vendia á su hija. Sólo sé que despues de una lucha desesperada en que buscaba ó pedia la muerte, me encontré atado, agarrotado en manos de los lacayos, y entregado al látigo, á los palos y á la infamia... En medio de las lágrimas, ó mejor dicho, de la sangre que brotaba de mis ojos, ví al Mariscal que me estaba mirando desde una ventana de su habitacion. Entónces hice un juramento horrible, y es: que ese hombre que vendia su hija á un rey y que hacía atormentar y apalear al que le iba á ofrecer vengarlo, no habia de morir á otras manos que las mias... No podré decir si fué de dolor, ó de cólera el perder los sentidos. Cuando volví en mí, me encontré libre, y me lancé fuera del Louvre, renovando el juramento terrible que habia hecho... Monseñor, Monseñor, continuó el page con exaltacion creciente; no sé si es verdad que no soy más que un niño, bien que por mi amor y mi encono yo creia otra cosa; pero vos sois un hombre, vos sois un Príncipe, y os digo como lo he dicho á Dios: el Mariscal de San Andrés ha de morir á mis manos.

— Mirad, jóven, lo que decís.

— Ménos aún por la injuria que me ha hecho, que por la que él ha recibido.

— ¿Sabeis, jóven, dijo el Príncipe, que tal juramento es una blasfemia?

— Monseñor, continuó el page, que parecia completamente absorbido por el sentimiento que le dominaba, y no haber entendido lo que el Príncipe acababa de decirle; es un milagro de la Providencia, que la primera persona á quien he encontrado al salir del Louvre haya sido V. A. Yo os ofrezco mis servicios. Nuestro amor era parecido, si nuestro odio no lo es tambien. Monseñor, en nombre de ese amor os ruego me recibais entre vuestros servidores. Mi vida, mi corazon, mis brazos serán vuestros, y en la primera ocasion que se me presente os demostraré que no se me ha de acusar de ingrato... ¿Me admitís, Monseñor?

El Príncipe permaneció un momento pensativo.

— ¡Casualidad estraña!... dijo despues para sí. Dos hombres quieren matar al Rey, el uno por vengar ó salvar la vida de su padre á quien se asesina, y el otro por su amada que se le quita; y esos dos hombres, como si fueran arrastrados por una fuerza irresistible, se acercan á mí y me toman por su confidente.

— ¿Qué me dice V. A.? ¿aceptais, Monseñor, la vida que os ofrezco? repitió el jóven impaciente.

— Sí, contestó el Príncipe tomando las manos del jóven entre las suyas; pero es con una condicion.

— Decid, Monseñor.

— Habeis de renunciar á vuestro proyecto de asesinar al Mariscal de San Andrés.

— Todo lo que me propongais, Monseñor, ménos eso, puedo aceptar, esclamó el jóven en el colmo de la exaltacion.

— Pues, amiguito, lo siento, porque es la primera condicion, y esta absoluta, que os impongo si quereis entrar á mi servicio.

— ¡Oh Monseñor!... yo os ruego con todo mi corazon no me impongais semejante sacrificio.

— Pues si no me haceis el juramento que os pido, alejáos de mí en este mismo instante; no os conozco, ni quiero conoceros.

— Monseñor, ¡por Dios!...

— Yo puedo mandar soldados, pero no asesinos.

— ¿Es posible, Monseñor, que un hombre prohiba á otro hombre vengar una injuria mortal?

— De la manera que vos decís, sí.

— ¡Pues qué! ¿hay algun otro medio en el mundo...?

— Tal vez lo haya.

— Es que el Mariscal, repuso el jóven, no consentirá jamás cruzar su espada con uno de sus antiguos domésticos.

— En un duelo regular, claro es que no. Pero pueden presentarse ocasiones en que no sea dado al Mariscal, ni á otro más alto que él, rehusaros ese honor.

— Decidme una para ejemplo.

— Suponed el caso de que le encontreis en un campo de batalla...

— ¡Un campo de batalla!...

— Llegado ese caso, Mezieres, yo os ofrezco mi puesto, aunque fuese yo quien se encontrase primero frente á frente de él.

— Pero ¿hay alguna probabilidad de que ese dia llegue? preguntó con febril impaciencia el jóven.

— Ántes tal vez de lo que pudiérais figuraros, respondió el Príncipe.

— Si yo pudiera persuadirme de eso... dijo el jóven.

— ¿Por ventura puede contarse sobre seguro con cosa alguna en este mundo? dijo el Príncipe. Es probable que suceda; esto es lo que por mi parte puedo deciros.

El jóven quedó á su vez pensativo por un instante.

— Escuchad, Monseñor, dijo; yo no sé de dónde me viene el presentimiento de que hay efectivamente en el aire algo de estraño y de amenazador... y ademas, se me ha hecho una prediccion... Acepto, pues, Monseñor.

— Juradlo.

— Juro no asesinar traidoramente al Mariscal; sí, Monseñor. Mas si le encuentro en un campo de batalla...

— Allí os le cedo, os le doy, es vuestro... Pero debeis saber...

— ¿Qué, Monseñor?

— Que el Mariscal es un valiente campeon.

— Eso corre de mi cuenta. Que mi buena ó mi mala estrella me lleven en tal caso á su presencia, eso es todo lo que pido.

— Pues en ese caso, no hay más que hablar... Sois de los mios.

— Gracias, Monseñor, muchas gracias.

Y se echó sobre la mano del Príncipe, que besó con exaltacion.

En esto habian llegado á la altura del puente de los Molinos.

El muelle empezaba á poblarse de gente que afluia hácia la plaza de la Greve.

El Príncipe creyó que era hora de desembarazarse de Mezieres, como lo habia hecho con Roberto Stuard.

— ¿Sabeis mi casa? le dijo el Príncipe.

— Sí, Monseñor.

— Pues bien, id allá, y decid que desde este instante perteneceis á ella, y que os den una habitacion en el departamento destinado á mis escuderos.

En seguida el Príncipe añadió con una sonrisa de aquellas que cuando queria le hacian amigos de sus enemigos, y fanáticos de sus amigos:

— Ya veis que os trato como á hombre, puesto que os saco de page.

— Mil gracias, Monseñor, dijo respetuosamente Mezieres. Á partir desde este instante, disponed de mí como de cosa que os pertenece sin restriccion.

El nuevo escudero del Príncipe de Condé se dirigió alegre y satisfecho al palacio de su señor.

Pero su deseo de vengarse no se habia extinguido; al contrario, estaba más vivo, más sangriento, por decirlo así, en el corazon del page del Mariscal de San Andrés.

El deseo de vengarse estaba aplazado, pero no olvidado.

Pocos momentos despues, Mezieres llamaba á la puerta del Príncipe de Condé.

Al instalarse en la habitacion de los escuderos, el jóven lanzó un suspiro de satisfaccion.

CAPITULO VI.

Lo que pesa la cabeza de un Príncipe.

IÉNTRAS pasaban las cosas que acabamos de referir en los capítulos precedentes, es decir, durante la doble conversacion del Príncipe de Condé con Roberto Stuard y Mezieres, veamos lo que pasaba en el Louvre.

Se recordará en qué términos se habia despedido el Príncipe de Condé del Rey, y cómo la Srta. de San Andrés se habia despedido de M. de Condé.

En cuanto éste hubo salido, la jóven quedó anonadada por el dolor. Pero muy luégo, como una leona herida que al pronto cae bajo el golpe, vuelve poco á poco en sí, sacude y levanta su cabeza, saca y mira sus garras, y se dirige al arróyo más inmediato para contemplarse más á placer y ver si es todavía la misma, la Srta. de San Andrés se habia dirigido al espejo para ver si en la lucha terrible habia perdido algo de su pasmosa belleza; y viéndose igualmente seductora bajo la sonrisa terrible cuyo dominio habia recobrado, no dudó ya del poder de sus encantos, y se puso en marcha hácia el cuarto del Rey.

Como que todos estaban enterados de los sucesos de la noche última, todas las puertas se abrian ante la afortunada favorita; de modo que en cuanto hizo señal de que no queria que se la anunciase, mayordomo y ugieres se pusieron en fila á lo largo de las paredes, contentándose con indicar con el dedo la cámara de S. M.

El Rey estaba sentado en su sillon, pensativo y meditabundo. Apénas habia acabado de decidirse á ser Rey, cuando ya el peso de la monarquía abrumaba sus hombros y le rendia.

Así fué que inmediatamente despues de la discusion que habia tenido con el Príncipe de Condé, habia mandado á decir á su madre que diera sus órdenes para que pudiese pasar á verla, ó bien que ella le hiciese la gracia de venir á su cámara.

Esperaba, pues, que viniese, sin atreverse á mirar siquiera hácia la puerta, temeroso de ver aparecer el rostro severo de la Reina Madre.

En vez de aquel rostro severo, fué la graciosa cara de la Srta. de San Andrés la que se mostró por entre los tapices levantados que servian de *portiers*.

Pero Francisco II no la vió; estaba de espaldas á la puerta, pensando que tendria tiempo para volverse cuando oyera el paso grave y un tanto tardo de su madre haciendo crugir el pavimento al través de las alfombras.

El andar de la Srta. de San Andrés no era de los que hacian retemblar los pisos.

La encantadora jóven hubiera podido, como las ondinas, marchar sobre los juncos sin doblarlos siquiera; ó como la salamandra, hubiera podido elevarse al cielo en una columna de humo.

Entró, pues, en la cámara sin que el Rey la oyese. Sin ser oida tampoco, se acercó al Rey, y cuando estuvo junto á él le echó amorosamente los brazos al cuello, y en el momento que levantaba la cabeza apoyó sus labios ardientes en la frente.

No era Catalina de Médicis.

La Reina Madre no tenia para sus hijos caricias tan ardientes, ó si las tenia, las reservaba para el favorito de su amor maternal, para Enrique III; mas para Francisco II, para aquel niño venido al mundo enteco y enfermizo, apénas sentia el afecto que tienen á veces las nodrizas mercenarias á los niños que se las confian.

No era, pues, la Reina Madre.

Tampoco podia ser la Reinecita María Stuart, aquella Reinecita un tanto indiferente para con su esposo, indispuesta hacía dos dias de resultas de la caida del caballo, y echada en un sillon por mandato de los facultativos, que temian un aborto á consecuencia de aquella caida.

La Reinecita, como se la llamaba en el Louvre, no se encontraba en disposicion de ir al cuarto de su esposo, ni tenia razon alguna para prodigarle sus caricias, que fueron, digámoslo de paso, tan funestas á todos los que las recibieron.

Debia ser, por tanto, la Srta. de San Andrés.

Pensando todas estas cosas y haciéndose tales reflexiones en su interior, no tuvo necesidad de ver el rostro que sonreia sobre su cabeza, para esclamar:

— ¡Carlota!...

— Sí, mi muy amado Rey, dijo la jóven; Carlota, y áun podríais añadir *mia*, á ménos que ya no me permitais llamaros *Francisco mio*.

— ¡Oh! siempre... siempre, repuso el Rey, recordando á cuánta costa acababa de comprar este derecho en la terrible discusion que habia tenido con su madre.

— Pues bien, vuestra Carlota viene á preguntaros una cosa.

— Decidme, que yo os responderé.

— Lo que pesa, añadió la jóven con una sonrisa graciosa, lo que pesa la cabeza de un hombre que la ha insultado mortalmente.

Un vivo carmin asomó á la frente descolorida de Francisco, que pareció vivir, animarse un instante.

— ¿Decís que un hombre os ha insultado mortalmente, querida mia?

— Mortalmente.

— ¡Ah! este parece el dia de los insultos, repuso el Rey; porque tambien á mí me ha insultado mortalmente un hombre, y por desgracia yo no puedo vengarme. Pero tanto peor para el vuestro, mi hermosa amiga, dijo Francisco con la sonrisa de un niño que ahoga á un pajarillo; porque él pagará por los dos.

— Gracias, Rey mio. Yo no he dudado un instante, que cuanto más la jóven que todo lo ha sacrificado por vos haya sido deshonrada, tanto más dispuesto os habia de hallar á tomar la defensa de su honor.

— ¿Y qué pena quereis que se imponga al culpable?

— ¿No os he dicho ya que la injuria ha sido mortal?

— ¿Y bien...?

— Pues bien; para una injuria mortal, pena de muerte.

— ¡Oh!... ¡oh!... esclamó el Rey; no están hoy los ánimos muy dispuestos á la clemencia, por lo que veo. Todo el mundo quiere que muera hoy alguno... Pero veamos, ¿qué cabeza es la que quereis, mi bella cruel?

— Ya creo haber dicho que la del hombre que me ha insultado.

— Es que para daros la cabeza de ese hombre, dijo Francisco II sonriendo, necesito saber su nombre.

— Me figuraba yo que la balanza del Rey no tenia más que dos platillos: el de la vida y el de la muerte; el del inocente y el del culpable.

— Pero el culpable puede ser de más ó ménos peso, y el inocente más ó ménos ligero. Veamos ahora quién es el culpable. ¿Es algun Magistrado del Parlamento, como el desdichado Dubourg á quien se ha de quemar mañana? En ese caso, no hay dificultad ninguna. Mi madre está furiosa en este instante, y quemaria de muy buena gana dos en lugar de uno, y nadie se apercibiria de ello más que el segundo paciente.

—Pues no es un hombre de toga, señor; es un hombre de espada.

—Á condicion de que no tenga que ver ni con Monseñores los Guisas, ni con M. de Montmorency, ni con vuestro padre, áun podríamos conseguir lo que deseais.

—No sólo no tiene que ver con ninguno de los que habeis nombrado, sino que es enemigo capital de todos ellos.

—Bien está; ya no queda más que saber cuál es su categoría.

—¿Su categoría?

—Pues es claro...

—Yo me figuraba que para un rey no había categorías, y que todo lo que está debajo de él es de él.

—¡Oh! mi bella Nemesis, ¿cómo podíais figuraros tal cosa? ¿Creeis, por ejemplo, que mi madre esté por bajo de mí?

—Yo no os hablo de vuestra madre.

—¿Que Monseñores de Guisa estén por bajo de mí?

—Yo no os hablo de Monseñores de Guisa.

—¿Que M. de Montmorency esté por bajo de mí?

—No se trata tampoco del Condestable.

Una idea cruzó como un relámpago por la imaginacion del Rey.

—¡Oh! dijo; ¿conque un hombre suponeis que acaba de insultaros?

—No lo supongo, sino que lo afirmo.

—¿Cuándo?

—Hace un instante.

—¿Dónde?

—En mi mismo cuarto, donde ha entrado al salir del vuestro.

—Ya entiendo, dijo el Rey. ¿Se trata de mi primo el Príncipe de Condé?

—Justamente, señor.

—¿Y venís á pedirme la cabeza del Príncipe de Condé?

—¿Y por qué no?

— Pero ¿á dónde vais?... ¡Es un príncipe real!

— ¡Vaya un príncipe!

— ¡Hermano de un rey!

— ¡Vaya un rey!

— ¡Primo mio!

—Por eso es más culpable; porque siendo de vuestra familia, os debia por lo mismo mayor respeto.

— ¡Ay! amiga mia, amiga mia, pedís mucho, esclamó el Rey.

— Porque no sabeis aún lo que ha hecho.

— Sí lo sé.

— ¿De veras lo sabeis?

— Sí.

— Decidme lo que sabeis.

— Él fué quien encontró vuestro pañuelo en las escaleras del Louvre, que perdísteis vos.

— ¿Y luégo?

— En el pañuelo estaba envuelto el billete que Lanoue os habia escrito.

— ¿Y qué más?

— Torpemente y sin pensarlo, la Almiranta lo dejó caer en el cuarto de la Reina Madre.

— ¿Y despues?

—Lo recogió Mr. de Joinville, y creyendo que se trataba de otra que no érais vos, se lo dió á la Reina Madre.

— ¿Y qué?

— De ahí la pesada burla que sabeis.

— ¿Nada más?

— ¡Pues qué! ¿áun hay más?

— Hay más aún. ¿Dónde estaba el Príncipe de Condé en aquellos instantes?

— ¿Qué sé yo?... Estaria en su casa, ó corriendo por ahí en pós de aventuras, como suele.

— Pues ni estaba en su habitacion, ni corriendo en pós de aventuras.

— En todo caso, puedo afirmar que no estaba entre los que nos rodeaban.

— No estaba entre ellos; pero estaba en el salon.

— ¿En el de las Metamórfosis?

— En el de las Metamórfosis.

— ¡Imposible, Carlota!

— Yo os lo aseguro, señor.

— ¿Dónde estaba, que yo no le vi?

— Donde nos ha visto... donde me ha visto á mí como hubiera querido que solamente mi Rey me viese.

— ¿Dónde estaba, pues?

— Debajo de la cama.

— ¿Debajo de la cama, decís?... ¿Quién os ha dicho eso?

— Él mismo.

— ¿Él mismo os lo ha dicho?

— Y muchas cosas más, como por ejemplo, que me amaba.

— ¡Que os amaba!... esclamó el Rey rugiendo de ira.

— Eso ya lo sabía yo, puesto que me lo ha escrito más de veinte veces.

Francisco II palideció á punto de parecer que le iba á abandonar la vida.

— Ya hace seis meses, continuó diciendo la Srta. de San Andrés, que todas las noches estaba paseando bajo mis ventanas desde las diez á las doce.

— ¡Ah! dijo el Rey con voz sorda, enjugándose el sudor que cubria como rocío su frente; eso ya es otra cosa.

— Y bien, señor, la cabeza del Príncipe de Condé ¿ se ha hecho ménos pesada?

— Y tan ligera, que si no me contuviera, el soplo de mi indignacion se la arrebataria de encima de los hombros.

— ¿Y por qué le contencis?

— Carlota, ese es un asunto grave que no puedo resolver por mí solo.

— ¡Ah!... ya... ¿necesitais la vénia de vuestra madre?... ¡Pobre niño en ama! ¡pobre rey en mantillas!

Francisco lanzó una mirada amenazadora á la que acababa de dirigirle aquel doble insulto; mas se encontró con la mirada de la jóven, tan amenazadora, que le hizo bajar los ojos.

Sucedió entónces lo que ocurre en un asalto de florete: la frotacion del hierro desvia el golpe; el más fuerte desarma al más débil.

Y todo el mundo era más fuerte que el pobre Francisco II.

—Pues si necesito ese permiso, lo pediré; á eso se reduce todo.

—¿Y si la Reina Madre os lo negase?

—¡Si me lo negase!... repuso el jóven mirando á su favorita con una espresion de ferocidad que se hubiera creido incapaz en su mirada.

—Sí; ¿qué haríais si os lo negase?

Hubo un instante de silencio.

Despues de este instante de silencio, se oyó como un silbido de víbora.

Era la respuesta de Francisco II.

—Prescindiré de su permiso, dijo.

—¿Tan de veras como V. M. lo dice?

—Tan de veras como aborrezco de muerte al Príncipe de Condé.

—¿Y cuántos minutos me pedís para poner en ejecucion ese bello proyecto de venganza?

—Tales proyectos no maduran en algunos minutos, Carlota.

—¿Cuántas horas, pues?

—Las horas pasan muy velozmente, y nada se hace bien con precipitacion.

—¿Cuántos dias, entónces?

Francisco reflexionó.

—Necesito un mes, dijo.

—¡Un mes!

—Sí.

—Ó lo que es lo mismo, ¡treinta dias!

—Treinta dias.

— Treinta dias y treinta noches, ¿no es así?

— ¿Y por qué treinta noches?

— Porque he hecho un voto, señor.

— ¿Qué voto habeis hecho?

— El de no hacer lo que mi Rey deseare, sino á condicion de que mi Rey haga lo que yo deseo.

El Rey iba á responder; mas el *portier* se entreabrió, y el mayordomo de guardia anunció:

— S. M. la Reina Madre.

El Rey indicó á su favorita la puertecilla de escape del dormitorio, la cual daba á un gabinete que tenia salida al corredor.

Ni la jóven ni su amante estaban dispuestos á desafiar la presencia de la Reina Madre. Aquella se lanzó en la direccion indicada; mas ántes de salir, tuvo tiempo de decir estas últimas palabras al Rey:

— Cumplid, señor, vuestra promesa; porque os digo que por mi parte estoy decidida á cumplir la mia.

No se habia desvanecido aún la última vibracion de estas palabras, cuando la Reina Madre por segunda vez en aquel dia pasaba el dintel de la cámara de su hijo.

réis, y le aprenderéis de memoria, porque está lleno de buenas lecciones.

— ¿Ha previsto el caso en que el pueblo de Paris estuviese dispuesto á rebelarse porque la Reina Catalina de Médicis y Monseñores de Guisa quieren quemar á un Magistrado del Parlamento, y el pueblo de Paris quiere que no se le queme?

— Maquiavelo no ha previsto ese caso; pero yo sí.

— ¿Conque habeis encontrado un medio de prevenir la rebelion?

— Sí.

— ¿Cuál?

— Anticipar la ejecucion doce horas, y en vez de hacerla á las doce del dia, hacerla á las doce de la noche.

— Segun eso, ¿vais á dar esa órden?

— Está dada ya.

— ¿Y venís á decírmelo?

— Vengo á deciros que os vistais á toda prisa.

— ¿Con qué objeto?

— Con el objeto de asistir á la ejecucion.

— ¡Vestirme yo para asistir á la ejecucion!... esclamó el Rey lleno de turbacion. ¿Es acaso costumbre que los Reyes asistan á las ejecuciones?

— No es costumbre que los Reyes asistan á tales actos; pero cuando se trata de un enemigo de la Santa Iglesia, los reyes deben dar este ejemplo de su piedad.

— Pues yo creia, madre mia, que era costumbre, ya que no ley del reino, que cuando el Rey encontraba á su paso algun reo á quien se fuera á ajusticiar, aquel reo quedaba indultado *ipso facto.*

— Pero no cuando el reo es un herege, hijo mio; y la prueba de ello es que el Rey de España Felipe II da á todos los Reyes de la cristiandad el buen ejemplo de asistir á todos los autos de fe que ocurren en su capital.

— ¿Y no podria yo dispensarme de hacer lo que el Rey D. Felipe II? El Rey de Francia es Rey por derecho propio, y

árbitro de su voluntad, y no tiene que tomar ejemplo ni inspiraciones de nadie para hacer lo que le parezca.

— El Rey D. Felipe II no es más que Rey Católico, y el de Francia es Rey Cristianísimo.

— Está bien, señora; asistiré á la ejecucion.

— En hora buena, hijo mio... Por lo demas, ya he hecho prevenir á la Reinecita que deseábais hacerla disfrutar de este espectáculo.

— ¿Á la Reina María?

— Pues... á la Reina María. Esto la servirá de distraccion. La corte está y debe estar triste desde la muerte del Rey vuestro padre, y la pobre niña, un si es no es olvidada por vos, no se divierte nada.

— Pero, señora, ¿no será peligroso para ella presenciar un espectáculo de ese género, en el estado en que se encuentra?

— ¿Y por qué ha de ser peligroso?

— Bien sabeis que de resultas de la caida del otro dia, estaba espuesta á un aborto, y que sólo desde esta mañana la han dado los médicos por fuera de peligro.

— Irá en litera... Y por otra parte, aunque hubiese algun peligro, la vista de un espectáculo acepto á los ojos de Dios la hará encontrar gracia ante el mismo. La vista de un auto de fe vale por dos peregrinaciones.

— ¿Y qué ha respondido cuando se la anunció la noticia?

— Opuso algunas objeciones. Mas la hice decir que tal era vuestra voluntad, y respondió que se conformaba con ella y cumpliria vuestras órdenes.

— ¿Y á qué hora ha de ser la ejecucion?

— Á las doce en punto de la noche. Haced que se prevenga así á vuestros amigos.

Francisco II se inclinó en señal de adhesion, y la Reina Madre se retiró á su cuarto, donde la esperaban el Duque de Guisa, el Condestable de Montmorency y el Mariscal de San Andrés, es decir, el triunvirato que desde la muerte de Enrique II gobernaba la Francia.

En uno de los capítulos siguientes dirémos las causas que reunieron á estos tres hombres, tan diferentes por sus gustos, temperamento y carácter, en un mismo pensamiento y con un mismo objeto.

Por de pronto, veamos lo que haya de cierto en lo que Catalina de Médicis habia dicho al Rey acerca de la fisonomía de Paris: á cuyo fin, bajemos la escalera del Louvre y sigamos al Príncipe de Condé á lo largo de los muelles de la ribera rio arriba.

En el momento en que el Príncipe llegaba á la altura del puente de los Molinos, los muelles de una y otra orilla, las calles adyacentes, la plaza del Palacio Municipal y las calles que desembocan en ella, empezaban á cubrirse por una multitud innumerable.

Quien dos horas ántes, es decir, en los momentos en que el Príncipe de Condé conversaba con Roberto Stuard en la plaza de San German de Auxerre; quien dos horas ántes, decimos, hubiera pasado por cualquiera de los sitios que acabamos de indicar, hubiera oido el eco de sus pisadas sobre el empedrado de la ciudad silenciosa; miéntras que, por el contrario, en el momento á que hemos llegado, se hubiera oido desde el punto de la ciudad más apartado el rumor de la muchedumbre que afluia de los cuatro puntos cardinales de la ciudad, como se oye el mugido de las ondas del mar á dos leguas de distancia.

Era una noche oscura, oscura como boca de lobo, cubierta por un espeso nublado, vagamente iluminada por la nitidez de la nieve que cubria los tejados, como por el reflejo opaco de una lámpara de alabastro.

Las calles de la Tanniere y de la Vannerie, al Este de la plaza de la Greve; la calle del Haudriette, al Oeste; las calles de Jehan de L'Epine y del Moulon, al Norte, estaban atestadas de gente que marchaba con tanta precipitacion, que podia dar una idea de la fuga de los habitantes de Portui cuando el Vesubio vomitó sus primeras llamas.

Toda aquella multitud se dirigia hácia un mismo sitio, es decir, hácia la plaza de la Greve, á donde vamos á anticiparnos á ella para ver mejor todo lo que pasa en torno nuestro, subiéndonos al pórtico del Palacio de la Municipalidad.

La plaza de la Greve ofrecia aquella noche un espectáculo sombrío y grandioso, que imponia á pesar suyo á la muchedumbre que la llenaba toda, el silencio más profundo, el más religioso recogimiento.

Figúresela el lector iluminada de una manera fantástica por antorchas que proyectaban acá y allá su luz opaca, vacilante y fúnebre, sombreada como por un inmenso crespon negro: una gran horca levantada unos veinte piés sobre el suelo, clavada á unos travesaños que descansaban sobre sus piés derechos correspondientes, y todo este aparato dominando una inmensa pira de leña.

La vista de este aparato de muerte es de suyo triste é imponente; pero iluminado de la manera que lo estaba, era doblemente siniestro y pavoroso.

Ya hemos indicado que aquella multitud, de ruidosa que venía, se tornaba recogida y silenciosa al desembocar y esparcirse por aquella plaza; pero eran el recogimiento y el silencio del mar despues de una borrasca, es decir, preñados aún de amenazas y de sacudimientos. En medio de aquel océano mugiente, las lanzas, las espadas y los arcabuces de la gente armada lanzaban reflejos amarillentos como los relámpagos de la tempestad, viniendo de este modo á ser el cadalso algo parecido, en medio de aquel mar viviente, al gran mástil de un navío sumergido nadando sobre las olas.

Esta muchedumbre miraba á unos hombres que se movian en las sombras sobre la fachada del Palacio Municipal, que parecian ocupados en tender paños de inmensa longitud. Estos hombres trabajaban sin luz, y no se podia distinguir bien lo que hacian; pero se oia bien el golpear de martillos.

Era el parecer general que se estaba levantando algun tablado donde el Fiscal ó Procurador general del Rey con sus oficiales y auxiliares, y el tribunal en cuerpo, habian de presenciar la ejecucion.

De repente se levantó un murmullo inmenso entre la muchedumbre, murmullo que poco á poco iba tomando las proporciones de un mugido sordo y amenazador. El balcon acababa de iluminarse, y precedidos de hachones que proyectaban su luz rojiza sobre una larga colgadura de terciopelo flordelisado, se habia visto aparecer primero al Rey, luégo á la Reina María Stuart, y en seguida á la Reina Madre, acompañados por el Cardenal de Lorena, el Duque de Guisa, el Condestable de Montmorency y el Mariscal de San Andrés, que precedian á su vez á todos los demas personajes más visibles de la corte.

Aquella muchedumbre, que se cree siempre, como toda muchedumbre, investida de derechos que niega á los demas, encontraba indigno que el Rey, las dos Reinas y aquellos cuatro hombres, el Duque de Guisa, el Cardenal de Lorena, el Condestable de Montmorency y el Mariscal de San Andrés, que se sabía eran enemigos mortales y encarnizados del infortunado Dubourg, vinieran á presenciar su muerte en balcon adornado con colgaduras reales, como si hubieran venido á ver representar una farsa de la comedia italiana ó algun otro espectáculo parecido.

Así fué que apénas los ilustres espectadores se habian acomodado en sus respectivos sitios, dispuestos segun la etiqueta, cuando ya el grito de reprobacion salido del pecho de la muchedumbre habia ido á estrellarse en el balcon real como una ola contra el arrecife.

La tropa agitó sus lanzas, sus espadas y arcabuces de una manera amenazadora.

En seguida, con objeto sin duda de ir á buscar al reo para que los augustos espectadores no tuviesen que esperar mucho tiempo, un hombre á caballo, acompañado por una veintena de arcabuceros, salió por la puerta principal del Palacio Municipal, y atravesando la plaza diagonalmente para ganar el muelle, obligó á la muchedumbre á replegarse sobre sí misma y abrir paso, dando espaldarazos á derecha é izquierda.

Pero á medida que el piquete avanzaba, el círculo formado se volvia á cerrar como se cierran las ondas del mar detrás edl navío que las hiende con su quilla.

Mas el oficial no habia dado siempre tan de ligero ni tan cuidadosamente, que la hoja no se hubiese vuelto en la mano y herido de corte.

La sangre habia corrido ya.

Se formaban remolinos en torno de los heridos, se les preguntaba si habian dado motivo para que los maltratasen así, y respondiendo negativamente á las preguntas, y afirmando reiteradamente que habian permanecido inofensivos, los gritos se convertian en maldiciones, y mil amenazas de muerte llegaban hasta los oidos del Rey, descolorido como una estátua de cera bajo su casaca negra bordada de oro.

La Reina Madre le miró de soslayo, y al ver á su hijo con las manos temblorosas como si tuviera calentura, y á la Reinecita que toda turbada parecia próxima á desmayarse, se inclinó y volvió un poco la cabeza, y dijo dos palabras al oido del Condestable de Montmorency.

No se oyó lo que dijo la Reina Catalina; mas sí la voz del Condestable, que respondió:

— No tengais cuidado... eso corre de mi cuenta.

Y al decir esto se puso en pié, haciendo señal á dos ó tres oficiales de los de la guardia, que le siguieron.

Un instante despues, la puerta que se habia abierto para dar paso al caballero del piquete, se abrió de nuevo para que salieran el Condestable y una compañía de los regimientos suizos.

En aquel momento preguntaba el Rey á su madre con visible inquietud:

— ¿Por qué se marcha el Condestable?... ¿Á dónde va?

— Ahora lo veréis, hijo mio, le contestó la Reina Madre. Levantáos y mirad hácia abajo.

El Rey hizo lo que su madre le indicaba, y pudo ver debajo

del balcon al Condestable caracoleando entre aquella muchedumbre que llenaba la plaza, con tanta indiferencia como si hubiera estado en un campo de batalla.

Y en efecto, al poco tiempo se hubiera podido decir que era aquello un campo de batalla, al ver acá y allá hombres y mujeres por el suelo, y al oir los gritos de dolor que exhalaban los heridos, y los de angustia y pavura de los fugitivos.

Todo esto iba acompañado de una salva general de indignacion.

Mas el Condestable estaba muy acostumbrado á este género de manifestaciones desde la famosa derrota de San Quintin, y no parecia hacer más caso de ellas que el que hacen los pastores del cántico de las avecillas.

Luego que hubo recorrido de esta manera insolente la plaza toda como desafiando á aquella muchedumbre inerme, se dirigió con su comitiva al centro de la plaza, donde estaba la horca, y trazó en derredor de ella un cuadro que fué limitado y sostenido por una fila de gente armada, *para que mantuviese* despejado aquel espacio todo en torno del cadalso.

Hecho esto, volvió de nuevo á recorrer la plaza del Palacio Municipal, se apeó en el vestíbulo, y cinco minutos despues reapareció en el balcon, donde recibió las felicitaciones de la Reina Madre, de los Guisas y del Mariscal de San Andrés.

El Rey se limitó á balbucear algunas palabras ininteligibles, miéntras que la Reinecita María, cuyos ojos espresaban la más profunda angustia, enjugaba su frente cubierta de sudor.

En este momento dieron las doce en la inmediata iglesia de San Juan.

Más de cincuenta mil almas contaron estremecidas las doce vibraciones de la campana fúnebre que acababa de repetir, segun todas las apariencias, la última hora de un hombre desgraciado, tan digno de mejor suerte por su vida ejemplar y por sus virtúdes cívicas y privadas.

Sin embargo, pasó todavía media hora sin que se viese aparecer nada.

¿Qué habria podido ocurrir, que retardase la llegada del reo?

La Reina Madre estaba muy inquieta, y manifestaba en voz baja sus temores al triunvirato. Ya hemos dicho que con este título se designaba á los tres hombres que á la sazon gobernaban en Francia bajo su dictadura.

En tanto, no habia nada que temer, pues por órden especial y con recomendacion espresa se habia cuadruplicado la fuerza armada que circundaba la prision.

Estaba á punto de mandar á un ayudante de órdenes á saber noticias, cuando un emisario de Mouchy vino á darla parte de que se habia hecho una tentativa desesperada para penetrar hasta la capilla donde estaba el reo, por un jóven aislado, cuyo objeto no se habia podido traslucir, porque un solo hombre no podia proponerse libertar al reo en medio del aparato militar que le rodeaba.

Habia muerto á un centinela y herido á otro.

No se podia considerar esta tentativa sino como un acto de locura.

Pero por lo demas, aquel loco, quien quiera que fuese, habia logrado sustraerse, y era desconocido á todos.

Ademas, el emisario venía á anunciar á la Reina Madre que él habia partido de la Consergería en el momento que el reo ponia el pié en la carreta, y que ya no podia tardar en llegar.

En efecto, al cabo de unos instantes se oyó un gran murmullo que parecia subir del Sena; se replegó la multitud como sucede cuando en tiempo del deshielo se precipita un torrente en el lago y se abre paso tumultuoso entre las aguas cristalizadas de su superficie, y en medio de este rumor, de este movimiento y de las antorchas que proyectaban su luz sobre la muchedumbre como rayos fúnebres, se vieron brillar por el ángulo del muelle las lanzas primeras de los partesaneros que formaban el piquete de descubierta del fúnebre cortejo.

CAPÍTULO VIII.

Lo que causó el retardo del reo.

os horas despues de la traslacion del Magistrado reo á la Consergería, Simon Chartier, Escribano de causas en el tribunal del Parlamento, se personó en la capilla de la Consergería, é hizo comparecer á Anna Dubourg.

Allí, en presencia de los ugieres y alguaciles del tribunal, y de todas las personas reunidas en la capilla, el citado Escribano notificó al culpable la sentencia de muerte dada por el tribunal.

Despues de la notificacion de esta sentencia, se dijo al condenado, en forma de amonestacion, que era tiempo de pensar en la salvacion de su alma y de confesar y arrepentirse de sus culpas; en una palabra, de humillarse ante Dios y pedirle perdon y misericordia, como deben hacerlo todos los buenos y verdaderos católicos.

— Señor, respondió el Magistrado, doy gracias á Dios que se sirve llamarme á sí. Me conviene sufrir la muerte por haber dicho la verdad. Ruego á Dios me conceda su gracia y me dé la fortaleza necesaria para persistir en esta verdad hasta mi último aliento. Acepto con resignacion el juicio pronunciado contra mí, muy persuadido de que los jueces al condenarme han obrado bajo la inspiracion de su conciencia.

Despues de concluir estas palabras, rezó un salmo de gracias con voz serena y clara y en actitud no ménos tranquila y edificante.

En aquel instante tres Doctores de la Facultad de Teología de Paris, MM. Mouchy, Favay y Delahaye, entraron en la capilla para exhortar al reo sobre la salvacion y reducirle á morir en el seno de la fe católica.

Mas el reo respondió á sus exhortaciones con la misma firmeza de conviccion y con la misma sencillez y claridad que lo habia hecho un momento ántes, que le convenia morir por haber dicho la verdad, y que ya sólo á Dios correspondia juzgarle.

No obstante la pertinacia de los tres teólogos, Anna Dubourg no dijo palabra que no fuese conforme á lo que habia dicho y pensado hasta entónces.

En vista de esto, los tres teólogos se retiraron fatigados al cabo de una hora.

Dubourg se creia libre ya para siempre de interrogatorios y de exhortaciones oficiales y oficiosas, y pedia que le condujeran al suplicio, puesto que no le quedaba nada que hacer ya en este mundo.

Pero otros se encargaron de demostrarle que no es tan fácil como se cree el morir, ni áun ajusticiado.

El Cura de San Bartolomé se presentó á su vez, el cual, contando con su elocuencia, se habia comprometido á reducir á la fe católica al obstinado pecador.

Se entiende que en vista de tal promesa se le habia dado toda la libertad y latitud que quisiera tomarse.

Anna Dubourg vió, pues, entrar en la capilla al Cura de San Bartolomé, Abad de Monte Couny, poco despues de la salida de los tres teólogos indicados.

El elocuente Abad principió sus exhortaciones en los mismos ó muy parecidos términos que lo habian hecho los teólogos sus predecesores.

Fué tan difuso como ellos, apoyó sus consejos en los mismos testos sacados de los mismos libros de las Santas Escrituras, y obtuvo el mismo resultado que los otros.

— Dubourg, decia, no quiere oir ni obedecer.

El Escribano Simon Chartier, en virtud de órdenes que habia recibido, segun aseguraba, del Procurador general ó Fiscal de S. M., tenia que hacer algunas preguntas al Magistrado, é interrumpió la conferencia para que declarase:

1.º Si habian llegado á su noticia los asesinatos cometidos en las personas del Presidente Mynard y del Escribano Julian Freme.

Dubourg respondió que habia llegado hasta su prision la noticia de los dos asesinatos á que se referia la pregunta, y que habia inmediatamente rogado á Dios tuviera misericordia de sus perseguidores.

2.º Si conocia al asesino.

— No, dijo; mas si quereis decirme su nombre, os responderé en verdad si le conozco ó no le conozco.

— El asesino, dijo el Escribano, ha dicho llamarse Roberto Stuard.

— Conozco, en efecto, á un jóven que se llama así, contestó Dubourg conmovido; y siento en mi corazon que el amor que me profesa le haya conducido á tal estremo.

— Pues en ese caso, debeis saber dónde vive ese jóven.

El Magistrado respiró, porque la pregunta le indicaba que el asesino no habia sido preso.

— No, dijo; yo creia que estuviese en Escocia, y quisiera que no hubiese salido nunca de Edimburgo.

Al llegar á este punto del interrogatorio, se oyó un gran ruido.

Pasos precipitados resonaban en el corredor; gritos parecidos á los que acompañan á una lucha encarnizada llegaron hasta la capilla, y el Escribano suspendió sus preguntas para escuchar.

Dubourg se habia puesto á orar de nuevo, como si todo ruido que el mundo pudiera producir le fuera completamente estraño é indiferente.

Un alguacil entró y habló al oido al Escribano.

— Reo, dijo el Escribano, acaba de cometerse un nuevo crímen, con el objeto sin duda de sustraeros á la justicia. Un centinela ha sido muerto, y otro muy mal herido. El asesino ha llegado hasta el rastrillo gritando: «¡Quiero verle!... ¡quiero verle!»

Anna Dubourg se estremeció de piés á cabeza.

No habia en el mundo más que un hombre capaz de intentar semejante locura.

— Compadezco á esas dos desgraciadas víctimas, dijo el Magistrado; pero compadezco más aún á su asesino.

— ¿Y por qué compadeceis más al asesino que á sus víctimas?

— Porque es su alma, contestó Dubourg, la que peligra más gravemente.

— ¿Podeis decir algo acerca del atentado que acaba de perpetrarse?

— Lo ignoraba completamente. Desde que se dió contra mí la órden de prision, he tenido constantemente dos centinelas de vista.

Entónces Simon Chartier le reconvino diciendo que era inverosímil que no tuviese noticias, al ménos de oidas, de la tentativa que acababa de hacer Roberto Stuard para libertarle, porque no se dudaba que fuese el mismo que habia asesinado al Presidente Mynard y al Escribano Freme quien acababa de herir en aquel instante á los dos centinelas.

Dubourg afirmó que hasta aquel instante no habia oido hablar de semejante tentativa.

Viendo el Cura de San Bartolomé que el interrogatorio llegaba á su fin y que se iban á llevar al reo, le intimó por última vez que abjurase sus errores y volviese al seno de la fe católica.

Dubourg respondió sencilla pero enérgicamente, que moriria en la fe en que habia vivido.

El buen Cura Abad de Couny se retiró á un rincon de la capilla, y á una señal de un ministro de justicia se presentó el verdugo.

El reo le saludó afablemente con una inclinacion de cabeza y una sonrisa.

— Se me ha mandado por el tribunal, dijo Simon Chartier, que en el caso de que intentáseis dogmatizar ó hablar cosas contrarias al honor de Dios, de la constitucion y mandamientos de nuestra Santa Madre Iglesia; de dar, en una palabra, bajo cualquiera forma que sea, ocasion de escándalo al pueblo; en ese caso, se me ha mandado y prevenido por el tribunal que se os ponga una mordaza.

— No he pensado jamás, contestó Dubourg, en dar ocasion de escándalo al pueblo; y en cuanto á proferir palabras contrarias al honor de Dios, yo os respondo de mí, y moriré del mismo modo que he vivido, glorificando y bendiciendo su santo nombre.

En seguida, volviéndose al ejecutor,

— Señor mio, le dijo, estoy á vuestras órdenes.

El verdugo entónces le tomó del brazo, y conduciéndole al patio de la Consergería, le ayudó á subir á la carreta, despues de haber hecho pasar delante al Abad de Monte Couny.

Giraron en seguida las puertas sobre sus goznes con estrépito, dejándole ver la muchedumbre apiñada y negra que llenaba la carrera, y la carreta se puso en marcha, precedida por una compañía de partesaneros y seguida por otra.

Podria compararse á un inmenso arado labrando aquella muchedumbre y abriendo el surco en que los mártires siembran la palabra de Dios.

La carreta subió el muelle y se dirigió hácia el puente de Panaderos.

La escolta iba mandada por Hugo de la Verde, escudero y gobernador de la Bastilla.

Estos interrogatorios y varios accidentes referidos habian ocupado algun tiempo, y hé aquí por qué las doce y tres cuartos daban cuando la cabeza del cortejo entraba en la plaza de la Greve.

Al verla, partió un grito de impaciencia satisfecha del balcon real, y un grito de indignacion de la muchedumbre.

La muchedumbre se replegaba religiosamente para abrir paso á la carreta, sin que hubiera necesidad de hacer uso para ello ni de alabarda ni de espada.

Todos se inclinaban piadosamente pidiendo al reo su bendicion.

El reo llevaba las manos atadas, y no podia estenderlas hácia los espectadores; pero les decia:

—Orad, rogad á Dios por quien va á morir, y él os bendecirá desde lo alto de los cielos.

Y la muchedumbre se arrodilló llorando.

—¡Ah señora! dijo á Catalina de Médicis la Reina María Stuart, que presenciaba por primera vez un espectáculo de esta clase; ¿es por ventura costumbre en estos casos, que la muchedumbre llore y el reo la bendiga?

—Ese hombre, contestó Catalina, se ha consagrado al diablo, y lo que veis es obra del espíritu maligno.

La carreta llegó al centro de la plaza frente al cadalso.

Una vez allí, se detuvo.

Entónces un alguacil á caballo leyó el capítulo de culpas imputadas á Anna Dubourg, y el desventurado Magistrado fué de nuevo requerido á decir la verdad, á que abjurase religiosamente sus errores y se arrepintiese del mal que habia hecho, para hacerse digno, aunque tarde, de la eterna salvacion.

—He dicho siempre la verdad, respondió Anna Dubourg con voz clara y serena que resonó en toda la plaza; no tengo que abjurar ningun error, ni que arrepentirme de haber hecho mal ninguno, con ánimo al ménos de hacerlo... ¡Misericordia,

Señor, para los hombres en la tierra, y gloria á Dios en el cielo! esclamó en seguida con voz sonora é indescriptible entonacion..

Es imposible describir el efecto que estas palabras produjeron en aquella muchedumbre innumerable, que prorumpió en un murmullo de admiracion y de lástima.

El verdugo levantó la mordaza hasta acercarla á los labios de Anna Dubourg; mas éste le dijo con la mayor dulzura:

— No he hecho más que responder á las preguntas que se me han dirigido.

El verdugo bajó la mordaza, y cogiendo con la mano izquierda el brazo del Magistrado, le invitó á bajar de la carreta.

En el momento en que Dubourg ponia el pié en el primer escalon de la grada contra que apoyaba la carreta, la cadena de hierro que formaban los soldados en torno del cadalso apareció rota por una violenta sacudida, y un jóven, pasando por el roto eslabon, se encontró, no se sabe cómo, sin que se le viese casi atravesar el espacio, al pié de la carreta.

Un arquero le tenia asido por la cintura; mas el jóven, revolviéndose violentamente, se desprendió de sus brazos, echándole á rodar hasta diez pasos de sí.

Mas en lugar de ponerse en fuga, el jóven se lanzó de nuevo hácia el reo, y abrazándole á la altura de las rodillas, le besaba los piés, esclamando entre sollozos:

— ¡Padre mio!... ¡padre mio!...

Hubo un momento de vacilacion, áun entre la fuerza armada.

— ¡Prended á ese malvado! gritó Montmorency desde lo alto del balcon ocupado por la corte.

La Reina María Stuart, con los ojos anegados de lágrimas y profundamente conmovida, esclamó:

— Ha dicho que es su padre, Condestable.

— Los hereges no tienen familia, dijo Montmorency. Llevaos á ese bribon, y despachad, que el Rey tiene sueño.

Francisco II se estremeció. Le parecia que el sueño que queria procurarle el Condestable, si lo podia conciliar, habia de ser el de la muerte.

— Sr. Condestable, dijo, me parece que sois muy cruel.

— El Rey manda que acabeis, gritó el Condestable.

— ¡Padre mio!... ¡mi amado padre!... murmuró Roberto Stuard tendiendo su puño cerrado hácia el Condestable; os juro en este momento supremo, que ese hombre ha de morir á mis manos.

— Y yo, dijo Dubourg, te mando en este supremo instante que los perdones á todos.

Mas el jóven no podia oir. Tres ó cuatro hombres se habian echado sobre él y le habian arrancado de la grada en que estaba arrodillado, y cogiéndole en sus brazos, se lo llevaban luchando desesperadamente por desprenderse de ellos.

Muchos de los espectadores, que habian asistido aquel mismo año á la feria de Landit, reconocieron en el que era arrastrado de aquel modo al jóven que de pié sobre el antepecho del Sena, con la espada en la mano, amenazaba á los asesinos de Medardo.

El Príncipe de Condé, oculto con el Almirante en la torrecilla que formaba el ángulo de la calle de Moulon, reconoció, profundamente conmovido, á Roberto Stuard.

Al ver al jóven, el semblante de Anna Dubourg, tan sereno y conforme hasta aquel instante, se contrajo dolorosamente y tomó una palidez lívida, casi cadavérica. Un sudor frio inundó su rostro: cualquiera hubiese creido que en aquel instante iba á desmayarse. Se levantó cuanto pudo sobre la carreta, y siguió con ansiedad indescriptible al jóven, que se debatia por cima de un grupo sobre los brazos nervudos de los arqueros.

De repente lanzó un grito sordo; la muchedumbre se habia abierto como un torbellino, y con su especial belleza habia tragado á los arqueros y á su prisionero.

¿Era esta la perdicion del último, ó su salvacion?

El acongojado padre estaba en la más horrorosa ansiedad.

— Ea... bajemos, le dijo brutalmente el verdugo.

El reo obedeció.

Bajó lentamente, para dominar algunos instantes más á la muchedumbre; mas era imposible distinguir nada en medio de aquel oleaje humano agitándose en profundas tinieblas.

Con su vista clavada en el cielo, rodando por sus mejillas dos gruesas lágrimas, parecia haber olvidado la presencia de su suplicio, para pedir á Dios, en cambio de su vida de virtudes y de su desgraciado fin próximo, la salvacion de aquel hijo de su alma.

Una vez bajado de la gradilla, el verdugo condujo al reo bajo las traviesas que servian en cierto modo de soporte á la horca.

Allí le despojó de sus vestiduras, de sus medias y zapatos, dejándole en camisa.

Cuando el Cura de San Bartolomé, que parecia haberse agarrado á él como su sombra, le vió desnudo de esta suerte, es decir, no teniendo que dar más que un paso para entrar en las regiones de la muerte, le exhortó nuevamente á que se arrepintiese.

— No tengo de qué arrepentirme, le contestó, porque soy inocente.

El Cura bajó la cabeza. Su obstinacion estaba vencida.

— Estoy á vuestras órdenes, repitió Dubourg dirigiéndose al verdugo, con la misma humildad que lo habia hecho ántes en la capilla.

El verdugo le hizo subir los dos primeros escalones de la plataforma.

Un murmullo de compasion se levantó de todas partes, y entre las sordas amenazas de los hombres sobresalian los sollozos y los lamentos de las mujeres.

Llegado á la plataforma, miéntras el verdugo preparaba el cordel que debia pasarle alrededor del cuello, Anna Dubourg echó sobre aquella multitud una mirada llena de mansedumbre y de admirable y edificante resignacion.

Por última vez trató de penetrar con su mirada las tinieblas de aquella plaza, sin duda para preguntarles qué era de aquel que se habia entregado á una muerte casi inevitable para venirle á besar por última vez las rodillas.

Nada vió; mas un grito hendió el espacio, producido por una voz tan fuerte y sonora, que dominó el tumulto, ó al ménos el tumulto no impidió que llegara á los oidos del pobre Magistrado:

— ¡Malhaya el Rey!... ¡Muerte al Condestable!...

No habia que dudarlo: aquel grito era el del jóven, que libertado por la muchedumbre, daba esta voz de despedida al balcon real.

Un rayo de alegría iluminó el semblante del paciente.

Roberto Stuard se habia salvado.

Tendió entónces su cuello al verdugo como para hacerle más fácil su horrible tarea, y con la cabeza echada para atrás, con los ojos abiertos cuanto podia y fijos en el firmamento como aspirando á las regiones celestiales, parecia abandonar su cuerpo al verdugo.

Éste le pasó el nudo corredizo en torno del cuello, y luégo cogiendo otra cuerda que hacía contrapeso á la primera, apoyó sobre ella, y alzó el cuerpo del reo á unos quince piés de altura, es decir, hasta la cima del ángulo formado por las dos traviesas de la horca.

Levantado á aquella altura, iluminado por todas partes por la luz de las antorchas encendidas que tenian los soldados para prender fuego á la pira, el cuerpo del ajusticiado se distinguia desde todos los ángulos de la plaza, y el público, áun los más apartados, podian verle perfectamente.

Esta perspectiva impresionó de tal modo á la muchedumbre, que en respuesta al último suspiro de aquel hómbre cuyo soplo se extinguia sobre las cabezas de todos, no se oyó otra esclamacion que

— ¡Jesus! ¡María!... ¡Dios le haya perdonado!

Que se exhaló al mismo tiempo de todos los pechos.

Se podria decir que todo un pueblo rogó á Dios por su perdon y por su eterno descanso.

En seguida hubo un movimiento en aquella apiñada muchedumbre, como si quisiera precipitarse al socorro del paciente; y este movimiento fué tal, que el jefe de la tropa mandó prender fuego inmediatamente á la hoguera.

En el instante mismo se oyó chispear la materia inflamable con que se habian barnizado profusamente los leños de la pira.

Serpientes de fuego se levantaron de todas partes como si quisieran ir á arrojarse sobre el cadáver.

Cuando la hoguera hubo prendido bien, y sus llamas iluminaron con su trémulo movimiento las fachadas de toda la plaza, el verdugo soltó la punta de la cuerda, y el cadáver cayó entre las llamas, que lo tragaron como el cráter de un volcan.

La multitud se retiró triste y silenciosa.

Anna Dubourg, aunque herege, era honrado, y el pueblo le amaba, porque habia tenido ocasion más de una vez de apreciar sus generosos instintos.

Aquella noche y dos dias más, no se habló de otra cosa en Paris.

Para que un pueblo como el francés se acordara dos dias y una noche de un hombre, deberia este hombre haberles hecho mucho bien.

CAPÍTULO IX.

Un conspirador.

A muchedumbre se iba desvaneciendo lentamente, no sin echar una mirada de despedida al centro de la plaza ántes de perder de vista la hoguera, de que apénas brotaba ya alguna que otra llamarada.

Un cuarto de hora despues de la ejecucion, la plaza de la Greve, sombría y desierta, iluminada solamente por el reflejo de las últimas llamaradas de la hoguera que brotaban de vez en cuando, ofrecia el aspecto siniestro de un vasto cementerio, y las lenguas de fuego que volteando ardian, simulaban los fuegos fátuos que danzan sobre las sepulturas durante las largas noches del invierno.

Y esta ilusion era más completa al ver dos hombres que atravesaban tan lenta y silenciosamente la plaza, que se los hubiera tomado por dos espectros.

Cualquiera hubiese dicho que habian esperado á que la muchedumbre se desvaneciese, para principiar su paseo nocturno.

— ¿Qué me decís, Príncipe, dijo uno de los dos hombres deteniéndose delante de la hoguera y cruzado tristemente de brazos; qué me decís de lo que acaba de suceder?

— No sé qué responderos, primo, contestó el que acababa de ser interpelado con el título de Príncipe; pero lo que puedo deciros es que he visto morir muchos miles de criaturas humanas, desde que tengo el honor de habitar este mundo he presenciado muchas agonías de toda clase, he oido muchas veces tambien exhalarse el último aliento de un moribundo, y nunca, Sr. Almirante, ha producido en mi ánimo el efecto que he esperimentado ahora á la vista de lós últimos momentos de este hombre justo, ni la muerte de un valiente, amigo ó enemigo, ni la de una mujer amada ó simplemente conocida, ni la de un niño hermoso y amable, vivaz y de esperanzas, ó enfermizo y poco viable.

El Príncipe exhaló un profundo suspiro.

Coligny suspiró tambien.

— De mí puedo deciros, Monseñor, dijo el Almirante — que no podia ser sospechoso cuando se trataba de valor y presencia de ánimo — que me he sentido sobrecogido de un terror inesplicable, hasta el punto, creo, de que áun cuando me hubiera visto en el lugar del ajusticiado, no se me hubiera paralizado la sangre de una manera tan espantosa y horrible. Cuando en medio de ese silencio de muerte he oido crugir los huesos de ese desventurado, he sentido como si me agarraran de la garganta, como si yo mismo fuera el estrangulado. En una palabra, primo, añadió el Almirante tomando el brazo del Príncipe por la muñeca, he tenido miedo.

— ¡Vos!...

— Yo, primo mio.

— ¡Miedo vos, Sr. Almirante!... dijo el Príncipe mirando á Coligny con asombro. ¡Habeis dicho que tuvísteis miedo!... Por fuerza he oido yo mal.

— Habeis oido bien.

— ¡Ah!

— Eso he dicho, Príncipe; habeis oido bien. He tenido miedo; ha recorrido mis venas un frio glacial; he sentido un escalofrio, y un presentimiento me dice que voy á morir muy pronto. ¡Ah Príncipe! seguro estoy ya de que he de morir de muerte violenta.

— Pues entónces, dadme la mano, Sr. Almirante; porque á mí se me ha predicho tambien que he de morir asesinado, y hasta en esto parece que ha de ser nuestra suerte igual.

— ¡Oh! sí; en los tiempos calamitosos que alcanzamos, más hay que esperar eso que otra cosa... Pero ¿habeis visto al Rey?

— No le he perdido de vista un solo instante.

— Yo le creia un tigre nuevo; pero veo que no es más que un lobezno. Dos ó tres veces ha estado á punto de desmayarse, y si la Reina Madre no le hubiera tenido clavado en el sillon con su mirada, no habria permanecido hasta el fin de la ejecucion.

Los dos guardaron algunos instantes de silencio.

Despues dijo el Príncipe:

— ¿Y qué me decís de la Reinecita? ¿No os parece que se ha mejorado mucho?... ¡Oh! al reflejo de la luz de las antorchas, estaba interesante, en toda la estension de la palabra.

— ¿Es posible, corazon mundano, que pudiérais pensar en una mujer miéntras ofrecia su alma á Dios y exhalaba su último aliento un hombre tan interesante, tan respetable y digno como Anna Dubourg, aparte de la causa que le ha acarreado tan deplorable fin?

El Príncipe no respondió, y bajó la cabeza como quien acepta la reprension que se le hacía.

Siguió á esto otro momento de silencio.

Ambos estaban en pié é inmóviles, alumbrados por la luz rojiza de las ascuas de la hoguera.

El Príncipe de Condé parecia poseido por algun pensamiento melancólico.

El Almirante de Coligny estaba absorbido en una meditacion profunda.

De repente un hombre de aventajada estatura, envuelto en una enorme capa, apareció á su lado sin que hubiesen sentido siquiera el ruido de sus pisadas: tan absorbidos estaban ambos por sus ideas.

—¿Quién va allá? esclamaron los dos á una voz, tomando distancia y llevando maquinalmente la mano al pomo de la espada.

— Un hombre, contestó el aparecido, á quien ayer, señor Almirante, tuvísteis la bondad de honrar en vuestra casa, y que probablemente hubiera sido asesinado ántes de llegar á ella, sin el valor y la caballerosidad de Monseñor.

Y al decir esto, despues de desembozarse y de saludar al Almirante, el recien venido se volvió hácia el Príncipe de Condé y le saludó más profundamente aún que lo habia hecho al Almirante.

El Príncipe y el Almirante le reconocieron, y los dos á una voz esclamaron:

— ¡El Baron de la Renaudie!

— Sí, señores; el Baron de la Renaudie soy, respondió éste; soy, mejor dicho, un hombre indignado por el espectáculo que acabo de presenciar, y dispuesto, si hay quien me ayude, á castigar á sus autores.

— Cuidado, amiguito, dijo sonriendo el Almirante; hablais ante un profano.

Y señaló al Príncipe de Condé, que con la cabeza baja y el rostro perdido en la sombra que proyectaban sobre él las anchas alas de su sombrero, parecia estar reflexionando profundamente, contra su costumbre.

— ¿Un profano, decís?... No os comprendo, repuso la Renaudie.

— S. A. el Príncipe de Condé es católico todavía, replicó el

Almirante fijando su vista plácida, límpida y firme en el Príncipe.

Éste hizo un movimiento de cabeza, y en seguida, recobrando su actitud erguida,

— Os engañais, Sr. Almirante, dijo; yo no soy todavía hugonote, es verdad; pero puedo aseguraros que tampoco soy católico.

— ¿De cuándo acá, hijo mio? preguntó vivamente el Almirante.

— Desde que el último suspiro de este hombre justo ha subido al cielo, dijo el Príncipe.

Y como para seguir á este último suspiro, levantó la cabeza hácia la bóveda sombría que pesaba sobre la ciudad como si quisiera aplastarla.

Una llamarada, una luz, un reflejo postrero de la hoguera iluminó en aquel instante el rostro del Príncipe, y el Almirante lo mismo que el Baron pudieron leer en él la súplica que dirigia á Dios pidiéndole que le iluminara con su gracia.

— Sr. Baron, dijo el Almirante sin perder de vista aquella mirada del Príncipe, que parecia buscar la verdad al través de las sombras de la noche; pedíais hace un momento auxilio para castigar á las autores del crímen que acabais de ver consumarse... Ahí va mi mano; ya somos dos.

La Renaudie desenvolvió su brazo de entre la capa, y tendióle en busca de la mano del Almirante.

Pero por rápido que fuese este movimiento, otra mano se halló unida á la del Almirante, y formaba lo que hubiera podido llamarse un nudo de lealtad.

Era la del Príncipe de Condé.

— Os engañais, primo mio, dijo al Almirante; somos tres.

— ¿De veras, hijo mio? esclamó el Almirante con un grito de alegría. ¿De veras, primo?

—Lo juro.

El Almirante y el Baron miraron al Príncipe algunos instantes en silencio.

— Juremos, pues, dijo el Almirante con tono solemne, sobre esta última llama que sobrevive á la hoguera como el alma sobrevive al cuerpo, juremos vengarnos de nuestros enemigos.

Y tres voces de hombres, tres voces firmes, poderosas y varoniles repitieron:

— Sobre la última llamarada de esta hoguera lo juramos.

Y como si aquella llama de la hoguera hubiera comprendido que se juraba por ella, brilló con más vivo esplendor.

Á su luz se divisó un grupo que desembocaba por el fondo de la plaza.

— ¡Ah! dijo el Almirante; ahí están Mouchy y sus satélites. Retirémonos, amigos, y no olvidemos jamás ni lo que acabamos de ver ni lo que acabamos de jurar.

El fulgor de la llama que permitió á los tres conspiradores ver á Mouchy, permitió á Mouchy verlos á ellos, pero sin poderlos conocer, por estar envueltos en sus capas.

Dió órden á sus agentes de marchar contra el grupo sospechoso.

Pero como si la llama no hubiese aguardado más que esta órden para extinguirse, desapareció, y la plaza de la Greve quedó en la más profunda oscuridad.

Á favor de la oscuridad desaparecieron los tres futuros jefes de la reforma protestante, que debian morir uno despues de otro, víctimas del juramento que acababan de hacer sobre la hoguera que habia consumido al Magistrado Anna Dubourg.

FIN.

ÍNDICE.

LIBRO TERCERO.

LIBRO CUARTO.

COLOCACION DE LAS LÁMINAS.

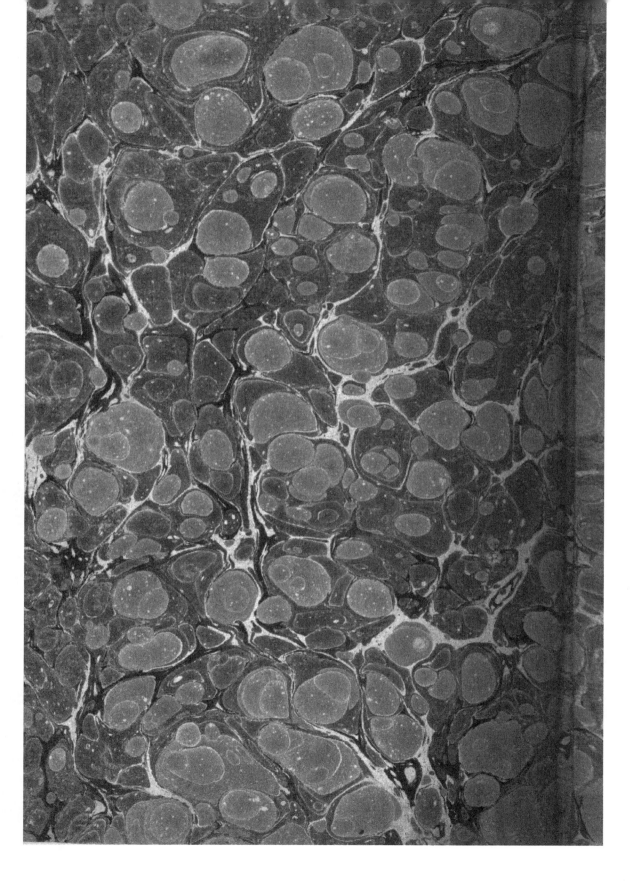

CPSIA information can be obtained
at www.ICGtesting.com
Printed in the USA
BVHW012317180422
634635BV00006B/119

9 781273 638015